《拜杜法案》前后的
大学技术转移

[美]

戴维・C.莫韦里　　　　　理查德・R.纳尔逊
David C. Mowery　　　　Richard R. Nelson

巴夫文・N.桑帕特　　　　奥维兹・A.齐多尼斯
Bhaven N. Sampat　　　 Arvids A. Ziedonis

　　　　　　　　　　　　　　　　　　　　著

刘群彦　潘冬远　陆辰君

许晨辉　冯天宇 ──────────── 译

上海交通大学 出版社
SHANGHAI JIAO TONG UNIVERSITY PRESS

内容提要

　　本书以《拜杜法案》这部美国历史上著名的知识产权法律的出台为时间分界线，探讨《拜杜法案》前、后时代美国大学技术转移的模式变迁，技术转移与产业创新的关系，以及大学对产业创新的贡献。主要内容包括 20 世纪初美国大学与产业的关系，《拜杜法案》前时代的大学专利申请情况与大学技术转移模式，《拜杜法案》出台的背景，《拜杜法案》的出台对美国大学专利申请和许可情况有无直接助力的统计学分析，《拜杜法案》后时代的大学技术转移模式的案例分析。

　　本书适合研究技术创新模式和知识产权的学者，以及对技术转移感兴趣的政府和大学管理人员阅读。

图书在版编目（CIP）数据

《拜杜法案》前后的大学技术转移／（美）戴维·C.
莫韦里（David C. Mowery）等著；刘群彦等译.
上海：上海交通大学出版社，2025. 4. -- ISBN 978-7
-313-31971-5
　　Ⅰ. G649. 712
　　中国国家版本馆 CIP 数据核字第 2025VT3195 号

《拜杜法案》前后的大学技术转移

《BAIDU FA'AN》QIANHOU DE DAXUE JISHU ZHUANYI

著　　者：[美] 戴维·C. 莫韦里，理查德·R. 纳尔逊，巴夫文·N. 桑帕特，奥维兹·A. 齐多尼斯
译　　者：刘群彦　潘冬远　陆辰君　许晨辉　冯天宇

出版发行	上海交通大学出版社	地　址	上海市番禺路 951 号
邮政编码	200030	电　话	021 - 64071208
印　制	苏州市越洋印刷有限公司	经　销	全国新华书店
开　本	710 mm×1000 mm　1/16	印　张	16.75
字　数	235 千字		
版　次	2025 年 4 月第 1 版	印　次	2025 年 4 月第 1 次印刷
书　号	ISBN 978 - 7 - 313 - 31971 - 5		
定　价	128.00 元		

译 委 会

主　任：陆　震

副主任：蒋　晧　张　燕

译委会（按拼音首字母排序）

　　　　蒋　晧　刘春艳　刘群彦　陆　瑾　陆　震

　　　　潘冬远　钱江海　孙　凤　张　燕

工 作 组

组　长：刘群彦

副组长：潘冬远

成　员：陆辰君　许晨辉　冯天宇　傅　杰

　　　　刘春艳　钱江海　孙　凤

译　序

改革开放 40 余年以来,我国科学技术发展取得了历史性的跨越,科学研究范式发生根本性改变,组织管理体系逐渐完善,技术创新已从"跟跑"向"并跑"甚至"领跑"迈进,产业创新与科学创新、技术创新深度融合。在我国超大规模市场引领之下,以科技成果有效转化支撑产业创新的态势基本形成。

1996 年《中华人民共和国促进科技成果转化法》(下文简称《促进科技成果转化法》)的颁布,激发了高校、科研院所、国有企业有序开展产学研用活动。2007年《中华人民共和国科学技术进步法》的修订,将利用财政性资金设立的科学技术基金项目或者科学技术计划项目所形成的知识产权授权项目承担者依法取得。2015 年《促进科技成果转化法》规定,国家设立的研发机构、高校对其持有的科技成果,可以自主决定转让、许可或者作价投资,并大幅提高对科研人员的奖励激励力度。此后,国家和地方政府出台一系列政策、措施,从赋予科研人员职务科技成果所有权或长期使用权,到社会投资、税收优惠、人才评价等环境进一步优化,大幅提升了科技成果转化的实际成效。

近 10 年以来,我国在科技创新、产业进步、技术转移等学术理论研究领域,以及实践界对科技成果转化政策的观察,涌现了大量关于《促进科技成果转化法》等法律政策促进作用及其与产业创新之间关系的研究成果。但截至目前,针对科技成果转化法律政策和实践中的一些具体问题,尚未形成共识性认识。

我们在研究技术转移的过程中,偶然查阅到《〈拜杜法案〉前后的大学技术转移》(*Ivory Tower and Industrial Innovation: University-Industry Technology Transfer Before and After the Bayh-Dole Act*)一书。该书著于《拜杜法案》颁布24年后的2004年。在国内技术转移行业内的研究成果或介绍性文献中,大多是基于《拜杜法案》对美国经济发展做出直接贡献的描述或分析,鲜见有理性分析或批判性的内容。但该书作者在对美国大学与产业进步历史回顾基础上,通过对美国大学1925年至1980年《拜杜法案》颁布后专利申请和许可的数据及案例研究,认为"美国研究型大学的经济作用和美国大学对20世纪90年代经济繁荣贡献的讨论,大多夸大了《拜杜法案》的作用",为我们客观、全面认识《拜杜法案》的作用提供一个全新的研究视角。书里有几个"有趣"的观点值得思考:

一是,**大学对工业创新的贡献主要是科学研究和教育发展。** 大学对工业创新的贡献很大程度上依赖于专利申请和许可之外的其他渠道,如先进的科学研究和教育输出,在学生培养、与工业界合作交流及在追求基础研究同时解决特定技术问题。因此,许多其他国家目前模仿《拜杜法案》的努力中,忽视了这一因素。

二是,**《拜杜法案》通过前后大学申请和许可专利数量没有明显变化。** 20世纪50年代,越来越多的美国大学为教师的发明申请并许可他人实施专利。20世纪60年代中期美国联邦机构允许教师报告研究成果并允许大学取得这些发明专利。在《拜杜法案》通过前的20世纪70年代,专利申请和许可数量与20世纪80年代几乎一样。1980年前后,美国大学专利申请和许可活动高度集中在相对狭窄的研究领域,主要是生物医学科学领域。

三是,**《拜杜法案》通过之后越来越多的大学学习专利和许可知识。** 成功的大学技术转移人员需要拥有一系列知识和才能,他们必须对特定技术领域有深入了解,并且熟悉工业应用,与发明人保持密切工作联系,与工业界人员谈判复杂的合同。但在许多情况下,技术转移成功与否并不取决于大学是否拥有知识产权。

四是,**专利申请的"私有化"活动阻碍了"科学公地"的知识传播。** 主要由政府资助的公共研究机构有责任鼓励尽可能广泛地使用他们的研究成果,但学术专利申请的增长也可能会助长教师推迟发表、限制研究资料共享、通过会议报告或非正式交流与科学界分享其研究成果的动机。

五是,大学要合理平衡科学研究与技术转移活动之间的关系。 对大多数美国大学来说,技术许可的盈利能力有限,表明只强调专利使用费而牺牲大学的其他目标是不明智的。大学管理者要认识到,技术转移只是其教育和研究核心任务的组成部分或附属部分。学术研究可以通过多种渠道流向产业应用,包括教师、学生和研究人员在学术界和产业界之间的流动;研究论文的发表;教师和大学研究人员出席会议;教师咨询服务等。

我们认为,本书可以为研究我国《促进科技成果转化法》(尤其是 2015 年修订)对高校、科研院所等学术机构的科技成果转化提供一些新的视角,对思考我国法律政策完善方向大有裨益。

《促进科技成果转化法》修订 9 年多以来,国家和地方政府通过一系列的政策、行动和促进措施使我国技术转移的政策环境发生了巨大变化,专利数量的持续增长转向"高价值专利"培育及转移转化,概念验证、中间试验平台建设广泛推进,社会资本投资于早期科技成果的态势正在形成,科研人员创业积极性正在逐步提高,高校、科研院所的科技成果转化成效日益显现。可见,我国《促进科技成果转化法》的实施,呈现出与美国《拜杜法案》迥然相异的特征。

然而,正如本书中所述,高校、科研院所的本职任务是人才培养、科学研究、技术创新,其对于产业创新的贡献更多体现在科学研究、技术研发、人才输出等方面,科技成果转化仅仅其是附属职能。正是这一原因,高校和科研院所对科技成果转化的重要性虽有一定认识,但管理层或多或少对科技成果转化的具体推进存在疑虑。

尽管如此,在国家"创新驱动"战略布局之下,技术转移或科技成果转化仍然是高校和科研院所的重要任务之一。从本书的一些细节性描述中,我们还可以得到如下启示:在正确认识技术转移对产业创新重要性基础上,采取技术研发、技术转让、创业促进等活动,对单位的综合发展具有推进作用;高校和科研院所基于技术转移的需要,强化科研人员对工业化、工程化、产业化的综合知识是重要环节;高校和科研院所根据技术创新规模,组建或聘用专业化的技术转移团队至关重要;将知识产权和技术转移活动"外包"给专业化机构,同样是一种合理选项。这对我国高校和科研院所正在推进的科技成果转化实践活动有一定启示。

无论如何,本书只是观察美国技术转移实践的一个"窗口"而已。我们相信,在"中国式现代化"建设过程中,高校和科研院所的技术转移是促进产业创新的重要环节。随着企业在技术创新和产业创新主体作用的进一步强化,产学研合作及科技成果转化力度的加大,我国科技创新必将迈上新的台阶!

本书翻译组
2025 年 1 月

致　谢

　　非常感谢哥伦比亚大学、斯坦福大学和加州大学技术转移办公室的工作人员为收集和分析本书相关数据提供的宝贵协助。感谢加州大学校长办公室贾依·斯托斯基和苏珊娜·奎克的支持,让我们得以访问加州大学的数据。感谢斯坦福大学的凯瑟琳·库向我们提供斯坦福大学技术许可办公室的数据,以用于相关研究。感谢哥伦比亚大学的迈克尔·克劳、霍利·雷德尔和安妮汀·盖利金斯向我们提供哥伦比亚大学的数据,为本文的研究提供了数据支持。感谢加州大学麦可·巴恩斯和林恩·费塞尔对加州大学数据收集和分析提供的协助,感谢桑德拉·布拉德福德对斯坦福数据研究的支持。特别感谢麦可·巴恩斯允许我们使用其大学专利数据,并感谢布兰代斯大学的亚当·贾菲、加州大学伯克利分校的布朗温·霍尔、特拉维夫大学的曼努埃尔·特拉伊滕贝格和美国国民经济研究局(NBER)向我们提供 NBER 和凯斯西储大学的联合专利数据。感谢哥伦比亚大学、麻省理工学院、美国国家研究委员会和史密森学会档案馆的工作人员允许我们访问有关机构记录。还要感谢 W·史蒂文森·培根允许我们访问研究公司①的档案并和我们探讨该公司的专利管理活动。

---

① 除非特别声明,本书所称研究公司是指加州大学弗雷德里克·科特雷尔教授在 1912 年所成立的公司。——译者

感谢布朗温·霍尔、斯科特·斯特恩、罗斯玛丽·齐多尼斯、乔希·勒纳、斯蒂芬·卡梅隆、雷贝卡·亨德森、大卫·罗斯纳、斯科特·谢恩、肯·伦纳德、弗兰克·利希特伯格、亚当·贾菲,以及来自加州大学伯克利分校、哥伦比亚大学、宾夕法尼亚大学、马里兰大学、雷丁大学和费城联邦储备银行的研讨会与会人对本书所含诸多课题的早期研究提出了大量有益评价。特别感谢斯坦福大学的内森·罗森伯格对第二章部分内容做出的贡献,他在本书课题研究的早期阶段发挥了核心作用。

感谢梅隆基金会、艾尔弗·斯隆基金会、加州政策研讨会、加州大学校长产学研合作项目、哥伦比亚大学教务长办公室、哈佛商学院研究部、加州大学伯克利分校哈斯商学院创新、组织和管理研究所以及宾夕法尼亚大学沃顿商学院麦克中心对本研究的支持。

目　录

表目录

图目录

第一章

引言：象牙塔与产业创新

本书探讨了美国大学与产业创新之间的关系，重点论述了学术发明的专利申请和许可在支持大学和产业之间的"技术转移"方面所发挥的作用。自20世纪80年代初以来，美国大学的专利申请和许可数量不断增加，这使得大学在产业创新和经济增长中的作用在近年来受到广泛关注。许多观察人士将大学专利申请和许可活动的日趋频繁归因于1980年的《拜杜法案》，但这一结论没有确凿的证据支持。同时，也没有充分证据表明，大学发明专利的申请和许可是促进此类专利产业转移和商业开发的必要条件。而对《拜杜法案》持更加批判性态度的其他观点认为，学术专利申请和许可数量的增长改变了美国大学的"研究文化"，提高了研究保密性，减少了研究成果共享，同时使学术研究的重点从基础课题转向了更多的应用课题。

本书中的证据表明，《拜杜法案》是促使美国大学专利申请和许可数量在20世纪80年代和90年代激增的几大因素之一。该法案为学术机构就研究发现进行专利申请和许可提供了强有力的法律支持，简化了美国大学就公共资助研究成果获得知识产权的复杂行政程序。然而，我们认为，即使没有出台

注：侧边栏数字为原著页码。人名、机构名等专有名词和缩略语的英文全称见索引。——编者

1 　　《拜杜法案》,大学专利申请的数量在 20 世纪 80 年代和 90 年代也会大幅增加。正如我们在下文所指出的,早在《拜杜法案》颁布之前,许多美国大学已在积极开展专利申请和许可。因此,20 世纪 70 年代至 80 年代初,生物医学研究的发展和生命形态专利法律的变化,共同促进了专利申请和许可活动。当然,即使没有出台《拜杜法案》,这些大学和其他一些专利申请和许可经验较少的大学也很可能开展或增加这方面的活动。事实上,正如我们在第五章中所指出的,美国的研究型大学是该法案在 1980 年获得通过的重要支持力量。然而,毫无疑问的是,美国大学如今比历史上任何时候都更深入、更直接地参与研究成果的专利申请和许可。

　　《拜杜法案》的制定动机是认为大学专利申请将激励和促进大学研究成果向产业的转让,从而实现成果的商业开发。虽然本书中关于这点仅能提供提示性而非确切的证据,但这些证据表明,研究成果和知识通过学术研究人员的出版物、会议报告、教师咨询和人员交流在大学和产业之间实现流动,同时需强调的是,这种流动是双向的。在《拜杜法案》前后,产学互动大多不涉及专利申请和许可。

　　在某些情况下,大学专利申请可能的确有助于技术转移,但在很多时候也并非专利转移和商业化的必要条件。在这些情况下,专利可能会给大学带来收入(尽管大多数专利产生的许可收入很少),同时也会带来一些风险,即限制性许可政策会限制发明或相关知识的传播和使用。实际上,在某些研究领域,专利申请和许可会限制其他方式的产学互动和相互影响。

　　总之,大学专利申请和许可带来的问题是复杂的,对于不同的发明和技术领域,可能要采取不同的行动方案才能获得最大的公共效益,这也是《拜杜法案》的首要目标。然而,在可预见的未来,美国大学将更加密集地开展专利申请,且似乎会有越来越多的非美国大学加入。这一趋势带来的一项关键政策挑战在于,如何就大学为公共资助研究的发明申请专利制定适当的许可政策,确保公共资助研究能够产生最大的社会效益。

2 　　美国大学专利申请和许可数量的增长一直集中在少数研究领域,尤其是生物医学和部分工程细分领域。专利申请和许可活动数量的增长不太可能改变美国大学的整体学术研究"文化"，原因很简单，因为这些活动仅集中于相对较少的几个学科。然而，即使在专利申请和许可集中的领域内，也几乎没有证据表明学术研究的重点或成果发生了重大转变。尽管有关这一观点的现有证据有限，而且很可能只有在事实发生很久之后才会出现这种转变。

大学专利申请数量增长背后的另一个因素是，可专利化的"材料"的定义扩大到了科学领域。由于许多领域的科学研究极大依赖于相对自由的"材料"和其他智力成果交流，因此，加强对这些成果和"材料"的私有产权主张可能会增加科研交易成本，阻碍科学进步。但是，可专利化的"材料"的范围扩大，反映了比大学专利申请和许可政策或《拜杜法案》都更加广泛的政策和机构（特别是美国专利商标局）的进步。

第一节　本书的组织结构

虽然《拜杜法案》及其影响是后面几章的核心内容，但我们研究该法案的来源及其后果，需要更广泛地考虑美国产学关系和技术转移的历史演变，对此，我们在第二至四章进行了阐述。一个多世纪以来，美国大学对产业技术创新做出了重大贡献。1862年的《莫里尔法案》象征着美国承诺大学应该为民主和公民服务。大学农业实验站的研究为美国20世纪30年代和第二次世界大战（下文简称二战）后的杂交玉米革命提供了科学基础，并在开发适合各州特定条件的杂交种子品种方面发挥了核心作用。但美国大学对美国经济发展的贡献远不止于农业。哥伦比亚大学埃德温·阿姆斯特朗的研究为真空管电子信号放大奠定了基础，对现代无线电技术发展做出了重要贡献。计算机、激光以及互联网的早期开发工作很多都是在大学里进行的。同时，美国大学在许多重要药物的研发中发挥了主导作用。

美国大学对产业创新的这些历史性贡献是通过多种互动渠道实现的，如今，这些渠道在产学知识交流和技术转移中仍然占据着重要地位。尽管在

3

1980 年之前，美国一些大学的确有申请专利(见第三章和第四章)，但许多大学对技术进步的贡献并不依赖于大学科研成果的专利申请。在整个 20 世纪，支持美国大学与产业界之间研究联系和知识技术双向流动的一个特别重要的因素是美国大学体系的结构，这一体系与其他工业经济体的系统有着重要的区别。我们将在第二章中详细讨论这一问题。

20 世纪 20 年代和 30 年代，人们对大学专利申请和许可的作用争论不休，第三章对此进行了分析，重点阐述了这些争论与 20 世纪 70 年代《拜杜法案》所引发的争论之间的惊人相似之处及一些重要区别。在 20 世纪的大部分时间里，美国大学对直接参与专利申请和许可持矛盾态度。在某种程度上，这种矛盾心理反映了一种担忧，即任何"以公谋私"(即以公费研究获得专利收益)的行为都可能引发政治尴尬。因此，在 1970 年之前的大部分时间里，一些领先的研究型大学都对教师申请专利(主要是生物医学领域)实施了限制。尽管麻省理工学院等顶尖研究型大学鼓励教师申请专利，但也会避免直接参与这些专利及相关许可的管理。

事实上，正是出于对大学直接参与专利管理所带来影响的担忧，加利福尼亚大学(下文简称加州大学)的弗雷德里克·科特雷尔教授才在 1912 年成立了研究公司(Research Corporation)，为学术机构管理专利申请和许可事务提供服务。正如我们在第四章中所提到的，在二战后，美国许多研究型大学将这些活动"外包"给了研究公司或其他专利管理组织。20 世纪 70 年代，大学开始独立管理专利申请和许可事务，该公司的发展受到影响并最终倒闭，这反映了当代大学技术许可管理公司所面临的许多相同的挑战。

第五章阐述了《拜杜法案》的政治起因和出台过程，第六章和第七章分析了先前未研究的相关数据，探讨该法案对美国大学专利申请和许可的影响。其中，第六章以三所领先的研究型大学为讨论重点，第七章则从更宏观的角度，考察了实施《拜杜法案》前后，美国大学专利申请和许可的趋势。我们的定量分析阐明了《拜杜法案》的影响，但没有对《拜杜法案》的关键前提(即专利申请对于单个大学发明商业化的重要性)是否成立进行探讨。为了研究这一问题，第八章给出了对五项大学发明的详细案例分析，突出了技术转移和商业化过程会受到各种因素的影响。与第二章对产业研发管理人员调查记录的讨论结果一样，我们的案例分析表明，在不同的研究和创新领域，专利和许可的作用存在巨大差异。此外，这些案例还反映出生物医学领域内各个发明之间也存在极大不同。最后一章总结了我们的研究结果，并讨论了其对进一步研究的意义。

第二节　我们学到了什么？

尽管在 20 世纪的大部分时间里，许多美国大学都在鼓励教师的发明专利申请和许可，但学术专利申请和许可并不是技术转移以及产学知识交流的主要渠道。20 世纪 80 年代和 90 年代对产业研发管理人员的调查一致表明，在包括生物医学在内的所有领域，专利和许可都不如其他知识流动和大学研究人员互动渠道（如教师出版物或会议报告）那样重要。

1980 年《拜杜法案》的通过，恰逢美国大学专利授权和许可增长的一些其他重要发展时期。同年，美国最高法院承认了生命形态专利的有效性。在 20 世纪 70 年代和 80 年代，生物医学研究（大部分由美国国家卫生研究院资助）取得了重大科学进展。经证明，这些进展具有极大的产业应用潜力。事实上，两所长期以来在专利授权和许可方面活跃的大型研究型大学（斯坦福大学和加州大学体系），在《拜杜法案》通过之前就已将其专利和许可组合转向生物医学发明。此外，哥伦比亚大学作为 1980 年后在专利申请方面领先的"新加入者"，也在该法案通过之前提交了其认为最赚钱的单一许可发明的申请，同样也是在生物医学领域。

《拜杜法案》通过后，我们数据资料中两所"经验丰富"的机构专利申请者（即斯坦福大学和加州大学体系）的专利申请有所增加，但这些专利找到被许可方的比例却有所下降，这与该法案通过后立即转向申请较少重要发明的趋势一致。但总体而言，在这三所领先的研究型大学中，没有证据表明 1980 年后这些大学的专利被其他专利的引用的频率(广泛解释为衡量专利经济或技术"重要性"的一个指标)与非学术专利相比有显著下降。无论是在《拜杜法案》通过前还是通过后,这些大学的专利平均引用频率都高于非学术专利。

在《拜杜法案》前后,经验丰富的学术专利权人的许可收入主要来自极少数"本垒打"发明①,其中大多数是生物医学发明。这也正是哥伦比亚大学1985—1995年间许可收入的特点,该大学在专利申请和许可方面的经验要少得多。"本垒打"发明不可预见且极为少见,这意味着,许多积极为教师发明申请专利和许可的美国大学已经发现这些活动无利可图。尽管收入只是此类技术转移的若干动机之一,但在1980年后却是许多大学开展专利申请和许可的重要原因。此外,机构在管理专利申请和许可方面的经验增长可能不会增加大学教师或其他研究人员获得并向其许可办公室披露此类"本垒打"专利的概率。

因此,对于经验丰富的学术专利权人而言,《拜杜法案》对专利申请活动的影响比许多评估结论要小。尽管如此,《拜杜法案》促进了一些缺乏管理专利申请和许可经验的机构开展专利申请活动。这些新手专利权人的专利最初被引用的次数的确较少,但到了20世纪80年代末,这些专利的引用次数并不亚于被授予"经验丰富"学术专利权人的专利,同时,与被授予"经验丰富"大学的专利一样,此类专利的引用次数也多于同类非学术性专利。

正如我们在前文中所提到的,第八章中的案例分析试图研究推动《拜杜法案》起草和通过的一个重要假设,即认为专利申请是促进大学发明向产业转移并实现商业开发的充分必要条件。这些案例分析表明,知识交流和技术转移的过程非常复杂,同时,对于不同的技术领域,实现该过程的最有效渠道也存在天壤之别。此外,顺利推进此类活动还需要建立良好的"关系",正如我们在第四章和第八章所提到的,大学专利许可业务的集中管理历来都很困难,因为专利许可专业人员和教师发明人之间需要频繁的互动。

---

① 商业化成功的发明。——译者

　　《拜杜法案》设计背后的另一套假设涉及大学寻求专利保护的知识产权特性。该法案将专利知识产权视为技术开发的一个关键促成因素，即认为，如果知识财产的产权不明确，商业开发者便不会做出将这些发明推向市场的必要投资。但是，在1980年以后大学专利申请的增长中，一部分专利范围扩大似乎是因为科学研究的扩大，而非申请人用于商业开发目的的技术产品。《拜杜法案》的支持者很少考虑大学专利申请和许可对"开放科学"的负面影响，其中部分原因在于，20世纪80年代初，相较于技术专利申请，科学专利申请的增长并不明显。

　　然而，这些以及其他发展强调了《拜杜法案》的必要性。大学专利申请的增长在一定程度上是因为20世纪80年代和90年代知识产权的范围扩展涵盖了全新类型的成果（如研究工具）。同时，美国专利商标局愿意授予宽泛的权利要求。此类权利要求可能对特定技术的开发"前景"产生更为广泛的影响。《拜杜法案》本身并不是造成这种扩展的原因，但如果不更广泛地考虑这些发展变化，便无法理解该法案的影响。

　　在评估《拜杜法案》的影响时，将这一更大背景放在最重要位置的另一个原因是，其他工业经济体政府近期热衷于采取与《拜杜法案》非常相似的大学技术转移政策。这些政府效仿《拜杜法案》的原因在于，希望增加和加强本国大学系统与产业之间的研究合作和技术转移。但这些"改革"忽视了美国在《拜杜法案》出台前的悠久产学合作与技术转移历史。尤其在不对大学系统进行更广泛结构改革的情况下，这些国家效仿《拜杜法案》的做法可能收效甚微，甚至适得其反。

　　因此，我们对《拜杜法案》的总体评价好坏参半。我们认为，得益于联邦政策和学术研究的广泛发展，即使没有出台该法案，也很可能出现1980年后的大学专利申请和许可热潮。然而，这种专利申请和许可的增长集中在少数几个学术研究领域，因此，与这种专利申请和许可增长相关的任何"文化影响"也相对局限于美国的研究型大学。同时，关于对学术研究标准或方向、成果披露、利益冲突等存在重大不利影响的证据都需要一定的时间才能显现，且只有在损害发生后才会变得明显。该法案强调专利申请和许可是学术发明向产业转移的一个极为重要的工具,但这种说法在该法案通过时缺乏有力的证据基础,且证明专利申请和许可在技术转移中所发挥作用的证据也不明确。美国大学长期以来都在与产业开展应用研究和基础研究合作,而专利申请以外的渠道对这种合作至关重要。尽管如此,在评估该法案对公共福利的影响时,专利申请本身并不像大学采取的专利许可政策类型那么重要。最后,相对于技术专利,《拜杜法案》是否促进了科学专利的申请仍是一个值得关注的问题。

正如我们在第九章中提到的,在 1940 年后的大部分时间里,美国大学得到了极大的政治关注,在国防、公共卫生等重大公共任务领域,联邦政府对学术研究的财政支持激增。随着联邦政府对美国学术研究加大支持力度,美国研究型大学也上升到了目前的国际领先地位。二战后,美国研究型大学在与世界其他大学不分伯仲的一些研究领域,甚至在曾经落后于其他大学的许多研究领域中,一跃成为全球领导者。这种令人瞩目的进步,反映了联邦政府对大学研究的支持依赖于机构间竞争和自主原则。面对新世纪的挑战和机遇,美国研究型大学要保持领先地位,必须维持其对知识自由流动和为全球公共利益服务的历史承诺。

第二章

历史回顾：美国大学与产业技术进步

在本书的第一章中，我们探讨了 1890—1980 年间，大学对产业技术进步的贡献以及专利申请在这些贡献中的作用。[1]本章主要讨论二战前及二战后不久美国大学在产业创新中的作用；第三章和第四章对 1980 年以前美国大学的专利申请活动进行了全面分析。在本章中，我们还试图从更宏观的角度，阐述美国大学对产业创新所做贡献的性质、实现贡献渠道以及促成因素。

第一节　美国高等教育的鲜明结构特点

美国赠地大学注重农民和工人培训，以及旨在促进区域经济发展的研究，这有别于 19 世纪末 20 世纪初的欧洲大学。美国公立大学，尤其是根据《莫里尔法案》建立的公立大学，对这一时期学术研究事业的发展方向的影响大于私立常春藤联盟院校。亚力克西斯·托克维尔（Tocqueville，1990）在讨论年轻共和国对科学的态度时，预见了这些特点：

　　在美国，人们对科学的纯粹使用部分进行了理解深刻，对理论部分也给予了认真关注，这部分理论是应用时直接需要的。在这方面，美国人总是表现出清晰、自由、独特而创新的思维能力。但在美国,几乎没有人致力于人类知识的基本理论和抽象部分的研究。(1990,vol.2,p.42)

托克维尔认为,年轻共和国的"科学"关注的是应用,而非"人类知识的基础理论和抽象部分",他写道:

每一种创造财富捷径的新方法、每一台解放劳动力的设备、每一种降低生产成本的仪器、每一个能带来或增加愉悦的发现,(对这些人来说)似乎都是人类智慧最伟大的成就。主要基于这些原因,一个民主的民族才会沉迷于对科学的追求……在有如此认知的社会中,人们很容易认为,人的思想可能会不知不觉地忽视理论,并且,人们会以无与伦比的能量,投入到科学的应用中,或者至少对应用者而言有必要的那部分理论科学中去。(1990,vol.2,p.45)

科学的这种功利主义取向影响了美国大学的研究和其他活动。英国访问学者以及包括 Flexner(1930)和 Veblen(1918)在内的一些美国观察人士对 19 世纪及 20 世纪初美国高等教育体系的"职业主义"不屑一顾。美国大学很早便承担起了农业和矿业等领域,会计、财务、市场营销和管理等工商学科,以及土木、机械、电气、化学、航空等越来越多工程学科的教学和研究责任,远早于英国和其他欧洲大学。

美国大学的"实用"取向有很多原因。与 1945 年前后的大多数欧洲高等教育体系相比,美国大学体系一直缺乏集中管理。虽然 1862 年和 1890 年的《莫里尔法案》为建立赠地大学提供了联邦支持,但对这些机构的行政监督以及他们的运营预算,仍由美国州政府承担。[2]在整个 20 世纪,美国大学在其行政政策方面保留了很大的自主权。

与德国、法国或日本的大学体系相比,美国的大学体系不太注重培养毕业生的政府服务取向。虽然一些"精修"和宗教预备学校(如哈佛大学和耶鲁大学)最初是以欧洲院校为蓝本建立的,但许多美国大学院校都结合当地环境的特殊需求确定了自己的使命和研究议程。这种做法带来的一个后果是,这些学校的资金和招生严重依赖于当地社区的观念和需求。[3]正如托克维尔所指出的,这些观念极大倾向于实用性。在一定程度上,正是因为这些功利主义目的以及许多社区对大学院校的需求,美国才发展出了一套比同时期欧洲国家规模更大的高等教育体系。正如 Trow(1979)所指出的,

> 到(美国)独立战争时期,美国已经建立了 9 所学院,而在当时,2 所大学(牛津大学和剑桥大学)对于更大、更富有的英国而言已经足够了。(美国)南北战争时期,美国约有 250 所学院,其中 180 多所一直延续至今。然而,高校的倒闭纪录更加惊人:在美国独立战争至南北战争期间,大概有 700 多所新创办院校宣布破产。到 1880 年,英国每 2 300 万人口就拥有 4 所大学,这已经做得很好了,而美国仅俄亥俄州 300 万人口就拥有 37 所高等教育院校……到 1910 年,美国有近千所大学院校,学生人数达到了 33 万左右。与此同时,法国的 16 所大学总共才招收了大约 4 万名学生,学生人数大致相当于美国大学的教师人数。(pp.271-272)

毫不奇怪的是,1900—1945 年间的美国高等教育系统的招生中,18～22 岁学生的比率比任何欧洲国家都要高。根据 Geiger(1996)的研究,早在 1928 年,美国大学院校该年龄段学生的招生比率就已达到了 12%,相比 1920 年的 8% 有了大幅增长。尽管在"大萧条"时期,该比率可能有所下降,但 Graham and Diamond(1997, p.24)估计,到 1940 年,这一比率再次达到了 12%,是同年欧洲大学院校该年龄段招生比率(4%)的三倍。直到 20 世纪 60 年代,欧洲大学院校的该比率才超过 10%,而此时,美国该年龄段的招生比率已达到了 50% (Burn et al., 1971)。

1862 年的《莫里尔法案》植根于美国人对大学研究和教学作用的看法。该法案的意图非常实际,它旨在鼓励建立由国家控制的大学,从而为农业和机械

技术提供支持,而这些大学的长期繁荣和成功取决于它们对当地社区需求的响应能力。但是,在 19 世纪和 20 世纪的大部分时间里,私立大学的维持和发展也依赖当地的支持。出于对当地财政和政治支持的依赖,加之课程体系缺乏集中管理或规定,美国大学通常能够在课程体系中快速引入新的课程或学科,响应社区需求。Ben-David(1968)将这种对本地支持资源的依赖与 20 世纪大部分时间里大多数欧洲大学系统的情况进行了对比,得出了以下结论:

> 对于主管本项事务的欧洲公务员而言,为大学提供资金这个问题就是在既定目标和优先级前提下,如何尽可能少地花钱。但美国的大学校长却不得不去想,如何让众多的捐赠者相信本校的重要性,以及如何为本校的服务寻找新的市场并扩大现有市场,从而增加学校的收入。在这些大学校长看来,目标和优先事项并非既定。他们的任务之一是关注环境变化,并在合理必要或有用的情况下,适时改变这些目标和优先事项。在研究和培训快速有序变化的时代,聘用这种企业型领导是唯一适合的管理方式,被许多州立大学所采用(p.36)。

早期美国大学的一项主要活动是为与当地经济有关的各种职业提供职业技能人才。在很多时候,培训都同当地产业问题的研究相结合。例如,阿克伦大学为当地橡胶产业提供技能人才,后该校因橡胶加工研究而为人所知,并在高分子化学领域取得了卓越的成就。赠地大学将培训与研究结合起来,以满足当地农业社区的需求,如威斯康星大学的一位农业研究化学家开发了用于测量牛奶中乳脂含量的巴布科克测试。这项测试于 1980 年引入,提供了一种新的可靠方法来确定牛奶是否掺假,这在奶牛场林立的威斯康星州里是一件非常重要的事情。

公立大学还开发了新的学位课程,以满足当地的职业和经济利益需求。第一次世界大战(下文简称一战)后,美国公立大学的工程学院提供了各种工程学科的本科学位,令人眼花缭乱。在伊利诺伊大学,这些学科包括建筑工程、陶瓷工程、采矿工程、市政与卫生工程、铁路土木工程、铁路电气工程和铁路机械工程。一位观察人士指出，在这一时期，"伊利诺伊州的每个行业和政府机构几乎都能在伊利诺伊大学香槟分校找到自己的对口专业"（Levine, 1986）。

有时，大学对产业问题的研究需要大规模的长期投入，才能找到针对特定问题的解决方案。明尼苏达大学矿山试验站承担的长期应用研究项目即最重要的此类项目之一。该项目从一战前就已开始，一直持续到 20 世纪 60 年代初，解决了梅萨比岭高产量铁矿逐渐枯竭所带来的后果。面对这些矿石储备减少的情况，研究人员对含铁量较低的矿石，即储量丰富的低质量铁燧岩矿进行了重点研究。尽管这种研究并不依赖于新的科学知识，但需要在矿山试验站（Davis, 1964）进行数十年的试验，才能解决与铁燧石提取和精炼有关的无数工程和加工问题。

在整个 20 世纪，美国高等教育体系区别于其他工业经济体教育体系的另一个特点是，美国研究型大学出现了全国统一的师资市场。到 19 世纪末，大多数美国大学和学院的院系结构，以及 19 世纪末出现的强大的学科学位课程和社团，意味着教师资格认定的依据是他们对学科研究的贡献，而不是他们对特定机构的贡献。[4] 这种院校间的流动性，加之美国大学对声誉、资源和生源的激烈竞争，使得教师在美国大学（尤其是最负盛名的公、私立研究型大学）间的流动比其他国家更加频繁。这种流动性为新思想、课程和研究方法在美国大学之间的传播提供了一种强大的机制，而这种机制在其他国家的高等教育系统中并不发达。

在整个 20 世纪，美国高等教育体系与其他工业经济体教育体系的不同之处在于，庞大的规模、拥有高度自主权、非常依赖当地财政和政治支持，以及在资金、声誉、师资和生源方面的激烈竞争等。美国高等教育体系的这些结构特点为大学研究人员和管理人员与产业界建立密切关系创造了强有力的激励机制，还激励大学研究人员寻求大学研究发明的商业应用，而且无论这些发明是否获得了正式的专利保护。最后，许多美国大学的规模和职业定位，以及这些大学内部的研究活动,为新的研究成果迅速传播到产业应用创造了一个有效的渠道,即毕业生进入产业就业。

第二节　工程与应用科学的制度化

美国大学研究的方向是解决当地产业关切的实际问题,关于美国大学研究如何推动工程和应用科学领域新学科实现制度化的一些探讨说明了这一点。这些学科的作用之一在于,为研究和培训提供了系统性基础,在从事这些活动的个人和大学之间建立起了智力联系。

20世纪初,美国大学建立了化学工程、电气工程和航空工程等学科领域。学校为这些领域开发了研究生课程,提供经认证的专业证书,同时成立了专业的组织、创办了相关期刊。这些新的学科和专业反映并巩固了美国大学与美国各个产业之间的全新联系。这些新学科和培训课程的发展,特别是20世纪初化学和电气设备产业工业研究的崛起,是美国大学对产业越来越多地聘用由大学培养的工程师和科学家所做出的反应(Hounshell and Smith, 1988; Mowery, 1981; Noble, 1977; Reich, 1985)。

在(美国)南北战争前,美国几乎没有工程教育。尽管许多学校提供职业工程教育,但直到20世纪后半叶才出现系统性的专业工程师培养方案。我们现在所知的美国第一所工程学院——伦斯勒理工学院(RPI)成立于1824年,但实际上美国的第一批专业工程师,很多都是由成立于1802年的美国西点军校培养的。从19世纪30年代开始,西点军校的毕业生为众多建筑企业做出了重大贡献,这些企业参与建设了辐射范围广且最终横贯大陆的铁路系统。铁路、电报以及后来不断出现的新产品和新行业增加了对工程师的需求。为了满足这种需求,麻省理工学院(1865年)和史蒂文斯理工学院(1871年)等新院校相继成立,同时,老牌大学也在课程体系中引入了工程学科课程。在这一方面,美国高等教育的发展经历又与欧洲不同。在英国、法国和德国,工程学科通常是在独立院校教授;但在美国,精英大学很早就开设了这些学科,如耶鲁大学于 1863 年开设了机械工程课程,哥伦比亚大学于 1864 年开设了矿业学院(Grayson,1977)。

电气工程

美国高等教育体系对用电产业的出现做出了迅速的反应。尽管许多历史学家认为,1882 年,爱迪生在纽约珍珠街开设了发电厂,标志着美国电力设备和发电工业的成立,但事实上,电话和电灯的雏形在 1882 年之前就已经出现,随后,对接受过系统培训的电气工程师的需求在迅速增长。然而,通用电气和西屋电气等公司在培养这一新领域员工方面收效甚微。

美国大学对这种新的工程培训需求做出了迅速反应。麻省理工学院(MIT)于 1882 年开设了第一门电气工程课程。康奈尔大学也于 1883 年开设了同一课程,并于 1885 年授予了该学科的首个博士学位。到了 19 世纪 90 年代,"麻省理工学院等高校已经成为美国电气工程师的主要来源"(Wildes and Lindgren,1985)。与爱迪生、威廉汀豪斯(西屋电气创始人)和贝尔等产业先驱的研究相比,大学在新兴电气工程学科方面的研究和教育形成了一个专业人才社群,该社群在大学之间以及大学与产业之间建立起完善的联系。在整个 20 世纪,美国的工程学院提供了电气工业所依托的工程和应用科学研究。

大学在电气工程和物理方面的研究不仅推动了科研的进步,还培养了毕业生。大学教授为了实现自身研究成果的商业化而成立了新公司,这种做法时常被认为是二战后的独特现象,但其实在更早的时候便已有诸多先例。加利福尼亚州帕洛阿尔托的联邦公司(Federal Company)就是由斯坦福大学的教职员工创立的,并在一战期间成为无线电设备的重要供应商(Bryson,1984)。速调管是一种用于产生和放大高频通信系统微波信号的热离子管,1937 年,它的发明者哈尔和西格德·瓦里安兄弟与斯坦福大学物理系达成了一项协议。斯坦福大学为瓦里安夫妇提供实验室、师资以及每年 100 美元的材料补贴。作为交换,斯坦福大学获得了全部相关专利权益的一半,这为斯坦福大学带来了丰厚的回报。

美国高等教育体系中电气工程的发展响应了国家需求,即新兴电力基础行业的需求,这与之前许多大学研究人员响应于地方需求形成了鲜明对比。培养电气工程师成了美国公立和私立大学的共同责任,这些培养活动加强并促进了大学研究与产业技术进步之间的密切联系。在整个 20 世纪,大学研究还通过产业咨询以及教师不时成立的公司,为产业创新做出了贡献。

化学工程

美国大学研究在工程领域发挥关键作用的又一例证是 20 世纪初化学工程学科在美国的出现。这个学科的发展在很大程度上与一个院校——麻省理工学院密切相关(Servos, 1980)。化学工程学科的建立是为了应对以下事实所带来的挑战,即化学领域重大科学突破所产生的知识对新产品的商业规模生产提供了很少甚至没有引导意义。化学工程不是应用化学,不能完全定性为化学实验室所产生科学知识的产业应用,更多的是融合了化学与机械工程,即机械工程在化学产品大规模生产中的应用(Furter, 1980)。

从实验室到商业生产的这种转化非常复杂,这也是为什么许多重要新化学实体的实验室发现与其商业生产之间存在数年甚或更长时间空白期的原因。人们开发了一种与化学不同的全新方法,用以管理从实验到生产操作的转化,实现以吨计而非以盎司(1 盎司 = 29.57 毫升)计量的大规模生产。这种新方法利用了麻省理工学院亚瑟·利特尔 1915 年提出的"单元操作"概念。单元操作为严谨的大规模化学制造方法奠定了基础,因此可以认为它的出现标志着化学工程作为一门特殊学科的起源。[5]单元操作还为未来从业人员的系统化、量化指导提供了依据,换句话说,其提供了一种可在大学里教授的通用知识。

亚瑟·利特尔、沃伦·刘易斯等教师鼓励大学与美国产业界建立合作,包括科研教学、产学合作教育和学生交换,以及在麻省理工学院建立化学工程实践学院等。新泽西标准石油公司的工程师与致力于系统化、推进和传播化学工程关键原则的麻省理工学院教师建立起了共生关系,这对化学工程研究在麻省理工学院和产业界间并行进行产生了特殊影响。[6]

在这一时期,许多合作联合学术和工业实验室共同开发了这些新方法,并通过教学和教科书相对广泛地传播。位于路易斯安那州巴吞鲁日的标准石油公司炼油厂也发挥了关键作用。作为非官方外部实验室,该炼油厂接收了大量麻省理工学院毕业生,同时聘用了麻省理工学院化学工程学院的许多教师担任顾问。从诸多方面而言,这种合作在1941年流化床催化技术的开发中达到了高潮。麻省理工学院和巴吞鲁日炼油厂在研究方面形成互补。尽管专利是这种研究活动的一个重要成果,但大学在管理或许可这种知识产权方面并未起到直接作用。

这种合作方式的关键在于,麻省理工学院与产业界之间通过教师咨询、教师轮岗和毕业生安置实现了人员交流。这种交流将麻省理工学院的专业知识带到产业界,同时将实践知识从产业界转移到学术界,并在此进行完善和体系化,为更多工程学科的发展提供了支持。与工程或科学研究的许多其他领域一样,工业设施对教师的可得性很重要,因为大学通常没有产业界所拥有那种规模和类型的工业设备。这种合作使企业获得了或通过转让取得了产学合作所产生知识产权的所有权,同时,学术界也发表了大量(尽管不是全部)在产业环境下实现的研究成果。

航空工程

在二战前,美国高等教育院校为飞机设计的进步做出了贡献,是大学知识生产对发展新兴产业具有巨大经济价值的又一例证。大学工程研究产生了宝贵的设计数据和获取新知识的技术,杜兰和莱斯利于1916年至1926年在斯坦福大学进行的螺旋桨试验即是很好的例子(Vincenti, 1990, Chap.1 and p.137)。当时,由于大量缺乏相关科学知识,所以必须要进行广泛的试验测试,从而更直接地确定螺旋桨的最佳设计,考虑到"螺旋桨与发动机和机身共同运行……因此必须与发动机的动力输出特点和机身的飞行要求相适应"(Vincenti, 1990, p.141)。由于不存在可用的定量理论,因此必须采用试验参

17

数修改法。文森特指出,斯坦福大学的试验不仅完成了数据收集,还实现了一些超出科学本身的东西。相反,它们促进了一种专门方法的发展,这种方法不能直接从科学原理中推导出来,尽管它与这些原理是一致的。[7]

斯坦福大学的试验产生了现代航空工程学科的核心通用知识,使人们对飞机设计有了更好的理解。[8]这些试验为 20 世纪 30 年代的美国飞机设计做出了重要贡献,其中最引人注目的是 30 年代后期设计出的 DC-3。但 DC-3 的巨大成功也要归功于另一家教育院校——加州理工学院。加州理工学院的古根海姆航空实验室在古根海姆基金会的资助下进行了相关研究,对位于附近圣莫尼卡的道格拉斯飞机公司取得商业成功起到了决定性作用。与 DC-3 及其前身相关的技术突破,如耐用可靠部件和提高飞机载客量、降低每座英里成本等,都大多来自加州理工学院的研究成果。该成果的突出特点在于使用了多单元结构设计,并对 DC-1 和 DC-2 进行了详尽的风洞测试。

计算机科学与工程

计算机是美国大学在 20 世纪后半叶最杰出的技术贡献之一。计算机的重要开发工作是在欧洲完成的(英国的艾伦·图灵和德国的康拉德·楚泽都是计算机先驱),但电子数字计算机主要是由美国大学在二战时期研发的。这项研究集中在工程学院,他们将逻辑可能性转化为技术现实。基于大学的研究,一门新的学科建立了,即计算机科学,它受到电气工程和物理学等学科的影响,但形成了自己的研究方法。

第一台全面运行的电子数字计算机,即电子数字积分计算机(ENIAC),由宾夕法尼亚大学摩尔电气工程学院于 1943—1946 年在普雷斯伯·埃克特和约翰·莫克里的指导下建造。埃克特和莫克里的工作借鉴了其他美国大学的研究成果,特别是艾奥瓦州立大学数学家和物理学家约翰·阿塔纳索夫和麻省理工学院电气工程师范内瓦·布什的工作成果。

阿塔纳索夫的装置旨在求解线性方程组,但他似乎对通用电子数字计算机的可能性进行了大量思考,然而,他的机器从未投入使用,只有一个粗糙的原型(Stern，1981)。电子数字积分计算的另一个重要的前身是范内瓦·布什及其同事在麻省理工学院开发的微分分析仪。与上面关于麻省理工学院和其他美国大学在这一时期进行的许多工程研究的实际动机论述一致，布什的工作源于与大规模互联电力网络中电力传输瞬态稳定性有关的问题。

摩尔电气工程学院在 1939 年建造了一台微分分析仪，使得该学院与位于阿伯丁试验场的美国陆军弹道研究实验室建立了密切关系。陆军为电子数字积分计算机项目提供资金，旨在开发能够更快计算弹道问题解决方案的设备。当电子数字积分计算机在 1945 年准备好进行测试时，战争已经结束了，但在约翰·冯·诺伊曼的游说下，电子数字积分计算机最终被用于氢弹设计的大量计算(Stern，1981，p.62)。

应该如何对催生战后数字电子计算机出现的大学研究进行归分类？这些早期开发参与者都是工程、数学和物理方面的专家。莫克里和布什曾在工程学院任教并开展研究工作。阿塔纳索夫曾在艾奥瓦州立大学教授物理和数学。二战期间在哈佛大学进行计算机研究的霍华德·艾肯则是一位数学家，曾从事于工程相关工作。[9]但是，他们的研究很难被归入"基础研究""应用研究"或"开发研究"等传统的研发类型。虽然"计算机科学"这个词在今天的大学课程中很常见，但如果这门学科真的是一门科学而非工程学，那它一定是一门截然不同的科学。计算机当然不是一门自然科学，但如赫伯特·西蒙所说，我们可恰当地称之为"人工科学"(Simon，1969，p.Xi)。毕竟，计算机科学中的许多研究与工程类似，涉及人工制品或机器的设计和建造。

美国大学的应用与工程科学

西蒙提出的这个词也可用于美国大学建立的其他工程学科。这些"人工科学"由有目标针对性的活动组成。由于存在明确的设计方向，它们不属于基础研究的常规定义范围，此类研究探索的是基础认识。在传统自然科学中，这种探索往往被认为是研究，与实际应用没有直接关系。但应用科学和工程领域的许多研究都是相当基础的，因为它涉及对基础认识的探索。大部分的医

19

学科学研究都以具体的实际应用为目标。致癌过程的医学研究必然涉及细胞生物学基础研究。已故的 Donald Stokes(1997)将所有这些探究方向都归入了"巴斯德象限",即旨在理解基本物理、生物或化学过程,为解决具体问题、形成解决方案或实现应用提供支撑的研究。

以上对一些重要工程学科发展的选择性回顾表明,美国的工程教育一直试图为探究具体的实际问题提供参考。但与此同时,大学研究为培养专业的决策者提供了一个知识框架,正如 Herbert Simon(1969)提醒道:

> 生产实体工件的智力活动与为患者开具处方、为公司设计新的销售方案,或为国家制定社会福利政策的智力活动在本质上并没有区别。按照这种理解,设计是所有专业培训的核心,是区分专业与科学的主要标志。工程学院以及建筑学院、商学院、教育学院、法学院和医学院,都以设计过程为核心。(pp.55‐56)

许多其他学科在对特定实用目标的针对性方面(如农学院生命科学研究的重点即提高农业生产力)与工程学相似。其中包括最实用的学科之一——统计学,而美国建立统计学课程体系和院系的时间比欧洲要早。与我们之前讨论的它们可以促进本地区相关研究的作用一致,在统计学的早期发展中,最重要的两所院校——艾奥瓦州立大学和北卡罗来纳州立大学都将统计学应用于农业产量和价格分析。

到二战开始时,应用科学和工程学科在美国高等教育中,特别是在赠地大学中已经很成熟,占到美国大学研究的很大一部分。工程学科和应用科学的存在扩展了美国大学为本地工业和农业服务的研究与教育的长期传统,但并没有取代它。

医学

医学也具有面向实际用途的基础研究的类似特征。虽然美国大学在二战后才形成医学基础研究能力,但 1910 年亚伯拉罕·弗莱克斯纳的报告《美国和加拿大的医学教育》标志着美国医学院生物医学研究的作用开始得到极大增强。弗莱克斯纳认为,医学生需要接受更好的自然科学培训,医学院应该开展基础生物医学研究同时加强与附属医院的联系。教学、研究与医疗实践的这种结合是美国学术医疗中心的特点,自 1945 年以来,这些医疗中心对医学的技术进步做出了重大贡献。

人类疾病原因的研究与应用物理科学和工程学科的研究有很多共同之处。它的主要目的是深入理解基本的科学原理,但它的动机非常实际,即使人类摆脱疾病的困扰。对动机和结果的这种描述准确反映了科赫和巴斯德在 19 世纪对人类疾病致病细菌的识别研究,以及 19 世纪末 20 世纪初出现的内分泌学、神经学和生物化学等领域的特点。[10]虽然这些领域的大部分基础研究在二战前一直由欧洲研究中心主导,但在 20 世纪 20 年代和 30 年代,美国医学院在这些领域的研究能力得到了增强。1945 年之后,美国学术医疗中心获得的联邦研究经费大幅增加,这得益于前面四十年建立起来的机构研究能力。

第三节　二战对联邦学术研究经费的影响

到目前为止,我们讨论的重点都是美国高等教育体系在 19 世纪末和 20 世纪的独特结构,以及这种结构与其他工业国家体系结构之间的对比。在本节,我们将讨论在 20 世纪中叶的不到十年的时间里,美国学术研究经费发生的巨大变化。美国学术研究经费来源的转变为美国高等教育带来了规模庞大的研究基础设施,其规模和特征也与其他工业经济体形成了鲜明对比。

美国战争准备和在 1941 年 12 月加入二战改变了联邦研发计划和优先研发领域。联邦研发总支出从 1940 年的 7.849 亿美元飙升至 1945 年的最高 124 亿美元(按 1996 年美元价值计),国防部研发支出从 2.792 亿美元增加到 40 亿美元(按 1996 年美元价值计)。大规模战时联邦研发计划的成功及其组织结构留下了若干重要遗产。"曼哈顿计划"在 1944 年和 1945 年高峰期的研究预算大大超过了国防部的预算,它成功建立起了一个研究和武器生产综合体,为美国迎来了真正的"大科学"时代。讽刺的是,"曼哈顿计划"在制造具有空前破坏力武器方面的成功,却促成战后人们对大规模科学极大促进社会福利的可能性的乐观看法。[11]

科学研究及发展办公室(OSRD)是由范内瓦·布什负责的一个民事机构,主要依靠与私人公司和大学签订的研究合同来运作。它的财务规模很小,但作为一种机构创新,具有非常重要的意义。在战争时期,OSRD 经费与合同的最大受益者是麻省理工学院(也是机构管理费的发明者),其从 OSRD 获得了 75 份合同,总金额超过 8.86 亿美元(按 1996 年美元价值计)。而 OSRD 经费最大的公司受益者是西屋电气,获得的研究经费总计 1.3 亿美元整(按 1996 年美元价值计)(Pursell, 1979, p.364)。OSRD 在二战时期签署的合同使其能够利用在两次世界大战间隔期间发展起来的各种学术和工业研发能力。该办公室号召科学界成员为可带来军事回报的科学研究提供建议和指导,并积极参与此类研究。

该办公室与其他战时计划一同改变了美国学术研究的规模和经费来源。事实上,在二战后,联邦政府学术研究经费的管理与 20 世纪美国科学政策中最著名、最有影响力的人物之一——范内瓦·布什的设想截然不同。为了响应时任美国总统富兰克林·罗斯福的请求,范内瓦·布什在 1945 年起草了关于二战后联邦科学政策的著名报告《科学:无尽的前沿》(*Science: The Endless Frontier*)。他预见到了经济学家后来的分析结论,认为基础研究是经济增长的最终源泉,并主张建立一个联邦机构,负责资助所有国防和非国防领域,包括卫生领域的基础研究。二战后美国国内政治的复杂性,以及布什反对国会对他所提出的机构进行监督,导致该项提议最终未获得通过。与他设想的由一个单一民事机构负责监督联邦的所有科学政策和资金划拨不同,包括军队和国家卫生研究院(NIH)在内的多个职能机构承担起了支持基础和应用研究的主要职能。到 1953 年,86% 以上的联邦研发支出(其中 5% 用于支持学术研究)均由国防部和原子能委员会负责管理。

第四节　二战后美国联邦政府的
学术研发支持结构

二战后美国研究体系的转变扩大并改变了美国大学公共资助研究的角色。尽管布什提出的为基础研究设立一个单一联邦政府资助机构的建议并未得到落实,而且他所倡导的机构资助而非项目资助也被忽视,但美国大学在这一时期获得的联邦政府研发支持大幅增长。联邦政府对大学[不包括大学院校运营的联邦资助研究与发展中心(FFRDC)]提供的研究支持从 1935—1936 年的大约不到 1.5 亿美元,增长至 1960 年的 21 亿美元以上,并在 1995 年达到了近 140 亿美元(见表 2.1,所有金额均按 1996 年美元价值计)。联邦政府对学术研究的资助,在 20 世纪 30 年代中期尚不超过学术研究资助总额的 25%,到 1960 年却已占到 60% 以上。

表 2.1　1935 年以及 1960—2000 年联邦政府对学术研发的资助(按 1996 年美元价值计)

年份	总学术研发经费/10^6美元	联邦政府资助的研发经费/10^6美元	联邦政府资助经费占学术研究总经费的份额/%
1935	575	138	24
1960	3 418	2 143	63
1965	7 333	5 338	73
1970	9 453	60 668	71
1975	9 939	6 671	67
1980	11 575	7 817	68
1985	14 120	8 828	63
1990	19 551	11 570	59
1995	22 827	13 726	60
2000	27 379	15 932	58

资料来源:1935 年的数据,美国国家资源委员会(1938);1960 年及以后的数据,美国国家科学基金会(2001)。

1935—1960 年间,以不变价值美元计算,对学术研究事业的总资助金额几乎增长了 6 倍,到 1965 年又增长了一倍多(见表 2.1)。1953 年,美国只有不到三分之一的基础研究是在大学院校的联邦资助研究与发展中心进行的。然而,到 1995 年,这些机构完成了美国 60% 的基础研究(National Science Foundation,1996)。[12] 联邦政府对大学研究资助的增加,使美国一些重点大学具备了国际顶尖科学研究中心的特征,而在二战前,只有特定领域的少数几所美国大学才具备这种实力。

除了扩大对学术研究事业的资助范围,联邦政府也对研究生教育和大学设施提供了资金支持,特别是在 1958 年人造卫星"危机"之后。这些资金壮大了美国的科研人员队伍,同时为购置高质量研究所必需的设备和设施提供了支持。以计算机科学为例,联邦政府资助大学购买大型计算机,这对于美国大学新学科的建制化是不可或缺的。在 20 世纪 50 年代末,联邦政府计划还增加了对高等教育学生的财政援助。[13] 联邦政府通过资助大学教育和研究,加强了大学的研究投入,并强化了研究与教学之间的联系。美国高等教育的教研结合比其他国家都更加深入。以欧洲大部分国家和日本为例,其中很大一部分研究是在与高等教育没有直接关系的专业研究机构和政府运营的实验室中进行的。[14]

尽管联邦政府对学术研究史无前例的投入推动美国大学获得了在基础研究和研究生教育方面的国际领先地位,但其中大部分资助的前提都是研究可以为联邦机构的任务带来实际利益。美国国家科学基金会(NSF)成立于 1950 年,旨在实现布什的愿景,即对可产生社会效益的基础研究提供联邦支持。但在二战后,美国国家科学基金会提供的资助额从未达到联邦政府学术研究资助总额的五分之一。与两项关键战后联邦任务(即国防和公共卫生)有关的机构反而提供了对学术研究的大部分联邦资助。

美国国防部和另外两个负有重要国防责任的机构,即美国国家航空航天局(NASA)和原子能委员会[AEC,后来的能源部(DOE)]在 1954 年提供的资助资金占到联邦政府学术研究资助总额的 80% 以上,这一比例在 1970 年后下降到了 30% 以下（见表 2.2）。1953—1960 年间，美国国家卫生研究院提供的资助占联邦学术研究经费的大约三分之一，自 1960 年以来，该机构对大学研究提供的资助大幅增加。到了 21 世纪初，美国国家卫生研究院的资助占到联邦政府学术研究资助总额的 60% 以上。

表 2.2　1954—2001 年联邦政府机构资助美国学术研究情况

年份	各机构为学术研发提供的经费占联邦研究资助总额的份额						
	NIH /%	NSF /%	DOD /%	NASA /%	DOE /%	美国农业部（USDA）/%	其他 /%
1954	不适用	1.3	51.0	不适用	32.5	5.2	10.0
1971	36.7	16.2	12.8	8.2	5.7	4.4	16.0
1976	46.4	17.1	9.4	4.7	5.7	4.7	12.0
1981	47.0	15.7	12.8	3.8	6.7	5.4	11.0
1986	49.4	15.1	16.7	3.9	5.3	4.2	8.4
1991	54.3	14.1	11.3	5.2	6.1	3.8	13.7
1996	55.3	14.5	12.1	5.5	5.0	3.1	4.5
2001	60.5	14.9	8.7	4.4	4.0	2.8	4.7

资料来源：National Science Borad(2002)。2001 年的数据基于美国国家科学基金会的初步估计。

二战后联邦政府对生物医学学术研究的巨大投资，使美国生物医学研究中的基础科学与临床应用之间的联系更加紧密。通过将科学研究与临床实践相结合，美国学术医疗中心已经能高度关联科学与创新，使科学家能够在开发新的医疗设备和程序时迅速收集从业人员的反馈意见，促进新药品的临床试验，并有力促进药品和医疗设备的创新。正如 Henderson, Orsenigo, and Pisano(1999)以及 Gelijns and Rosenberg(1999)所指出的，西欧大多数医疗机构都更重视临床实践和应用，而不是科学研究。相比之下，在整个二战后时期，美国大学和学术研究机构在研究、开发两个方面一直保持着重要地位。

研究经费在各科学和工程领域的分配反映了学术研究主要联邦资助者的任务方向。例如，到 1989 年，一半以上的科学和工程学术研究属于生命科学领域。这些机构资助的大部分研究均可适当归类为基础研究，因为此类研究旨在从根本上理解研究对象,但同时,它们也被归入了"巴斯德象限",因为这些研究的动机是解决实际问题。自 20 世纪 80 年代以来,产业提供的研究资助增加,对联邦政府在学术研究资助方面发挥的核心作用形成补充,产学研之间的连接引起了广泛讨论。但正如我们前面指出的,这些产学研连接在二战之前就已经建立起来了。事实上,在战后初期,获得产业资助的大学研究支出的比例似乎有所下降。[15]1953—1958 年间,产业每年资助的学术研发支出占比为 8%,到 1970 年,该比例下降至 2.7%,部分原因是联邦政府增加了对学术研究的资助。到 1980 年,产业对大学研究(不包括大学的联邦资助研究与发展中心)的资助在学术研究支出中的占比反弹到了 4% 以上,到 1998 年,该比例进一步增加至约 7.4%(National Science Board,2002)。

　　支持学术研发的联邦计划的架构,强化了许多在 1940 年之前就已经显现出来的美国高等教育体系的国际特色。二战后联邦政府对学术研究的大规模资助,以及联邦研发计划(甚至在国防部等同一大型研发资助机构内)的多元化、分散化结构使得二战后在信息技术、生物医学和材料科学等关键技术领域,许多替代性研发途径都得到了支持。联邦研发计划能够支持对存在根本不确定性的技术进行广泛的替代应用探索,经证明,这种能力是美国在计算机硬件、半导体及互联网等新兴领域所获竞争优势的重要基础(Mowery and Simcoe,2002)。同样重要的是,几乎所有支持学术研发(R&D)的联邦项目都强调同行评审和机构间竞争。来自多个联邦来源的资金可用性,加上分配大部分学术研发支持的竞争过程,极大地强化了机构间的自主性和竞争,这种竞争涉及教员、学生、资源和声望,是 1940 年前美国高等教育体系的特征。此外,联邦学术研发预算的规模,以及大多数联邦机构依赖校外研究支持而非公共实验室,意味着在战后时期,美国大学的研究企业远远超过其他工业经济体。

　　二战后,美国学术研发的"新结构"对产业创新产生了重要影响,并改变了它的一些关键特征。尽管在 1940 年前的美国经济中,美国大学在产业创新中扮演了重要角色,但它们的许多重要贡献都在新泽西标准石油公司、杜邦公司等大型老牌工业公司得到了运用。然而，在战后时期，许多依靠大学人才或科学技术知识的相对较新的公司，在计算机硬件、半导体、计算机软件、生物技术等新兴产业的商业开发和增长中发挥了核心作用。这些新公司在战后美国这些产业中的经济作用超过了德国和日本等其他工业经济体的新公司。此外，加利福尼亚州硅谷或马萨诸塞州 128 号公路等地区在收入和就业方面取得了显著进步，这在一定程度上归功于这些地区的重点研究型大学。

第五节　大学研究与产业创新：二者的相互作用

到目前为止，我们已经介绍了美国高等教育体系的历史起源和发展，重点介绍了在近期大学专利申请和许可增长之前，高等教育体系的规模和结构如何为大学与产业研究人员之间的合作创造了强大的激励机制。在本节中，我们总结了一些关于大学研究与产业创新之间关系的研究。美国公司在多大程度上利用大学研究成果作为他们开发和商业化技术创新的来源，这种产业创新观点是否影响《拜杜法案》的起草？作为大学研究成果流向产业创新的关键渠道，专利申请和许可在产业管理者中的受重视程度如何？对于不同的技术和行业，管理者对这些问题的评价有何不同？本节的总结性研究揭示了这些关键问题，并为研究产学合作和技术转移提供了有用的基础。

本节回顾的所有研究都依赖于对从制药到电气设备等各行业的高级产业管理人员进行的访谈或调查。美国国家研究委员会的政府-大学-产业研究圆桌会议（GUIRR, 1991）研究了大学研究对技术创新的贡献，曼斯菲尔德（Mansfield, 1991）对产业管理人员进行了调查，以了解在没有近期学术研究的情况下，他们于近期实现的创新中，有多少可能无法成功，或者成功的时间将被大大推迟。还有两项依赖于对产业研发管理人员的大规模调查研究。"耶鲁大学调查"（Levin et al., 1987）和"卡内基梅隆大学调查"（Cohen et al., 2002）询问了产业研发管理人员关于大学研究对产业研发影响的性质和范围的看法。卡内基梅隆大学调查还要求受访者描述其公司获得大学研究成果并将其应用于产业创新战略的最重要渠道。耶鲁大学调查主要针对 20 世纪 70 年代末和 80 年代初的大型美国公司,而卡内基梅隆大学调查则针对 20 世纪 90 年代早期更广泛的大、小型美国公司,从而了解在 1980 年《拜杜法案》通过一段时间后管理人员对该法案的看法。

这些研究还强调了不同产业在大学研究与产业创新之间关系方面的差异。这四项调查研究的受访者都认为,在生物医学领域,尤其是生物技术和制药行业,大学研究进步对产业创新的影响比其他领域更为显著和直接。在政府-大学-产业研究圆桌会议研究中,生物技术公司的管理人员表示,他们依靠大学研究作为发明的来源。然而,政府-大学-产业研究圆桌会议研究的受访管理人员对基于生物技术的药物和其他药物进行了区分。他们指出,非基于生物技术的新药很少来自大学研究,而主要研发工作都集中在产业中。但大学研究也影响了这些非生物技术药物的开发,政府-大学-产业研究圆桌会议研究中的受访管理人员重点讲述了一些案例,这些案例表明,学术研究明确了制药公司在开发新药时需要理解的特定生化反应。在其他案例中,大学研究的进步使企业能够更有效地评估测试药物的潜在用途。

曼斯菲尔德(Mansfield,1991)通过对制药业管理人员的调查也发现了学术研究存在类似的极大依赖。这些管理人员表示,如果没有学术研究,公司的商业化新药中有四分之一以上无法顺利开发,或者其成功开发将被极大推迟。这些管理人员进一步称,公司另有 20% 的上市药物,其开发极大受益于学术研究。

根据政府-大学-产业研究圆桌会议研究和曼斯菲尔德研究,生物医学行业内大学和产业研究与创新之间的关系性质与其他行业截然不同。政府-大学-产业研究圆桌会议研究中的受访电子公司表示,大学偶尔会有相关"发明",但多数此类发明都来自非学术研究。大学研究确实为技术进步做出了贡献,但其贡献主要体现在制造工艺、产品创新所依据的基础物理、化学知识(科学家和工程师培养在本领域发挥了作用)及实验技术方面。曼斯菲尔德发现,在除制药领域以外的其他领域,"严重依赖"学术研究的新产品比例明显较低。

信息处理设备和仪器行业的高管表示,他们有 10%～15% 的创新依赖于学术研究(就我们在上文探讨曼斯菲尔德研究时的定义而言)。金属行业的受访者估计,如果没有近期的学术研究,则 10% 多一点的新产品和新工艺无法成功开发。更惊人的是曼斯菲尔德的一个发现,在电气设备、化工产品和金属产品这三个行业中,最多 6% 的新产品依赖于近期的学术研究。

耶鲁大学和卡内基梅隆大学对行业研发高管的调查证实了其他研究的发现,即生物医学行业与其他行业在大学和产业研究之间关系方面存在差异。耶鲁大学的调查向产业研发管理人员询问了影响其所在行业创新的知识来源。根据该项调查,在 50 个有 3 名或以上受访者的行业中,只有 15 个行业认为大学研究对其业务领域的技术进步"重要"或"非常重要"(见表 2.3)。其中,在 20 世纪 70 年代末进行该项调查时才开始认识到生物技术重要性的制药业同样赫然在列。但此外,工程和科学仪器、半导体、合成橡胶等领域的研发管理人员也表示,大学研究对他们的创新活动"重要"或"非常重要"。有趣的是,表示大学研究对其创新活动重要的许多其他行业都与农业和林业有关,而在20 世纪的大部分时间里,农业和林业是联邦资助大学研究的主要受益者。

表 2.3　认为大学研究"重要"或"非常重要"的行业

鲜奶	杀虫剂及其他农药
乳制品(牛奶除外)	加工水果和蔬菜
罐头特产	工程和科学仪器
采伐和锯木厂	木制品、单板和胶合板
半导体及其他设备	合成橡胶
纸浆、造纸和纸板厂	药物
耕种机械设备	动物饲料
谷物磨制品	

资料来源:耶鲁大学调查先前未发表的关于专属权和技术机会的数据。有关调查说明,请参见 Levin et al.(1987)。

耶鲁大学调查中的另一组问题要求研发管理人员评估特定大学科学领域在其行业创新活动中的重要性(见表 2.4)。事实上,受访者认为对其创新活动

"重要"或"非常重要"的所有大学研究领域都与工程或应用科学有关。我们在前面提到过,这些美国大学的研究领域经常与产业界密切合作开发。

表2.4 大学科学与产业技术的相关性

科学领域	"相关性"分值对应的行业数量		大学研究"相关性"分值≥6 的行业(部分举例)
	≥5	≥6	
生物	12	3	动物饲料、药品、加工水果/蔬菜
化学	19	3	动物饲料、肉制品、药品
地质	0	0	无
数学	5	1	光学仪器
物理学	4	2	光学仪器、电子产品
农业服务	17	7	农药、动物饲料、化肥、食品
应用数学/运筹学	16	2	肉制品、伐木/锯木厂
计算机科学	34	10	光学仪器、伐木/锯木厂、造纸机
材料学	29	8	合成橡胶、有色金属
医学	7	3	手术/医疗器械、药品、咖啡
冶金	21	6	有色金属、金属制品
化学工程	19	6	罐头食品、化肥、麦芽饮料
电气工程	22	2	半导体、科学仪器
机械工程	28	9	手工工具、专业工业机械

资料来源:先前未发表的耶鲁大学调查关于产业专属权和技术机会的数据。有关调查说明,请参见 Levin et al.(1987)。

除了化学领域,在耶鲁大学开展的与产业活动高度相关的创新活动调查中,产业受访者很少有将其他基础科学列入大学研究领域的名单中。但表2.4中不包含物理和数学等领域,不应理解为这些领域的学术研究对产业技术进步没有直接贡献。相反,这些结果反映了一个事实,即物理学、数学和相关科学的基础进步逐渐渗透到了产业中。它们对产业创新的影响要经过很长一段时间才能体现,这一特征与政府-大学-产业研究圆桌会议电子行业受访者提到的特征非常相似。事实上,在许多情况下,这些科学领域的进步对产业的影响要通过将其纳入化学工程、电气工程和材料科学等应用科学来实现。

卡内基梅隆大学关于大学研究重要性行业间差异的调查结果（Cohen et al.，2002）与耶鲁大学调查结果相似。[16]尽管大多数行业并不重视大学研究，也不认为它对创新活动有重大贡献，但制药业和一些电子行业都认为大学研究成果很重要。卡内基梅隆大学关于产业认为对创新有重要意义的大学研究领域的调查结果，也与耶鲁大学的调查结果相似。

卡内基梅隆大学的调查还包括其他一些问题，涉及大学研究对产业研发流程的影响方式以及产业界获得这些研究成果的渠道。关于第一点，表 2.5 中列出的受访者比例表明，在大多数行业中，大学研究成果在引发新的产业研发项目方面几乎没有发挥任何作用；相反，有关刺激因素来自客户或制造业务。和其他问题一样，制药业也是一个例外，大学研究成果促成产业研发项目的案例颇多。但行业研发管理人员表示，大学研究成果通常可以在项目研发过程中帮助解决问题，而非启动此类项目的决策影响因素。

表 2.5 外部信息来源在提供新研发项目建议和
促进研发项目完成方面的重要性排名

信息来源	认为信息来源可以提供新研发项目建议的受访者占比/ %	认为信息来源可以促进项目完成的受访者占比/ %
顾问	22.8	34.2
合资或合作企业	49.6	47.2
竞争对手	40.5	11.7
独立供货商	45.6	60.6
内部制造业务	73.7	78.2
服务客户	90.4	59.1
大学/政府实验室	31.6	36.3

资料来源：Cohen，Nelson，and Walsh，2002。

卡内基梅隆大学调查还向研发管理人员询问了他们在内部创新活动中使用了由大学和政府研究实验室开展的哪些研究。调查结果与前面讨论的关于管理人员认为对产业创新最重要的知识成果类型这一问题的其他数据惊人地相似。

卡内基梅隆大学调查的受访者表示,政府实验室或大学"公共研究"产生的一般研究成果的使用率(在受访者公司产业研发项目中的平均使用率为 29.3%)比此类外部研究来源开发的原型的使用率(在产业研发项目中的平均使用率为 8.3%)更高。有趣的是,受访者认为,相较于原型,这些外部研究来源产生的研究技术和仪器(在项目中平均使用率为 22.2%)对产业研发做出的贡献更加重要。制药业的受访者表示,40%以上的研发项目使用了大学和政府实验室的研究成果,35%以上的项目使用了这些实验室开发的技术和仪器。但是,制药业的受访者表示,他们只有 12.3%的产业项目依赖于大学或政府研究机构开发的原型。

在关于各种信息渠道对产业研发重要性的问题上,受访者对大学和公共实验室产生的不同研究成果的相对重要性也具有类似的描述(见表 2.6)。对于涉及大学和公共实验室的专利及许可协议,制药业同样与其他行业存在不同,认为此类协议非常重要,但该行业的受访者仍然表示,研究型出版物和会议是更重要的信息来源。大多数行业的受访者认为,与出版物,会议,与大学研究人员的非正式互动,以及咨询相比,涉及大学或公共实验室发明的专利和许可重要性很低。

表 2.6　公共研发(包括大学研究)信息来源对产业研发的重要性

信 息 来 源	认为对产业研发"一般"或"非常"重要的受访者占比/ %
出版物和报告	41.2
非正式互动	35.6
会议与研讨会	35.1
咨询	31.8
合同研究	20.9
最新招聘人员	19.6
合作研发项目	17.9
专利	17.5
许可	9.5
人员交流	5.8

资料来源: Cohen, Nelson, and Walsh, 2002。

第六节　结　论

在经济合作与发展组织(OECD)的经济体中，美国的高等教育体系因以下原因而具有独特性：在政策、行政管理和资源方面没有强力的中央政府控制，规模大，依赖地方政治和财政支持，在资源、师资和声望方面竞争激烈。这些特点使美国高等教育在20世纪和21世纪的大部分时间里，与其他大多数工业经济体的高等教育体系都有所不同。对于本书关注问题而言更重要的是，美国高等教育的这些结构特征，为教师和大学管理人员与产业研究建立联系创造了强大的动力。在过去的一个世纪里，美国大学与产业之间的这些密切研究联系在制药、采矿以及农业等领域产生了重要的工业创新。同时，这些联系影响甚至催生了美国大学工程和科学研究的新领域。在学术研究与产业研究互动的历史中，知识、技术和人才在大学和产业之间双向流动。

美国大学与产业研究人员之间的合作意味着，早在20世纪80年代之前，许多美国大学和大学教师就在积极申请发明专利并将这些专利许可给产业企业。但是，美国大学到产业创新的知识和技术流动，除了通过专利和许可外，还有许多其他渠道。事实上，正如我们在本章中所指出的，只有在少数几个行业中，经验丰富的产业研究管理人员才认为专利和许可是产业创新的重要来源。相反，其他类型的互动，包括发表论文以及聘请来自大学且具有前沿研究经验的科学家和工程师，对许多技术密集型行业和其他行业的创新更为重要。

除专利和许可以外的渠道也是这些行业创新的更重要知识来源，来自专家调查和其他来源的证据尤其表明，在不同的行业和研究创新领域，各种渠道的重要性也存在巨大差异。一般来说，在制药和生物医学行业，学术研究与产业创新之间的关系最符合创新的"线性模型"，这种模型在战后初期影响了范内瓦·布什和许多其他美国科学政策领导人。不仅如此，基础科学认识的进步在许多情况下会影响产业创新的方向，创新任务还包括产业界对学术界取得的基础进步进行开发和商业化。但是，在电子、材料和化工行业，大学研究与产业创新的互动方式有很大不同，对此，我们将在第六至八章中详细讨论。

33

34

第三章

《拜杜法案》前的大学专利政策和大学专利申请

　　本章分析了美国大学专利政策和大学专利申请在《拜杜法案》前（1925—1980 年）的演变。尽管本书中关于大学专利申请成本和收益的争论中提到的许多问题，早在 20 世纪 30 年代就已由大学专利申请的支持者和反对者进行了清晰的阐述，但在当时用于支持大学专利申请的几个重要论点并未在 20 世纪 70 年代及此后关于《拜杜法案》的争论中被提及。有趣的是，在 20 世纪 30 年代的辩论中，许多大学专利申请的支持者认为，大学要避免直接管理专利和许可，而这一论点在 20 世纪 70 年代的争论中很少听到。在 1925—1980 年间，大学专利申请和许可数量的增长也表现出新组织扩散现象的许多特点，包括大学之间相互效仿对专利申请和许可的做法以及对一些大学公示的来自教师发明许可的经济收益反应强烈。

　　我们对 1925—1980 年美国大学专利申请的分析主要集中在大学专利申请的水平和技术构成，以及积极参与专利申请大学的特点上。尽管一些大学早在 20 世纪 20 年代就开始为教师发明申请专利，但在 20 世纪 40 年代末之前，很少有院校制订正式的专利政策，而在当时制订的政策中，许多对专利申请的态度非常矛盾。在 1925—1970 年间，只有相对少量的大学自行管理本校的专利组合，但这种情况在 20 世纪 70 年代开始发生变化。特别是 20 世纪 70

年代,美国私立大学的专利申请数量大幅增长。我们的数据还突显了二战后
生物医学专利在整个大学专利申请中的比例稳定增长。正如我们在第六章和
第七章中所述,《拜杜法案》加速了大学专利申请数量的增加,并使得许多大学
在 20 世纪 80 年代开始参与专利申请和许可。但 1980 年该项法案所带来的
转变遵循了 20 世纪 70 年代末确立的趋势。

第一节 美国大学专利政策简史

二战前的争论

正如 1970 年后美国大学专利申请的激增与大学和产业界之间的研究合
作增长相吻合(Henderson, Jaffe and Trajtenberg, 1998a),大学参与专利申请
的第一波浪潮也始于一战之后。我们在第二章中讨论的 20 世纪 20 年代和 30
年代大学与产业研究之间不断扩大的联系,引发了美国研究型大学管理人员
对专利政策的争论(McKusick, 1948;Palmer, 1934)。[1]

1933 年,美国科学促进会(AAAS)专利、版权和商标委员会调查了大学科
学家在当时所称"专利问题"上的不同立场。该委员会报告(AAAS, 1934)提
出了以下问题:"(科学家)是否应该继续申请专利? 这样做有什么益处? 又有
什么弊端?"(p.7)。[2]

该委员会考虑的一个问题是"技术转移"是否需要申请专利。虽然对学术
专利的常见批评观点认为,"发表或公开便足以让公众了解科学家的工作成
果"(AAAS, 1934, p.9),但报告认为这种立场非常幼稚,原因有以下几点。该
报告预见到了 20 世纪 70 年代支持《拜杜法案》的论点,认为"除非是对产业有
重大意义,否则仅仅发表并因此向所有人平等公开的发现或发明很少被采用"
(p.9),同时,"现如今,制造商或资本家通常不愿意拿自己的钱去冒险,在新产
品或新工艺的商业化开发上花费时间和精力,而且不确定自己的发明投入是
否能够得到某种程度的保护。"(p.10)。[3]

委员会认为,科学家无法指望发表自身发明的技术细节能够产生社会效

益,因为存在着"专利海盗",他们会"不正当地占用科学家的成果",并"通过收取垄断价格或阻挠发明的使用,拒绝向公众提供科学家认为自己已经公开的成果"(AAAS,1934,p.10)。如果是发明人或其所属大学,而不是"专利海盗"获得了发明的专利,则这种风险就会降低。[4]

有关论点还指出,出于"质量控制"的原因,大学对发明进行专利申请是必要的。大学研究成果的专利申请可以防止不合法的个人或公司使用专利,避免转化失败或产生不良后果。根据这一论点,大学对这种成果申请专利,可以防止对学术研究的不充分利用,避免损害大学研究成果的可信度。[5]

因此,大学专利申请的支持者得出结论,大学专利申请可以提高公共利益。大学专利可引导私人机构对大学研究成果进行开发和商业化、防止"专利海盗"申请研究专利和收取垄断价格、允许大学院校仅许可信誉良好的机构对研究成果进行开发利用,从而保护发明和大学的声誉,推动了社会福利的提升。

正如我们在第五章中所提到,以上三个论点中的第一个论点("专利引导开发")是20世纪60年代和70年代关于大学专利政策的主要争论焦点之一(Eisenberg,1996)。该论点通常认为,大学发明的商业化可能需要对专利研究成果进行独占或半独占许可。然而,防止"专利海盗"和维护大学的声誉,只需要机构获得一项专利并将其广泛许可,且收费低廉或无偿。

该委员会报告还提及,在研究需要逐渐累积的领域,专利可能会产生负面影响,也就是说,"专利会给后来在同一领域开展重要基础研究的其他人造成束缚"(AAAS,1934,p.12)。尽管承认这些危险,但报告认为,大学可以"通过允许以不受约束的方式使用专利……(这对于广泛或基本发明尤其必要)"来避免上述危险(p.12)。

该委员会报告中的第三类问题涉及大学专利申请与"开放科学"规范以及学术机构之间的紧张关系(Merton,1973)。基于此而反对大学专利申请的观点包括"科学家或教授对其工作成果申请专利是不道德的行为"(AAAS,1934,p.8;报告指出,"这可能是最模糊、最常见的反对意见")。尽管委员会认为,大学科学家申请专利存在阻碍社群主义以及使学术研究偏离基础研究的风险,而这也是 20 世纪 90 年代大学专利申请争论所关注的问题(Dasgupta and David,1994),但报告却没有提到这些担忧。[6]

20 世纪 30 年代关于大学专利政策的争论将医学专利视为一个特例。反对医学专利的呼声非常普遍,理由是专利限制了新发现的使用,因此受到医学界的一致反对(Weiner,1986)。[7]医学专利的反对者还认为大学是在利用公共开支,在公共卫生领域牟取暴利,并对此表示担忧(McKusick,1948)。美国科学促进会承认公共卫生领域专利的特殊性质(未作详细说明),但同时认为,此类专利申请存在益处,尤其是使用专利作为“质量控制”手段所带来的益处,提供了对此类发现申请专利的足够理由。

尽管美国科学促进会的报告支持大学为教师发明申请专利,但该委员会不赞成大学直接参与专利管理,而是认为“最好由独立组织的基金会、控股公司或经验丰富的其他适当组织进行管理”(AAAS,1934,p.14)。这一立场反映了 1925—1970 年间许多美国大学不愿意直接管理专利和许可的事实,而这种消极态度在 20 世纪 70 年代有所缓解。

本部分回顾了关于大学专利的早期争论,强调了早在 20 世纪 70 年代和 80 年代之前,美国大学科学家和管理人员就对专利申请有了广泛的认识和兴趣。专利申请的主要动机是保护公共利益和维护学术机构的声誉。20 世纪 30 年代及之后,受到可观的许可收入吸引,一些大学开始参与专利申请和许可;但在 1925—1980 年的大部分时间里,许多学术科学家和管理人员都倾向于避免直接参与这些专利的管理。这种矛盾关系反映在 1940 年前主要机构专利权人和许可人所采取的专利政策中。

二战前的大学专利政策综述

由于美国产学研合作的增长是引发大学专利申请争论的因素之一,因此,第一批参与专利申请的大学是赠地大学这一点并不奇怪,正如我们在第二章中提到的,这些机构进行了大量有关工业和农业的应用研究。

很多对教师发明申请专利的公立大学期望州纳税人和地方经济能从他们的研

38

究中受益,但赠地大学通常避免在专利和许可管理中扮演角色(Committee on Uniform Patent Policies in Land Grant and Engineering Experiment Stations, 1922)。一些赠地大学和其他大学将专利管理"外包"给了法律上独立的附属基金会或第三方技术转移代理,即研究公司(有关研究公司的更多介绍请参见第四章)。

美国的第一家大学附属研究基金会是威斯康星校友研究基金会(WARF)。1924年,威斯康星大学的哈里·斯廷博克博士发明了一种通过辐照过程来增加食物和药物中维生素D含量的方法。尽管受到许多医学界人士和大学同事的批评,斯廷博克还是决定为他的研究成果申请专利,部分原因是他希望保护公众免受不道德或不合格公司的侵害,同时避免私人专利权所有人对行业的垄断(Apple, 1996)。[8]斯廷博克提出将他的专利转让给威斯康星大学,但该大学认为,投资创建一个专门处理专利事务的办公室是不值得的(Apple, 1996)。因此,斯廷博克转而说服了几位校友,一起创建了威斯康星校友研究基金会。这是威斯康星大学的一家附属实体,具有独立的法律地位。该基金会承接大学教师的专利转让,授予专利许可,并且将部分专利收益返还给发明人和大学。Apple(1996, p.42)认为,"通过这种结构,商业事务不会干扰大学履行其教育使命;而学术研究人员又可以从适当管理的专利中获得回报,这些专利使用费可以用来支付其他科研工作的费用。"

威斯康星校友研究基金会将斯廷博克的专利独占许可给了桂格公司,用于生产富含维生素的谷物产品,这说明了大学专利许可政策中,经济和其他动机(如斯廷博克所阐述的动机)之间存在矛盾关系。该基金会还与制药公司就其他使用领域的有限数量许可进行了谈判,涵盖维生素D补充剂的开发。这些许可协议受到一些观察人士的批评,他们认为,这些协议提高了有益公众健康的强化营养食品的成本。尤其斯廷博克的专利为威斯康星大学带来了可观的收入,这进一步加剧了这种批评(Weiner, 1986)。[9]

39   20世纪30年代,威斯康星校友研究基金会的成功和大笔许可收入影响了美国其他大学专利政策的发展,在多种因素的影响之下,许多院校都修订并正式确立了自己的专利政策。首先,"大萧条"对大学财力的破坏性影响迫使许多院校寻求新的收入来源,而威斯康星校友研究基金会广受认可的盈利能力为其他院校提供了一种可供效仿且具有吸引力的收入模式。其次,一战后由产业资助的大学研究的增长使得一些大学澄清或指定了关于教师发明所有权的政策。赠地大学在这一方面最为活跃,普渡大学、明尼苏达大学和康奈尔大学在 20 世纪 20 年代末和 30 年代初建立了与威斯康星校友研究基金会类似、具有独立法律地位的附属研究基金会。有时,这些研究基金会还试图增加大学从产业界获得的研究资金。McKusick(1948,p.2)指出,"专利管理只是(他们)主要目的的附带事项。"虽然这类院校通常不主张拥有所有大学发明的权利,但拥有可申请专利发明的教师经常要求所在大学的研究基金会持有和管理他们的发明。还有一些大学将他们的教师推介给第三方专利管理机构,包括研究公司。在 20 世纪 30 年代和 40 年代,包括麻省理工学院、普林斯顿大学和哥伦比亚大学在内的一些大学与研究公司签署了正式的发明管理协议(IAA)。

表 3.1 汇总了 Geiger(1986)排定的二战前美国的 16 所领先研究型大学(后文简称"Geiger 16")在 1940 年的专利政策情况,这些大学包括:伊利诺伊大学、密歇根大学、明尼苏达大学、威斯康星大学、加州大学、哥伦比亚大学、哈佛大学、宾夕法尼亚大学、麻省理工学院、康奈尔大学、约翰斯霍普金斯大学、普林斯顿大学、耶鲁大学、斯坦福大学、芝加哥大学和加州理工学院。截至 1934 年,在这些院校中,只有 2 家制订了正式的专利政策。然而,到了 20 世纪 30 年代末,这一数量便增加了 12 家。这种情况表明院校对专利管理的兴趣大大增加。[10]

这些政策有值得提出的一些特点。首先,尽管美国的顶尖研究型大学和其他一些院校对申请专利的兴趣日益浓厚,但在二战前,大多数美国大学仍然没有专利政策(Palmer,1957)。即便是一些制订了专利政策的大学(包括哈佛大学、宾夕法尼亚大学、芝加哥大学和约翰斯霍普金斯大学),也不鼓励甚至禁止大学教师申请专利,特别是在医学领域。然而,除了芝加哥大学,这些"反专利"院校都承认,在特殊情况下,出于前文讨论的"质量控制"目的,申请专利可能是必要的,甚至在医学领域也同样如此。多家允许教师申请专利的院校通过研究基金会或研究公司进行专利管理(见表 3.1),这反映了这些院校对内部专利管理的反感。二战的爆发和后果改变了这一格局,我们将在下一节对此进行讨论。

表 3.1 1940 年的大学专利政策和程序

院　　校	全系统的正式专利政策	大学对非赞助研究主张权利	医药专利限制	专利管理
伊利诺伊大学	是	是	否	
密歇根大学	否	否	否	
明尼苏达大学	否	否	否	明尼苏达大学研究基金会
威斯康星大学	是	否	否	威斯康星校友研究基金会
加州大学	是	否	否	
哥伦比亚大学	是	否	否	大学专利公司、研究公司
哈佛大学	是	否	是	
宾夕法尼亚大学	是	否	是	
麻省理工学院	是	是	否	研究公司
康奈尔大学	否	是	否	康奈尔研究基金会
约翰斯霍普金斯大学	是	否	是	
普林斯顿大学	是	否	否	研究公司
耶鲁大学	是	否	否	
斯坦福大学	是	是	否	
芝加哥大学	是	否	是	
加州理工学院	否	否	否	

资料来源:Spencer(1939);Potter(1940)。

二战的影响

我们在第二章中提到过,二战和随后的冷战改变了美国国家创新体系的结构。这种转变在美国大学中最为显著。此前主要由州政府、美国农业部和产业提供资金支持的学术研究,获得的联邦政府科研经费出现了大幅增长。正如 20 世纪 20 年代和 30 年代产学研究合作数量的增长一样,联邦政府对大学研究经费支持的增加强化了大学参与专利申请的两个动机:首先,学术研

究事业规模的扩大提高了大学产生可申请专利发明的概率；其次，许多联邦研 41
究赞助人要求制订正式的专利政策。

　　到 20 世纪 40 年代末，几乎所有美国主要大学都制订了专利政策，数量与
30 年代末相比有了大幅增长（McKusick，1948）。Palmer（1962）总结了自己在
20 世纪 50 年代末对美国大学的调查，发现有 85 所大学在 1940—1955 年间制
订或修改了专利政策，其中一半以上发生在 1946—1955 年间。[11]一般情况下，政
府资助研究所产生的专利受资助机构政策的管理（见下文）；私有企业赞助的研
究则根据具体情况进行管理，但研究赞助人经常获得优先待遇。尽管如此，美国
大学对教师发明主张权利和寻求专利许可的意愿仍然存在显著差异。

　　与二战前一样，在 20 世纪 50 年代和 60 年代，许多大学都将专利管理进
行外包（McKusick，1948）。研究公司的发明管理协议数据全面体现了这一趋
势：截至 1940 年，全美 89 所"研究型大学"（根据卡内基高等教育委员会 1973
年的分类标准，详见下文）中，只有 3 所与研究公司签订了发明管理协议。到
1950 年，该数字增长到了 20 所（见表 3.2），到 20 世纪 60 年代中期，近三分之
二的"卡内基研究型大学"成为研究公司的客户。

表 3.2　与研究公司签署发明管理协议的卡内基研究型大学的数量及占比

年份	RU1 和 RU2 大学（总数为 89）		公立大学 （总数为 54）		私立大学 （总数为 35）	
	签订发明协议大学数量	签订发明协议大学数在总数中的占比	签订发明协议大学数量	签订发明协议大学数在总数中的占比	签订发明协议大学数量	签订发明协议大学数在总数中的占比
1950	20	22%	11	20%	9	26%
1955	39	44%	22	41%	17	49%
1960	51	57%	33	61%	18	51%
1965	59	66%	40	74%	19	54%
1970	62	70%	40	74%	22	63%
1975	68	76%	43	80%	25	71%
1980	68	76%	43	80%	25	71%

注：RU1 和 RU2 是卡内基研究型大学的子分类，其分类规则见第 49 和 50 页。——译者

一直到 20 世纪 60 年代,美国大学的专利政策和程序都反映出 20 世纪 30 年代争论对专利的矛盾态度。许多院校依然避免直接参与专利管理,还有一些院校则对专利保持完全不干涉的态度。哥伦比亚大学的政策是,发明人持有专利权,研究公司则拥有专利管理权,同时声明,持有专利权"不属于大学的学术目标",哈佛大学、芝加哥大学、耶鲁大学和约翰斯霍普金斯大学也采取了类似的政策。所有这些大学,以及俄亥俄州立大学和宾夕法尼亚大学,都不鼓励甚至禁止申请医学专利。其他大学则仅在专利申请明显符合公共利益的情况下,才允许申请生物医学发明专利。[12]尽管哥伦比亚大学、哈佛大学、约翰斯霍普金斯大学和芝加哥大学直到 20 世纪 70 年代才取消申请医学专利的禁令,但各个院校对专利申请的矛盾心理在 20 世纪 60 年代就开始出现了变化。20 世纪 70 年代,随着联邦政府在研发资金和专利政策方面给予积极举措,这种变化的速度也加快了。

1960—1980 年大学参与专利管理的增长情况

1. 联邦政府对学术研究资助的增长

尽管在二战后的第一个十年里,联邦政府对学术研究的资助有所增长,但增长提速始于 20 世纪 50 年代末,而且联邦资助的重点转向了基础研究。美国大学(不包括大学运营的联邦资助研究和发展中心)在美国全部基础研究中所占的份额从 1953 年的 27% 增加到 1968 年的 50%,几乎翻了一番,而美国大学获得的联邦政府基础研究经费在 1958—1968 年间增加了 5 倍多(National Science Board, 2002)。在 20 世纪 50 年代末和 60 年代,生物医学领域的经费增幅最大,主要由卫生、教育和福利部(HEW)下属的国家卫生研究院(NIH)提供。到 1971 年,国家卫生研究院资助了近 37% 的学术研发,到 1981 年,这一比例提高到了 46% 以上(见表 2.2)。联邦研究经费的增加,特别是在生物医学研究方面,改变了学术研究的内容,并凸显了许多大学的专利管理问题。

联邦研究经费的增加也使美国研究型大学的数量增加,且特色也更加鲜明。在 20 世纪 40 年代和 50 年代初,联邦政府对各所大学的研究支持存在高度的集中性,但这种集中性在 20 世纪 50 年代至 80 年代有所下降。前十大学术机构获得的联邦研发经费占比从 1952 年的 43% 缩减到了 1958 年的 37%,并于 20 世纪 60 年代和 70 年代进一步下降(见表 3.3)。在生命科学领域,与联邦学术研究资金拨付总额相比,学术机构获得资金的集中性相对较低(Geiger,1993),在 20 世纪 60 年代和 70 年代,资金的分散性也有所增加。联邦政府对学术研究支持的集中性降低,在很大程度上是因为国会的再分配本能,以及研究机构管理人员为适应而采取的行动(Graham and Diamond,1997)。

43

表 3.3　承担联邦研发责任的大学经费集中性

年　份	前 10 所经费占比/%	前 20 所经费占比/%	前 50 所经费占比/%	前 100 所经费占比/%
1963	32.8	49.5	71.9	89.5
1964	30.8	47.1	71.6	88.9
1965	30.0	45.8	70.5	88.8
1966	29.6	45.4	69.9	88.7
1967	29.1	44.9	69.6	88.1
1968	27.7	43.1	67.4	86.7
1969	27.4	43.2	67.3	86.1
1970	27.8	43.3	67.6	86.1
1971	27.1	42.7	67.2	85.8
1972	27.4	42.8	67.0	85.3
1973	27.1	42.4	67.1	85.1
1974	27.3	42.8	67.2	85.7
1975	25.8	41.4	66.2	85.0

资料来源: Smith and Karlevsky(1975)。

2. 20 世纪 60 年代和 70 年代政策、专属权和机会的变化

美国大学的专利政策和惯例在 20 世纪 70 年代发生了重大变化。首先,到 1970 年管理着 200 多家院校发明的研究公司开始鼓励并协助其客户大学发展有关能力,以管理技术转移过程的早期阶段,特别是发明筛选和评估能力。[13]其次,联邦政府增加生物医学研究资助所带来的第二个发展是 20 世纪 70 年代分子生

物领域的出现。该领域在基础科学方面取得了许多进展,有望在商业应用方面引起产业界的极大兴趣。在联邦研究经费增长放缓、研究成本加速增长的时代,生物医学研究的增长提高了大学对通过生物医学专利许可获得收入的兴趣。越来越多的美国大学开始为教师发明申请专利,并一反先前的矛盾心理,开始管理自己的专利和许可活动(Weiner, 1986)。

44

在这一时期,联邦专利政策也发生了变化。在 20 世纪 60 年代之前,联邦机构在处理大学对联邦资助研究所取得发明提出的所有权申请时,除了个案谈判,没有任何政策。在 20 世纪 60 年代中期,国防部(DOD)开始利用"经批准的"专利政策向大学授予国防部资助研究所取得发明的所有权,该政策要求教师报告资助研究所取得的发明,并允许大学取得这些发明的专利。正如我们将在第五章讨论的,另外两个联邦学术研究经费来源,即卫生、教育和福利部以及国家科学基金会(NSF),分别于 1968 年和 1973 年开始与大学谈判院校专利协议(IPAs)。IPAs 机构专利协议消除了对联邦资助研究所取得具体学术发明的处置情况进行逐一审查的要求需要,方便对这些发明授予独占或非独占许可。

大学更多参与专利申请和许可的第四个动力来自斯坦福大学技术许可办公室(OTL)的早期成功。斯坦福大学项目资助办公室副主任和技术许可办公室首任主任尼尔斯·赖默斯在 1968 年受聘后不久指出,"我查了一下我们从 1954 年到 1967 年从研究公司获得的收入,大约是 4 500 美元。我认为我们可以在许可方面做得更好,所以我提出一项技术许可计划"(Reimers, 1998)。

赖默斯的技术许可计划于 1968 年作为一项实验开始实施,该计划更加注重营销,而不太注重专利管理的行政和法律细节。在 20 世纪 60 年代,大多数美国大学许可计划配备的主要人员是律师,而赖默斯为自己的许可计划配备的却是擅长技术评估和营销的人员。该试点计划第一年就将大学的许可收入提高到 5.5 万美元(比过去 13 年与研究公司签订合同所获得的收入高了 12 倍)。该实验被认为取得成功,斯坦福大学随后在 1970 年建立了技术许可办公室。

所有这些发展激发了美国大学对扩大或建立大学技术转移(许可)办公室的极大兴趣。根据大学技术管理协会的数据,图3.1显示了每一年大学"加入"技术转移活动的情况,从图中可以明显看出,20世纪70年代,大学在专利管理和技术转移方面的参与度不断提高(AUTM,1998)。[14]图3.1显示,早在《拜杜法案》出台之前的20世纪60年代末,建立技术转移办公室和/或雇佣技术转移专员的大学数量就已经开始增长。虽然该法案出台后,美国大学掀起了专利申请和许可管理的浪潮,但这些活动的增长趋势早在20世纪70年代末就已经确立了。

45

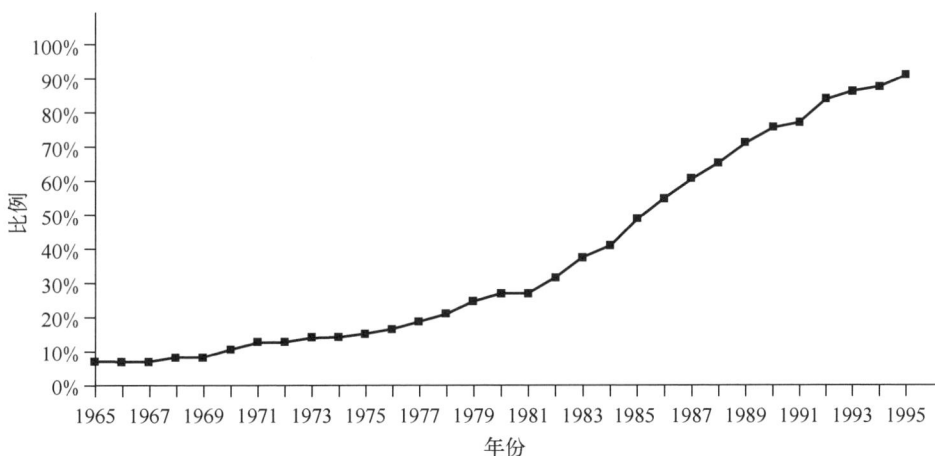

图3.1 1965—1995年拥有半名以上全职技术转移人员的
卡内基RU1的比例

第二节 1925—1980年的大学专利数量

一些学者记录了《拜杜法案》自1980年以来在大学专利申请和许可中发挥的作用(Henderson, Jaffe and Trajtenberg, 1998a, b)。但《拜杜法案》只能被认为开启了美国大学专利申请的一个新阶段,而非第一阶段。这一最新阶段的特点是,大学在更高程度上直接参与专利申请和许可活动的管理,而在20世纪70年代之前,许多美国大学不愿直接参与专利申请。在《拜杜法案》出台前的大部分时间里,公立大学在专利申请方面比私立大学更积极,这反映了他们具有使当地纳税人从大学研究获益的强烈动机,同时凸显了应用研究在许多公立大学中的重要性。然而,到了 20 世纪 70 年代,公立大学和私立大学都直接参与到了专利申请中。

在本节中,我们将讨论 1925—1980 年间美国大学专利申请的发展。我们概述了这一时期活跃的大学专利申请者的特点以及大学专利技术领域的变化,同时,分析了大学在 20 世纪 70 年代越来越多地直接参与专利管理的一些原因。

基本趋势

图 3.2 给出了美国大学在 1925—1980 年间获颁的专利数量。我们的数据涵盖 1925—1945 年间每五年的大学专利,以及 1948—1980 年间每年的专利数量。[15] 在 1925—1980 年间,美国大学在美国所有国内授予发明专利中的占比

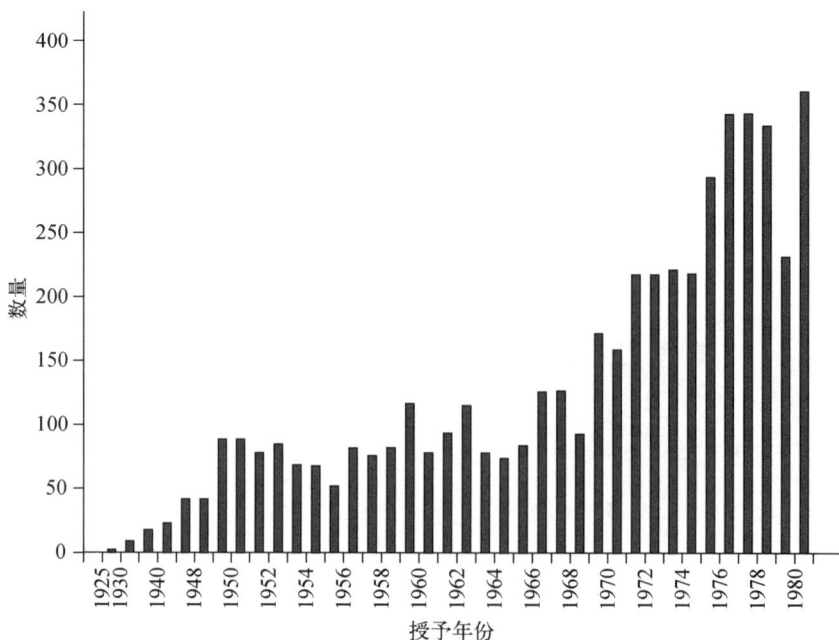

图 3.2　1925—1980 年间的大学专利数量

从零增长到了略低于 1%。在经历了 20 世纪 40 年代和 50 年代的增长之后，大学专利的数量基本保持不变，直到 20 世纪 70 年代，大学专利的数量才显著增加。仅 20 世纪 70 年代授予的大学专利总数就相当于此前 20 年所授予大学专利总数的 1.5 倍。[16]尽管 1980 年《拜杜法案》通过后，美国大学的专利申请数量激增，但图 3.2 表明，在《拜杜法案》出台之前的十年里，大学专利申请在美国专利申请中所占的份额已经开始增长。

47

图 3.3 显示了 1963—1993 年美国大学专利申请总数与申请年份上一年学术研发支出总额的比率，进一步证明了大学专利申请的增长早于《拜杜法案》的出台。[17]大学的总体"专利倾向"在 1981 年后确实有所提高[正如 Henderson, Jaffe, and Trajtenberg(1998a, b)所指出]，但在 20 世纪 70 年代及之后，趋势增长率保持稳定，没有证据表明在《拜杜法案》之后大学专利申请倾向的增长速度显著增加。

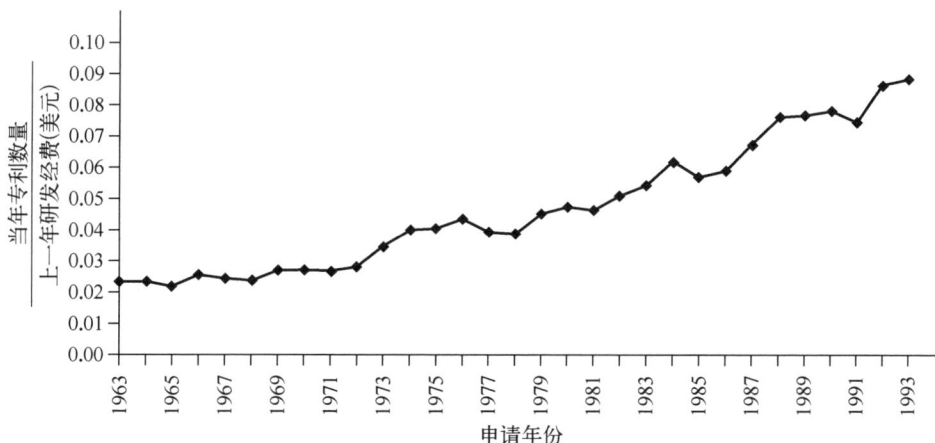

图 3.3 1963—1993 年间每美元研发支出产生的大学专利数量

我们前面提到的美国大学专利政策的异质性，反映在 1925—1945 年间各所大学在所获专利组合规模和特征上的巨大差异。授予美国 1940 年前顶尖研究型大学("Geiger 16"标准)的专利占 1925—1945 年间所授予学术专利(不包括研究公司的专利)的一半多一点(见表 3.4)。

表 3.4 1925—1945 年间美国大学的专利申请情况

"Geiger 16"大学	专利总数	其 他	专利总数
加州理工学院	10	普渡大学	13
伊利诺伊大学	7	华盛顿州立大学	7
明尼苏达大学	7	艾奥瓦州立大学	6
斯坦福大学	5	伊利诺伊理工学院	4
密歇根大学	4	卡内基梅隆大学	3
宾夕法尼亚大学	4	俄亥俄州立大学	2
威斯康星大学	4	堪萨斯大学	2
加利福尼亚大学	3	福特汉姆大学	1
康奈尔大学	2	路易斯安那州立大学	1
麻省理工学院	2	圣路易斯大学	1
		田纳西州立大学	1
		辛辛那提大学	1
		艾奥瓦大学	1
		新罕布什尔大学	1
		其他	2
总 计	48	总 计	46

注：每五年收集一次数据。

　　表 3.4 中所列在 1925—1945 年间获得专利的"Geiger 16"大学名单中不包括哈佛大学和耶鲁大学等常春藤联盟大学，这反映了这些大学反感直接参与上文讨论的专利事务。然而，从 20 世纪 20 年代末开始，这些大学的个别教师开始委托研究公司进行专利管理。[18] 由于麻省理工学院在 1937 年与研究公司签署了一份发明管理协议（见第四章），因此表 3.4 中的数据省略了麻省理工学院在 1937 年后的大量专利活动。[19] 从表中可以看出，在二战之前，其他几所在工程和应用科学领域都很活跃的私立大学，如加州理工学院和斯坦福大学，在 1925—1945 年间取得了大量专利。[20]

　　在 1925—1945 年间，无论是在顶尖研究型大学中，还是从更广泛的范围来看，公立大学的专利申请数量都多于私立大学（见表 3.4）。我们在前文提到过,一些公立大学在20世纪20年代末和30年代初建立了与威斯康星校友研究基金会类似的在法律上独立的附属研究基金会。这些大学附属基金会获得的专利计入了表3.4中的大学专利,但是所属大学并不直接参与专利申请和许可的管理工作。

在二战后的大部分时间里,州立大学始终主导着美国的学术专利申请。但是,私立大学的学术专利申请比例从1960年的14%增加到1970年的39%和1980年的45%。[21]这种增长尤其值得注意,因为其发生在美国大学专利申请数量的快速增长期。因此可以看出,私立大学扩大参与其教师在公共和私人资助研究中所获专利的管理,与学术研究公共资助增长的时代背景有关。

20世纪70年代大学专利申请的分散与进入

20世纪70年代是1945—1980年间,甚至是1925—1980年间,美国大学专利申请变化最为剧烈的时期。总体而言,大学专利申请数量显著增长并不再集中,越来越多的大学选择自己管理专利,生物医学发明在大学专利申请和许可中的重要性增加。我们在本节分析了大学专利申请数量增长的根源,重点关注专利申请在大学之间日益分散,以及专利申请经验有限的大学参与专利申请的根源。

联邦政府资助的变化影响了大学专利数量的增长以及活跃专利权人大学的特征变化。联邦政府学术研发经费的增长是图3.2所示大学专利申请增长的一个必要条件。但是,在20世纪60年代和70年代,联邦政府研究经费的院校间分散性似乎也影响了学术专利申请在美国高校中的集中性。

为了探究专利申请的分散性及分散程度,我们分析了大学专利在卡内基高等教育委员会于1973年进行分类的各类院校之间的分布情况。卡内基高等教育委员会将全美173所授予博士学位的院校分为"研究型大学"或"博士类大学"。其中,在1969—1970年间授予了至少50个博士学位,且在1968—1969年、1969—1970年和1970—1971年的三年中至少有两年领取联邦政府财政资助排名前50的院校被归类为"研究型大学1(RU1)";在1969—1970年间授予了至少 50 个博士学位,且在所述三年中有两年领取联邦政府财政资助排名 50 至 100 的院校被归类为"研究型大学 2(RU2)"。该委员会划分的博士类大学包括在 1969—1970 年间授予了 10 个以上博士学位的所有其他院校。[22]

图 3.4 显示了研究型大学、博士类大学和其他院校(包括卡内基高等教育委员会未分类的院校)在二战后的专利申请情况。在 1948—1980 年间,研究型大学占到了大学专利的绝大部分。但在此期间,RU2 所占的专利比例从 5% 增加到 12%,特别是在 1970 年之后,整个研究型大学类别的专利集中性大幅下降。因此,大学专利申请水平的增加和院校间分散性似乎与美国学术研究联邦政府资助的增长和分散性一致。

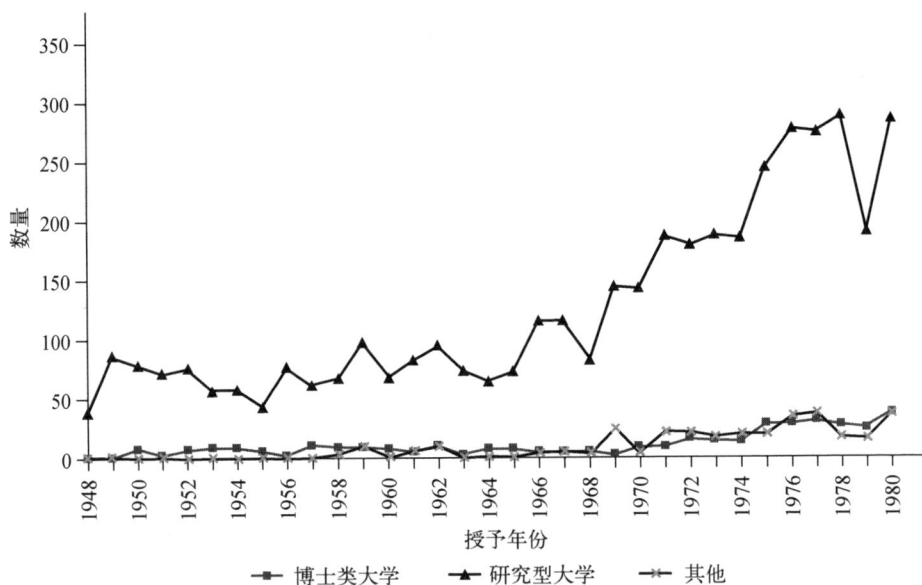

图 3.4 1948—1980 年间各类大学取得的专利数量

20 世纪 70 年代大学专利申请的增长反映了只有较少或完全没有专利申请经验的研究型大学(RU1 和 RU2)的专利申请增长。我们将在 1950—1969 年间取得 10 项或更多专利的卡内基研究型大学定义为"现有院校",将 1950—1969 年间取得不到 10 项专利的研究型大学定义为"新加入院校"。[23]根据我们的定义,在 20 世纪 70 年代取得专利的 77 所卡内基研究型大学中,有 53 所是新加入院校。图 3.5 显示了主要由于新加入院校的专利申请增长引起的大学专利申请增长。

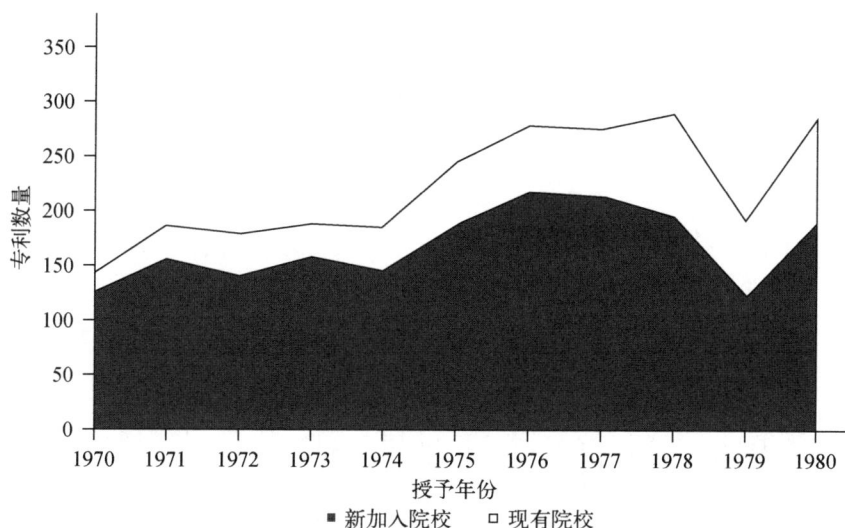

图 3.5　20 世纪 70 年代新加入院校和现有院校
(卡内基 RU1 和 RU2)的专利申请情况

　　这些新加入院校极大部分来自卡内基研究型大学的第二梯队,即 RU2 院校,此类院校在新加入院校中的占比高于在现有院校中的占比。相对缺乏经验的学术专利权人的增加可能反映了联邦政府研究经费(特别是生物医学研究经费)在院校间的分散性增加。总体而言,在这两类大学中,新加入院校的生物医学专利占比均高于现有院校。

　　20 世纪 70 年代影响大学专利申请数量增长的第二个因素是学术机构与联邦政府研究资助机构就院校专利协议进行的谈判。我们在前面提到过,院校专利协议降低了联邦政府资助研究申请大学发明专利的成本,尽管降幅没有《拜杜法案》出台后显著。在 20 世纪 70 年代取得专利的 77 所卡内基研究型大学中,略多于一半(52%)的大学与国家科学基金会或卫生、教育和福利部签订了院校专利协议。[24]现有院校(68%)比新加入院校(46%)的专利协议签订比例更高,同时,RU1(64%)比 RU2(31%)的专利协议签订比例更高。图 3.6 显示,20 世纪

70 年代大学专利申请增长主要来自签订了院校专利协议的院校。然而,尽管院校专利协议可能因降低了专利申请和许可成本而对大学参与专利申请起到了推动作用,但只有不到一半的新加入院校签订了院校专利协议。另一方面,在 20 世纪 70 年代,无论是签订还是未签订院校专利协议的新加入院校,专利申请都有所增长。因此,院校专利协议的普及并不能单独解释为何有更多的大学参与专利申请。

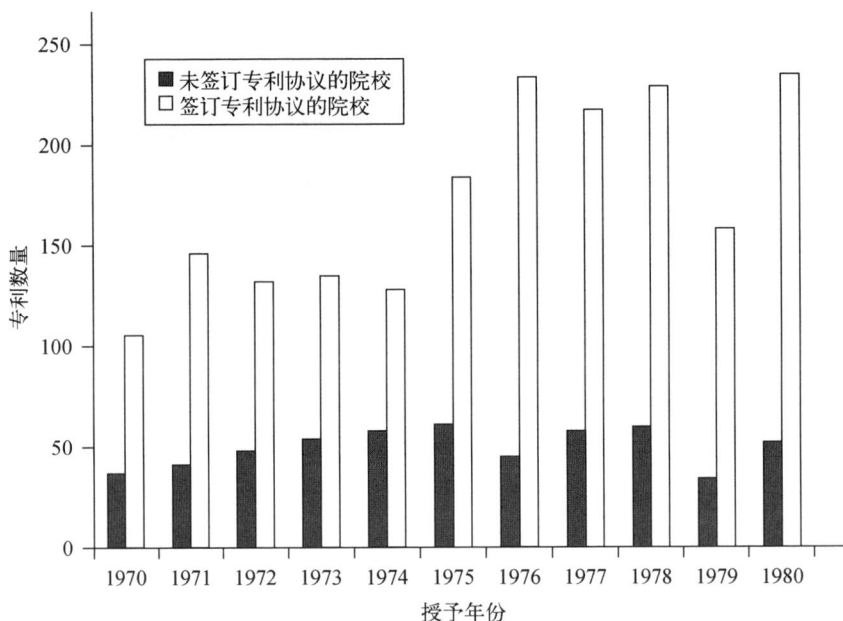

图 3.6　按是否签署院校专利协议划分的卡内基研究型大学专利申请情况

在关于 20 世纪 70 年代大学专利申请来源变化的数据中,有三个背离历史趋势的突出特征,它们预示了 20 世纪 80 年代和 90 年代的变化趋势。首先,在 20 世纪 70 年代,允许教师进行发明专利申请和许可的私立大学增加了。第二个密切相关的变化是,公立大学和私立大学加强了对专利活动的直接管理。最后,20 世纪 70 年代,越来越多没有经验的大学开始参与专利申请和许可,这批新加入院校主要是 RU2 院校,它们在生物医学专利方面的专业程度高于现有院校。所有这些大学专利申请趋势都受到了以下因素的影响:联邦政府研究资金的院校间分散性增加,院校专利协议增加,斯坦福大学等新加入院校在专利申请中获得成功等。确定这些因素在影响上述三个主要趋势方面的相对重要性仍是未来研究的一项重要任务。有趣的是,这些因素中只有一个因素(院校专利协议)反映了联邦政府对公共资助研究专利申请政策的变化。1980 年之后,美国大学专利申请数量的持续增长,很可能是由一系列类似因素,而非仅仅是《拜杜法案》所促成。

大学专利的技术领域分布

学术专利申请的最后一个相关问题是 1925—1980 年间大学专利的技术领域分布情况。图 3.7 显示了 1925—1945 年间各领域的大学专利数量,图 3.8

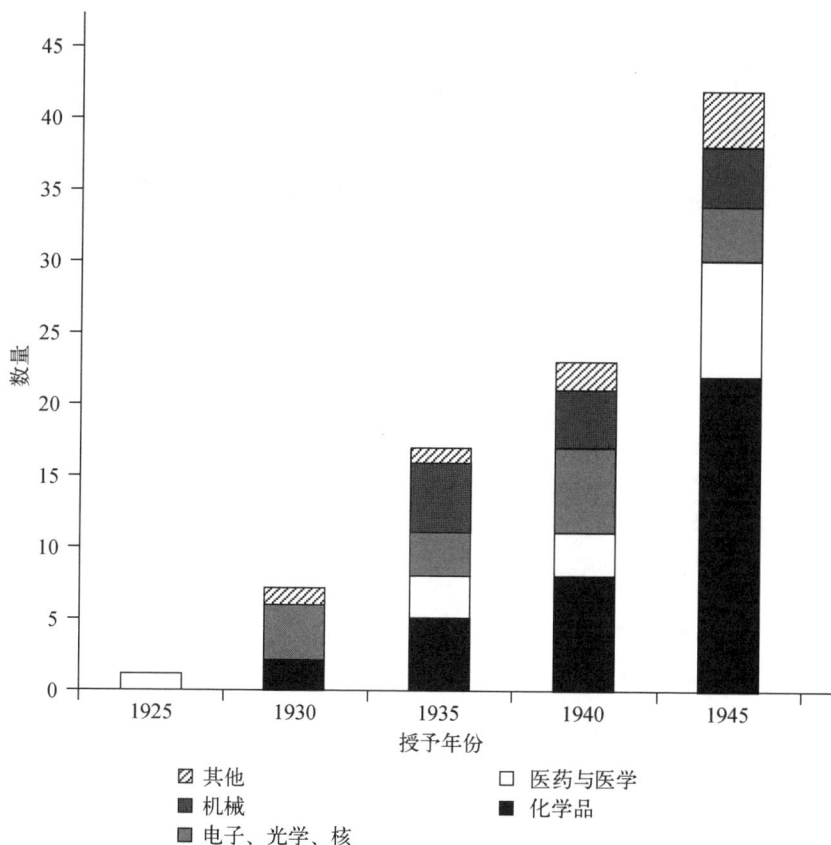

图 3.7　1925—1945 年间大学专利的技术领域分布情况

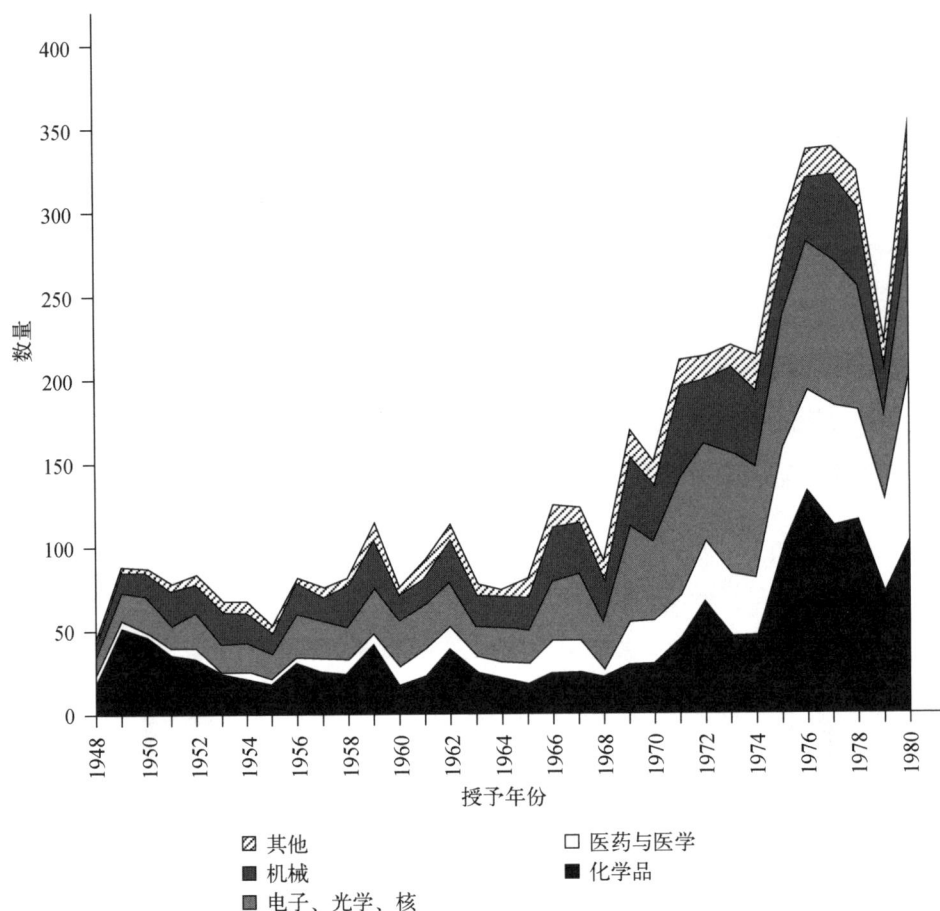

图 3.8　1948—1980 年间大学专利的技术领域分布情况

显示了 1948—1980 年间的类似数据(两图均不包含研究公司的专利数量)。

53　图 3.7 中的数据突出了"化学"专利在 1940 年以前的重要性。此类专利的重要
作用反映了两次世界大战之间农业化学、工业化学和化学工程等领域的学术
研究,以及这些研究领域中强大的产学联系(Rosenberg and Nelson, 1994)。
在这一时期授予大学的化学专利中,近 60%(22/37)涉及有机化合物。维生
素作为在图 3.7 中归类为化学品的有机化合物,也可归类为生物医学发明。[25]
在两次世界大战期间,美国大学为维生素的研究与合成做出了重大贡献
(Apple, 1996),且这一时期收益最高的学术专利许可也涉及维生素相关发

明。这些发明包括威廉姆斯-沃特曼维生素 B₁ 合成方法（由加州大学伯克利分校开发，并由研究公司管理）、米拉斯的维生素 A 和维生素 B 配方（由麻省理工学院开发，并由研究公司管理）以及斯廷博克的维生素 D 制备方法（由威斯康星校友研究基金会管理）。

54

尽管有关大学专利许可收入分配的数据有限，但在《拜杜法案》颁布前，生物医学（包括维生素）发明似乎占到了大学专利许可收入的大部分。Blumenthal, Epstein, and Maxwell(1986)认为，纵观历史，威斯康星校友研究基金会的大部分收入来自少数几项生物医学发明。第四章表明，研究公司在 20 世纪 40 年代至 70 年代的大部分收入也来自生物医学发明。尽管在 20 世纪 70 年代之前，许多大学不愿意申请医学专利，但在整个 20 世纪，医学专利一直是学术许可人的重要收入来源。

55

战后时期，联邦政府对生物医学研究的财政支持不断增加，这反映在 20 世纪 70 年代和之后大学专利中生物医学专利的占比不断增长。20 世纪 70 年代大学专利申请的增长主要发生在生物医学领域（见图 3.8）。1968—1970 年间至 1978—1980 年间，非生物医学类大学的专利增加了 90%，但生物医学类大学的专利增加了 295%。生物医学专利的这种快速增长也反映了 20 世纪 70 年代院校专利协议计划的扩大，而这主要与生物医学资助机构，即卫生、教育和福利部存在关联。生物医学专业在整体联邦学术研发资助中所占比例的增加，20 世纪 60 年代和 70 年代生物医学的巨大进步，以及产业界对生物医学研究成果的强烈兴趣，都影响了这一时期大学专利申请的增长。

第三节 结 论

在美国，大学为教师发明申请专利和授予许可有着悠久的历史。在 1925—1980 年的大部分时间里，这项活动作为美国大学众多使命之一的适当性本身就是一个争论话题，争论的内容预示着在制定和通过 1980 年《拜杜法案》时及之后所提出的许多论点。我们在第五章讨论《拜杜法案》的起源时提到,从19世纪30年代到70年代,关于大学技术许可的争论发生了一些变化,关注点从赠地大学许可教师发明可带来地区经济效益,转变为通过对教师发明申请专利和授予许可,可更快、更顺利地完成技术转移,从而创造国民经济效益(据《拜杜法案》的支持者称)。当然,大学技术许可争论中内容及经济效益地域范围的变化也反映了政府对大学研究财政支持的规模和来源变化。

许多大学管理人员担心自己会受到政治批评,这似乎在1925—1970年的大部分时间里限制了至少一些美国大学直接参与专利申请和许可管理的意愿。但在20世纪70年代,大学,尤其是私立大学,开始直接管理专利申请和许可活动。20世纪70年代大学专利申请的增长反映了学术研究基本内容的变化、联邦政府对学术研究的资助越来越集中于生物医学研究,同时院校集中度不断降低的长期趋势,以及联邦政策向大学专利申请和许可的倾斜(《拜杜法案》出台前)。尽管如此,在1980年之前,联邦政策对大学许可的态度仍然是矛盾的,我们在第五章中讨论的关于院校专利协议下独占许可适当性的争论就证明了这一点。

美国大学专利申请行为的历史演变反映了一系列联邦和州政策,而不仅仅是知识产权制度间出乎意料的相互作用。事实上,通常在《拜杜法案》颁布后表现出的许多大学专利申请特征都源自1980年以前。正如我们在第二章中强调的那样,这种长期参与专利申请受到了美国大学系统独特结构的影响。分散化的大学资助体系为公立大学创造了强有力的激励机制,促使它们去开展当地公司感兴趣的研究,并为国家纳税人的利益而申请发明专利。但是,院校间竞争、行政自主和不断寻求资源的大环境也极大激励了公立大学和私立大学建立与产业研究的紧密联系。这些激励的结构变化,特别是大学研究经费来源和结构的变化是整个美国大学专利申请和许可历史最主要的影响因素,无论是在《拜杜法案》颁布前还是颁布后。

第四章

研究公司与大学技术许可（1912—1980 年）

我们在第三章中讨论过，在 1925—1980 年间的大部分时间里，大学不愿直接参与专利申请和许可，因此，许多大学与研究公司（Research Corporation）签订了合同，以管理这些活动。本章详细论述了研究公司的历史。在 1980 年之前，研究公司在大学专利申请和许可方面发挥着核心作用，它的历史预示了当代大学技术转移办公室目前所面临的许多问题。这些问题包括：专利管理成本高；作为许可收入主要来源的"本垒打"专利较为罕见且"获得率"无法预测，存在极大不确定性；需要与教师发明人密切互动；难以平衡许可收入与大学专利和许可计划的其他目标等。

接下来，我们将通过加州大学弗雷德里克·科特雷尔的专利申请，讨论研究公司的起源。第二节将介绍该公司如何在 1945 年之前发展成为美国众多领先研究型大学的发明专利申请和许可管理人。第三节探讨 20 世纪 50 年代和 60 年代研究公司作为技术中间人，代表学术发明人开展各项活动的重要性，以及该公司专利管理部门的建立和发展。但是，即使在活动规模和影响力最大的时期，研究公司也存在高成本、低盈利问题。最后一节分析它在 20 世纪 70 年代和 80 年代的衰落。

第一节　研究公司的起源

研究公司起源于 20 世纪早期加州大学伯克利分校弗雷德里克·加德纳·科特雷尔的一项研究。与第二章对许多美国大学研究真实动机的描述一致,科特雷尔的研究在一定程度上是出于他对产业技术和实践的兴趣(Cameron, 1993)。1905 年,科特雷尔开始对工业空气污染控制进行研究,以应对家乡旧金山日益严重的污染问题。他在英国科学家奥利弗·洛奇爵士研究成果的基础上,发明了静电除尘器。该装置通过给烟囱的灰尘和烟气充电并使用带相反电荷的收集板进行收集,去除灰尘和烟气。

科特雷尔在 1907 年获得了他所持有的六项静电除尘器专利中的第一项专利。尽管他无意通过发明赚钱,但他反对自己的知识产权进入公有领域。他认为,

> 任何制造企业在投资机器或其他设备之前,往往需要获得一定程度的最低保护,更不用说一项新发明进入市场之前需要宣传了。因此,发明人完全免费提供给公众的许多有价值的专利从未真正进入市场,主要是因为"人人负责,等于没人负责"(Cottrell, 1912, p.865)。

换句话说,科特雷尔认为,需要有明确界定的知识产权来激励企业开展成本高昂但必要的研究、开发和营销活动,从而实现除尘器等雏形发明的商业化。他的观点预测到了 Kitch(1977)等学者的后续论述以及《拜杜法案》支持者提出的论点(见第五章)。

科特雷尔打算授予专利许可,并利用许可收益支持科学研究。然而,要想实现该计划,需要有一个组织来管理许可活动。科特雷尔曾考虑将加州大学作为许可管理方,但因他相信大学管理者参与许可管理可能对大学科学研究文化产生不利影响而否定了这一可能性,这种担忧与第三章中描述的美国科

学促进会(AAAS)专利委员会报告中预测的一些顾虑相一致。[1]

> 这存在一定危险,特别是,如果实验证明专利许可能为大学带来巨大收益,则将导致人们纷纷效仿。大学受托人不断寻求资金,与我们实验的成功成正比,它可能会在其他地方重演……这意味着,商业主义和院校间竞争可能日益加剧,而且伴随着科学工作中的保密倾向。(Cottrell, 1932, p.222)

科特雷尔找到了史密森学会,他的计划得到了会长查尔斯·沃尔科特的支持,但却遭到了学会董事们的拒绝,这反映了他们并没有任何参加专利管理的意愿。沃尔科特转而成立了一家公司来管理专利申请和许可,并亲自担任公司顾问。研究公司便由此于 1912 年成立,时任史密森学会董事的威廉·霍华德·塔夫托协助起草了公司章程。

尽管科特雷尔最初打算将公司的许可使用费转让给史密森学会,用于增加和传播知识,但他后来决定将该公司的收入用于支持史密森学会以外院校的科学研究。该公司还管理了静电除尘器专利的许可和开发,科特雷尔认为,公司应负责其他技术领域赠予专利的许可管理工作:

> 越来越多的学术界人士在日常工作中不时产出有用且可申请专利的发明,却无意寻求任何个人经济回报。他们很乐意看到这些发明为公共利益而得到进一步开发,却又不愿自己进行这种开发,也不愿将发明的控制权交到任何私人利益追求者的手中。(Cottrell, 1912, p.865)[2]

在科特雷尔看来,研究公司的目的"不是只为科学研究创造收入,是作为一种专利经济学实验室,开展专利管理实验"(McKusick, 1948, p.208)。他从一开始就把研究公司设想成一个管理研究型大学和类似组织知识产权的技术开发和推广实体。

研究公司在成立后的首个 25 年中主要从事了三项工作:① 设计、制造、安装基于其拥有、管理或购买专利的静电除尘设施和其他设备;② 管理教育或研究机构赠予给公司的可申请专利发明;③ 为科研人员提供经费。其中第一项任务是该公司在这一时期的主要工作。

第二节　研究公司的发展(1912—1945 年)

早期活动:1912—1936 年

弗雷德里克·科特雷尔在研究公司成立后没有担当任何正式职务,但他对公司的早期决策产生了很大的影响,并参与了公司的一些活动,直到他 1948 年去世。[3]公司的董事和管理人员很快就意识到,科特雷尔专利的管理比他们预想的困难得多。仅靠向公司许可除尘专利,技术的采用度低,使用费收入有限,因为除尘器应用技术需要定制,以满足不同行业的技术需求。公司外部的工程师很少拥有针对不同应用对静电除尘器进行修改的必要技能。因此,研究公司将其业务范围扩大到了"纯"技术中间人之外,开始从事除尘器安装和设计业务。通过研究公司工作人员(到 1917 年拥有 45 名工程师)进行研发,使除尘器技术适用于被许可方的工厂。

尽管存在这些预想之外的投资,但静电除尘业务还是于 1915 年开始盈利,研究公司在 1924 年开始发放研究经费。在接下来的几十年里,研究公司主导了静电除尘器市场(White,1963)。由于公司的科特雷尔专利不足以支持其许可活动,公司向其他发明人购买了其他有关专利并在这一技术领域进行了研发。

作为从事除尘行业的附属成果,研究公司在专利管理和诉讼方面获得了很多专业知识。早在 1913 年,研究公司就开始追查科特雷尔专利的侵权人。到 1918 年,研究公司在除尘领域做到了"专利权保护优先于业务保护",将更多的精力投入专利组合的管理上,而不是安装除尘器上。[4]他们在除尘专利方面的经验提升了研究公司工作人员在寻找意向被许可人、协商许可协议以及监督发明开发和营销方面的技能。[5]该公司还与全美各地的专利律师以及若干大学实验室的科学家建立了众多联系,这些实验室开展了静电除尘器的大部分研发工作。

　　研究公司在管理除尘专利组合方面的成功引起了一些大学科学家和独立发明人的注意,他们开始就除尘器以外领域发明的专利申请和许可向研究公司寻求帮助。一些科学家发明人以科特雷尔为榜样,希望将许可使用费转让给研究公司,以支持公益活动。20 世纪 20 年代和 30 年代,随着美国产学研究合作不断增加以及基于科学的产业实现有关增长,具有商业价值的学术研究数量也不断增加,越来越多的学术发明人希望研究公司帮助其管理专利申请和许可。

　　从 20 世纪 20 年代末开始,研究公司开始接受除尘领域以外的专利赠予,并收到了不同技术领域的多项专利。[6]其中最重要的发明是威廉姆斯-沃特曼维生素 B_1 合成工艺。该工艺于 1932 年由加州大学的罗伯特·R. 威廉姆斯在实验室中开发,在治疗营养不良方面具有重要作用,其巨大的收入潜力立即引起了关注。研究公司帮助威廉姆斯和罗伯特·E. 沃特曼为新工艺申请了专利,并帮助发明人成功通过了一场抵触审查听证会。该专利于 1935 年获得,并转让给了研究公司。

　　威廉姆斯-沃特曼的发明在研究公司历史上具有重要意义,其原因有多个:该专利是一系列公共卫生相关发明的首批发明之一,也是研究公司在静电除尘领域以外的首个"本垒打"专利,这些发明在接下来的二十年中逐渐占据了研究公司许可收入的越来越大的份额,这项专利和其他医学专利的收入对公司的发展不可或缺。公司参与威廉姆斯-沃特曼发明的抵触审查听证会也将研究公司在非除尘技术方面的活动范围从专利管理扩大到了专利保护。就像当代大学技术转移办公室一样,公司认识到,除了专利和许可管理外,它还需要负责开展多项其他活动。

　　研究公司在学术专利管理方面的声誉也得益于其对除尘专利的成功管理以及科特雷尔的营销努力。科特雷尔经常访问一些顶尖大学院校,向管理人员和教师提供有关专利申请事宜的建议,并推广研究公司的服务。此外,到 20

62   世纪 30 年代,研究公司向大学研究人员提供的研究经费已经产生了许多可申请专利的发明。其中许多发明人都聘请研究公司提供专利服务,尽管这并非他们的义务。

推动研究公司发展的另一个因素是,20 世纪 30 年代,美国大学对教师发明专利申请和许可所带来的经济回报越来越感兴趣。但是,正如我们在第三章中提到的一样,20 世纪 30 年代,许多美国大学都避免直接参与专利审查和许可的管理,而在 20 世纪 70 年代和 80 年代,他们却欣然接受了这一角色。此前的这种"不情愿"部分源自威斯康星大学专利申请和许可活动(尽管这些活动都由威斯康星校友研究基金会管理)所引发的政治争议,同时也因为这一时期大多数大学的研究活动规模太小,无法证明直接参与专利管理的合理性。正如研究公司所指出的一样,"大学职员没有能力处理这类问题,同一院校每年产生的(专利)数量太少,无法证明聘请专业专利人员的合理性"(Research Corporation,1972,p.15)。因此,大学教师发明者受到管理者、同事以及更广泛科学界的鼓励,通过研究公司来进行工作(Palmer,1948)。[7]

然而,尽管公司扩大了与美国大学和发明人的专利管理合作沟通,但在 20 世纪 30 年代,非除尘专利管理在研究公司的业务中仍然只占相对较小的一部分。尽管公司会根据具体情况处理每个教师和每所大学的发明,但并未与大学签订任何正式的协议。随着研究公司在 1937 年与麻省理工学院协商达成了第一份发明管理协议(IAA),这种情况开始发生变化。

麻省理工学院发明管理协议

在"大萧条"时期,由于关键除尘专利过期和静电除尘器市场下滑,研究公司寻求开辟新的收入来源。[8]除了除尘器专利,公司对非除尘专利组合的管理帮助公司形成了独特的能力,可以用来为研究公司和学术机构带来共同利益,同时保持了科特雷尔对公司作为科学研究资金来源的最初愿景。此外,研究

63   公司在 1972 年的一份文件中指出,对于每个院校而言,由专家代表大学集中管理专利申请和许可比自己独立管理教师专利的成本更低:"如果有一个处理

专利的大学间交流中心,就可以聘请专家,保持与产业界的联系,分摊法律费用,并为整个群体带来许多其他好处"(Research Corporation,1972,p.15)。

研究公司为了寻求新的收入来源,加上美国大学对许可收入的兴趣增加,促使它通过与美国大学谈判达成协议,扩大了专利管理活动。1937 年,研究公司与麻省理工学院签订了发明管理协议,为该公司成为全美大学技术许可中介奠定了基础。[9]

在 1930 年卡尔·康普顿担任校长之前,麻省理工学院没有明确的校内专利政策。该学院的专利要么转让给个体发明人,要么根据研究赞助人的要求进行安排。在成为麻省理工学院院长后不久,康普顿组织了一次包括专利政策在内的与产业关系的全方位内部研究。经过一番辩论,麻省理工学院的专利政策委员会(由范内瓦·布什担任主席)决定,将对本校资助研究所产生的所有教师发明主张权利。该委员会建议制定程序,"以免除学院与发明使用有关的所有责任,同时在产生利润的所有情况下,向学院提供合理比例的回报。"[10]据此,麻省理工学院寻求通过外部合作来管理其专利,并在专利申请过程中提供协助。

麻省理工学院最终选择研究公司作为自己的专利管理机构,反映了公司管理人员与学校教师和管理层之间的诸多联系。霍华德·波隆自 1928 年起担任研究公司总裁,他是卡尔·康普顿的密友,并为获得麻省理工学院的发明管理权利进行了游说。研究公司还管理着麻省理工学院几位教师的发明专利,如罗伯特·范德格拉夫的静电发生器和尼古拉斯·米拉斯的维生素配方,这两项都是研究公司资助研究所取得的专利。

麻省理工学院和研究公司于 1937 年签署了一项发明管理协议。该协议要求研究公司在波士顿设立一个办事处,管理麻省理工学院发明的评审和评估工作。根据发明管理协议条款,麻省理工学院向研究公司披露可能获得专利的发明,研究公司通过评估,接受和管理具有商业前景的发明。公司同意"尽最大努力保护获颁的发明专利,使这些发明得到使用,并从中获得合理的收入",同时"尽最大努力防止这些发明被滥用,并采取(公司)认为符合双方最

64

大利益的措施来打击侵权人,但总体政策是尽量避免诉讼。"所有服务费用均由研究公司承担,但研究公司对麻省理工学院发明的任何额外开发成本不承担任何财务责任。扣除费用后的任何许可收入由麻省理工学院和公司按六四比例分配。研究公司将其部分收益用于公司运营费用和公益活动。

二战的爆发切断了麻省理工学院和其他大学的发明流动,研究公司的专利管理工作几乎停止。[11]恢复和平后不久,研究公司重新评估了自己的专利管理活动,其中大多涉及麻省理工学院的发明,结果显示,1937—1947 年间,公司的专利管理活动为净亏损(Research Corporation, 1947 *Annual Report*, p.1)。[12]尽管在麻省理工学院的 40 项发明和研究公司管理的其他大学的少数发明中,没有任何一项为公司带来显著回报,但公司认为麻省理工学院的 4 项发明"前途光明",并断言"经过十年对 1937 年发起的教育类机构专利管理协议经济合理性的试验,尽管战争期间处于休眠状态,这种理念的合理性似乎得到了证实"(Research Corporation, 1947 *Annual Report*, p.1)。

然而,这项内部审查认为,研究公司的专利管理业务规模太小,不具有经济效益,同时指出:

> 只有当服务能够面向大量院校,从而管理更多有潜在价值的技术,大学的发明创造才能成功处理……除非公司有大量发明创造可供管理,否则不成功开发与成功开发的数量悬殊将使公司经营活动面临过大的风险。(Research Corporation,1947 *Annual Report*, p.3)。

到 1947 年年报发布时,研究公司已经开始实施了一个项目,以吸引更多的大学客户使用其知识产权管理服务。

第三节　专利管理部门

麻省理工学院的协议激起了其他大学对专利许可的兴趣。尽管研究公司波士顿办事处最初设立的目的是处理麻省理工学院的发明,但它也开始处理其他大学的专利事务。1946 年,研究公司成立了专利管理部门来处理所有非除尘专利。该部门整合了波士顿和纽约办事处之前所做的工作。根据麻省理工学院协议中规定的政策,与公司在除尘器技术方面的活动相比,专利管理部门的职责如下:

(1) 与教育和科学机构协商专利管理和开发协议;

(2) 根据协议评估提交的发明,以及个人发明人提交的发明;

(3) 针对有望申请专利的发明提交专利申请;

(4) 向工业界许可专利。

专利管理部门不承担开发发明的责任,但与大学合作,提高其在发明的专利申请和许可方面的专业知识。该部门努力扩大大学专利申请,从而增加研究公司的业务量,它的努力促进了 20 世纪 60 年代和 70 年代正式开展技术转移活动大学数量的增长(更多讨论见下文)。[13]

专利管理部门的成立和麻省理工学院协议的共同作用是显著的。美国大学在二战期间和战后扩大了军事和生物医学研究,增加了潜在可申请专利的学术发明的数量,联邦资助机构迫使大学在战后早期制订正式的专利政策。在 20 世纪 40 年代和 50 年代,研究公司以麻省理工学院协议为模板,与其他数百所美国大学协商发明管理协议(见图 4.1)。根据协议条款,大学教师向专利管理部门披露发明,该部门承担发明评估、专利审查和许可的所有费用。任何使用费收入都会在学术机构、发明人和研究公司之间进行分配。研究公司分得的使用费,在扣除运营费用之后,将用作研究经费。

大学客户数量的增长与每年向研究公司披露的发明数量的增长同步(见图 4.2)。在此期间,平均年披露量从未低于 200 项,与专利管理部门成立时公司(主要来自麻省理工学院)平均每年收到大约 50 项披露量相比,有了大幅增长。但是,这种披露量的增长并未带来专利数量(见图 4.3)或使用费总额(见图 4.4)的相应增加,我们将在下文详细讨论这个问题。

65

66

图 4.1 的图表

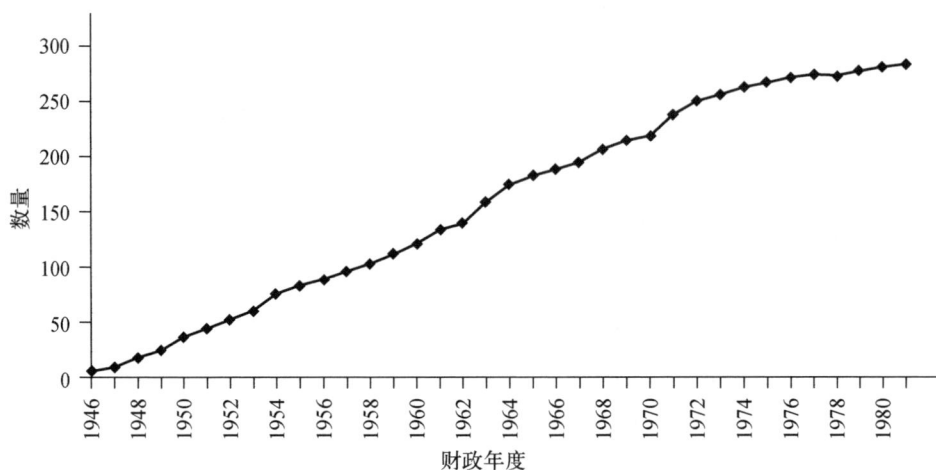

图 4.1 1946—1981 年间研究公司的发明管理协议数量

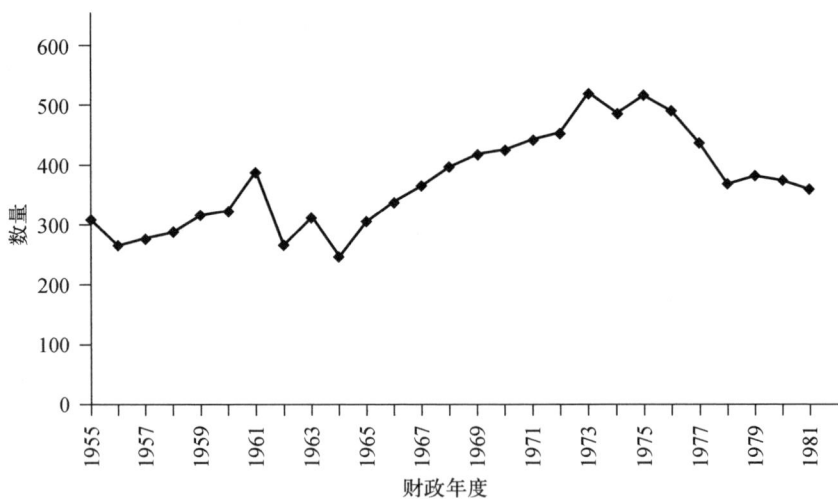

图 4.2 的图表

图 4.2 1955—1981 年间向研究公司披露的发明数量

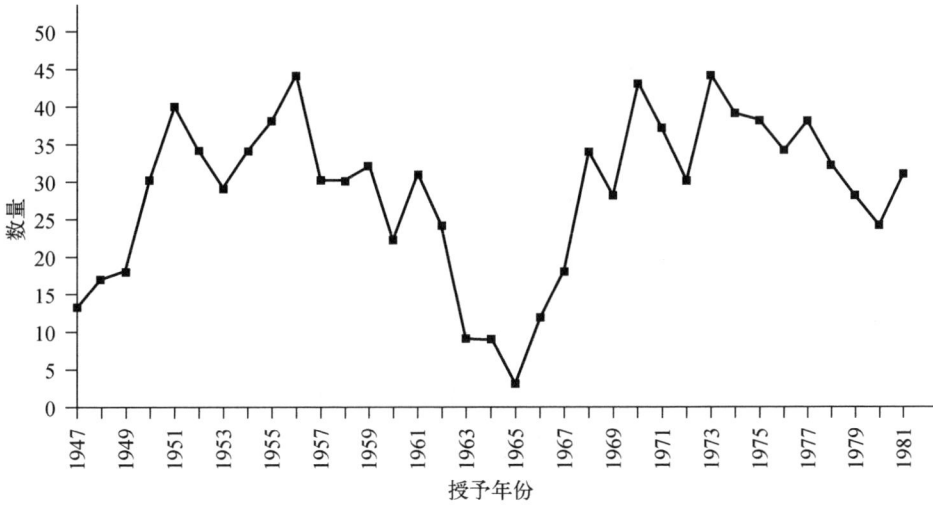

图 4.3　1947—1981 年研究公司发布的专利数量

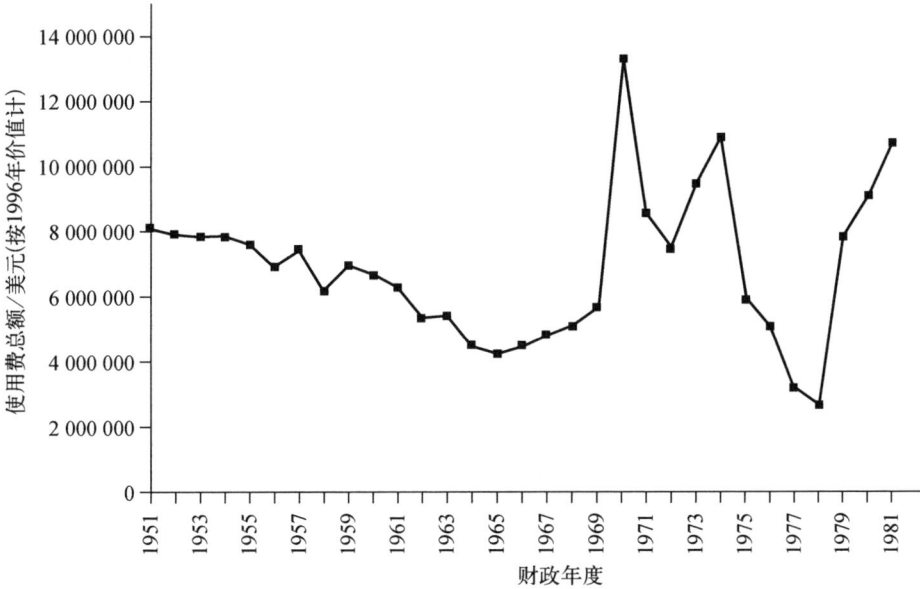

图 4.4　1951—1981 年的研究公司使用费总额

如前文所述,研究公司的专利管理部门曾希望,扩大对大学发明的管理活动
67 增加公司的许可收入,缓解其大部分收入来自对少数赠予发明的依赖。然而,研
究公司 1951 年年报指出,院校发明仍然只占许可使用费的一小部分:

> (大部分收入)来自涉及特定项目的协议而非总体专利管理合同……
> 这些一揽子协议仍未"产生回报"。公司的经验表明,这需要多年的时间
> 才能实现,而且即使如此,也只有少数几个实例。为此,确保更多的机构
> 协议至关重要。(Research Corporation,1951 *Annual Report*,p.42)

这个问题一直困扰着研究公司。1947 年,它曾指出,"目前为止,我们与教
育机构签订的其他(除麻省理工学院外)一般协议都没有显示出任何财务回报
的前景,但我们对未来的发展仍然持乐观态度,特别是这种协议的数量和范围
继续增加"(Research Corporation,1947 *Annual Report*,p.2)。尽管机构协议、
专利和许可组合在 20 世纪 50 年代有所增长,但却难以实现净收入的增长。

专利管理部门的发明组合

自专利管理部门成立以来,其收入主要来自生物医学领域的少量发明许
可使用费(见表 4.1)。在 1945—1985 年间,研究公司的盈利前五的发明贡献
总收入的大部分,公司许可组合的这一特点在当代美国主要学术许可人的使
用费收入数据中也很显著(见第六章)。

表 4.1　1945—1985 年间研究公司从"本垒打"发明中取得的收入

年份	总收入/美元(按 1996 年价值计)	盈利前五的发明的收入/美元(按 1996 年价值计)	盈利前五的发明的收入占比	盈利前五的发明中生物医学发明的收入占比	盈利前五的发明(按盈利额降序排列)
1945	4 713 417	4 604 511	98%	100%	埃斯卡廷 麦角新碱 硫柳汞 泛酸 维生素 B_1

续　表

年份	总收入/ 美元 (按 1996 年 价值计)	盈利前五的 发明的收入/ 美元(按 1996 年价值计)	盈利前五的 发明的 收入占比	盈利前五的 发明中生物 医学发明的 收入占比	盈利前五的 发明(按盈利 额降序排列)
1950	5 528 142	5 165 811	93%	90%	泛酸 维生素 B_1 麦角新碱 电磁喇叭* 硫柳汞
1955	7 485 868	5 996 276	80%	100%	可的松 维生素 B_1 维生素 A 泛酸 麦角新碱
1960	6 516 215	5 389 883	83%	100%	肾上腺皮质激素 维生素 A 泛酸 制霉菌素 维生素 K
1965	4 155 908	3 684 411	89%	93%	制霉菌素 肾上腺皮质激素 泛酸 玻璃强度促进剂* 利血平
1970	13 070 160	12 433 948	95%	43%	杂种玉米** 制霉菌素 肾上腺皮质激素 植物生长调节剂* 利血平
1975	5 823 032	4 755 064	82%	63%	喹多克辛 植物生长调节剂* 制霉菌素 微波激射器* 抗菌剂
1980	9 041 497	6 547 132	72%	96%	铂类抗肿瘤化合物 烧伤油膏 喹多克辛 骨骼成像用放射性药物 缓释蘑菇营养素*

续　表

年份	总收入／ 美元 （按 1996 年 价值计）	盈利前五的 发明的收入／ 美元（按1996 年价值计）	盈利前五的 发明的 收入占比	盈利前五的 发明中生物 医学发明的 收入占比	盈利前五的 发明（按盈利 额降序排列）
1985	13 869 300	12 776 616	92%	96%	植物素抗肿瘤化合物 抗菌剂 喹多克辛 缓释蘑菇营养素* 骨骼成像用放射性药物

注：＊非生物医学发明。＊＊包括因侵权诉讼而支付的使用费。

　　到 20 世纪 50 年代中期,研究公司的收入严重依赖于生物医学发明这件事开始引起公司管理层的关注。公司 1955 年年报指出,维生素价格的大幅波动影响了公司的使用费收入(见表 4.1)。尽管报告预测其他类型的发明“很快”会开始对许可费收入流做出重大贡献,但这些新的收入来源并未实现。

　　这一问题的部分原因是,研究公司在除尘技术和生命科学领域的专利审查、管理和许可方面的大量专业知识并未转化为其他技术领域的同等实力。因此,研究公司在非生物医学领域的活动受到了限制。事实上,Fishman(1996)指出,麻省理工学院在 1946 年决定不再让研究公司担任其专利组合管理的唯一代理,其中一个原因是担心研究公司在生命科学以外的其他领域缺乏专业知识。[14]

69　　20 世纪 70 年代初,生物医学“本垒打”专利占到了研究公司收入的大部分,其另一个突出特点是,这些专利在赠予发明中占有重要地位。在专利管理部门成立的第一个十年中,研究公司最重要的发明(虽然该发明在专利管理部门成立之前已经赠予给了研究公司)是我们前文讨论过的维生素 B_1 的合成方法。在维生素 B_1 专利到期后,研究公司最赚钱的发明是制霉菌素(nystatin),这是由纽约州卫生部的瑞秋·布朗和伊丽莎白·黑泽尔开发的一种抗真菌抗生素,他们将该项发明赠予给了研究公司。[15]在 20 世纪 60 年代和 70 年代早期,制霉菌素、生物医学领域的其他两项赠予发明(爱德华·肯德尔的皮质激素和罗伯特·伍德沃德的利血平)和农业领域的一项赠予发明(琼斯-曼格尔斯多夫的杂交种子生长过程)是研究公司最重要的几个专利使用费收入来源。

尽管从研究公司开始专利管理活动以来,赠予发明一直是重要的收入来源,但到 20 世纪 60 年代中期,研究公司对赠予发明的依赖程度进一步增加。即使我们只看总收入进入所有发明前五的赠予发明,即赠予"本垒打"发明,这种趋势也很明显。在 1955 年和 1960 年,在盈利前五的发明中,赠予发明分别占到了公司专利使用费总收入的 48% 和 50%,在 1965 年和 1970 年,这一比例分别提高到了 69% 和 91%。[16]一直到 1975 年最后一批赠予"本垒打"专利到期后,通过院校发明管理协议进行管理的发明才成为了研究公司的全部收入来源。

麻省理工学院终止发明管理协议

研究公司在 1963 年与麻省理工学院终止发明管理协议后,未能吸引到具有经济价值的学院发明,这成了人们关注的焦点。麻省理工学院终止与研究公司协议的事件值得讨论,不仅是因为这些事件对研究公司后续历史的重要性,还因为它们展示了学术专利管理的一些困难。

导致协议终止等一系列事件的直接诱因是研究公司与麻省理工学院之间对福雷斯特计算机磁芯存储器专利的管理争议(Pugh,1984)。[17]1951 年,研究公司根据麻省理工学院的发明管理协议为杰伊·福雷斯特的发明提交了专利申请。1950 年,简·拉希曼在美国无线电公司(RCA)提交了类似的专利申请,并于 1956 年宣布启动抵触审查。同时,IBM 公司开始对在大型计算机中使用的核心内存技术感兴趣,并于 1957 年与 RCA 签订了一项交叉许可协议。IBM 公司还与研究公司进行协商,如果福雷斯特胜诉,将进行许可谈判。但 IBM 公司与研究公司后来未能就专利许可费率达成一致,谈判以失败告终。IBM 公司长年向麻省理工学院捐赠资金和设备,它向学院管理人员表示了担忧,担心研究公司在谈判中采取强硬立场。事实上,Pugh(1984)的报告表明,

71

IBM 公司可能威胁说,如果研究公司不妥协,就不再向麻省理工学院提供资金。

1960 年,专利抵触审查委员会宣布拉希曼在十项重大权利要求中胜诉,福雷斯特在几项小的权利要求中胜诉。研究公司发起了民事诉讼,试图收回判给拉希曼的十项权利要求,并对 RCA 和 IBM 公司提起了专利侵权诉讼。[18]这时,麻省理工学院和研究公司的利益似乎已经发生了分歧。Pugh(1984,p.211)讲述说:

> 在律师准备法律诉讼时,麻省理工学院认为研究公司没有正确地代表它的利益。研究公司希望根据使用情况分期支付专利费用,以便可预测的收入流能够保证其业务的有序运作。而麻省理工学院更倾向于一次性支付、以帮助覆盖建筑项目的费用。更重要的是,麻省理工学院担心它与 IBM 公司和计算机行业其他公司的长期关系。

1962 年,麻省理工学院终止了与研究公司的发明管理协议。根据终止协议的条款,研究公司获得了 160 万美元和解现金,而麻省理工学院则保留对已转让给研究公司的所有专利的剩余权利。

福雷斯特案例是研究公司历史上的一个关键转折点,因为它导致了公司专利管理活动所基于的发明管理协议的终止。但这个案例也说明了专利管理代理人与其学术委托人之间存在的潜在冲突。对于当代大学技术转移办公室和学院而言,最大化许可收入与维持或加深与工业公司的联系(这种联系最终可能会带来更多的研究资金或收入)之间也有类似紧张关系。[19]

专利管理成本的增长

尽管研究公司在战后初期扩大了业务,以降低专利管理的成本,但事实证明这种成本节约难以实现。如上文所述,研究公司在一个技术领域寻找被许可人和谈判许可协议方面的专业知识似乎很难在其他技术领域得到应用。研究公司的其他运营成本,如法律和"访问"费用,也会随着活动和客户名单的增加而增长。然而,规模和范围的不经济性增加了研究公司的运营成本并减少了净收入。本节研究了成本增加的几个来源,突出了许多当代大学技术转移办公室面临的挑战。

1. 扩大访问和营销力度

在取消与麻省理工学院的协议后,研究公司重新制订了专利管理程序。尽管研究公司继续支持专门服务于多个院校客户的专利管理部门,但其 1963年年报认为研究公司的行动"过于保守"。1963 年,研究公司加强了在专利管理和营销方面的努力。这些努力包括增加工作人员,以及更多地依赖技术顾问(和外部专利顾问)来评估和许可发明。加强对顾问的依赖在机械和电子领域最为明显。研究公司在这些领域几乎没有任何专门知识,而且未产生任何使用费收入(将在下文论述)。[20]图 4.5 和图 4.6 说明了 1964—1974 年间顾问、差旅、诉讼和员工开支的迅速增长。[21]

73

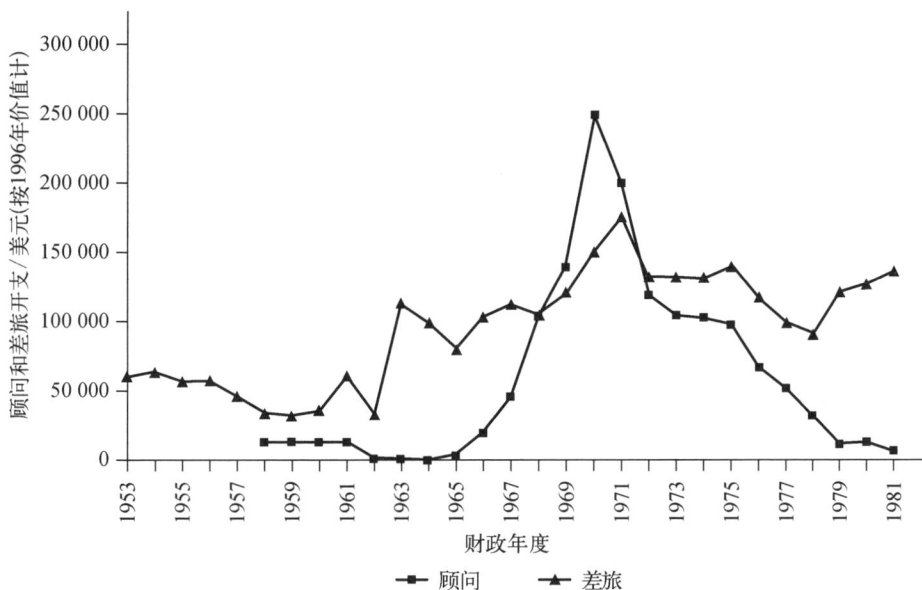

图 4.5　1953—1981 年间研究公司的顾问和差旅开支

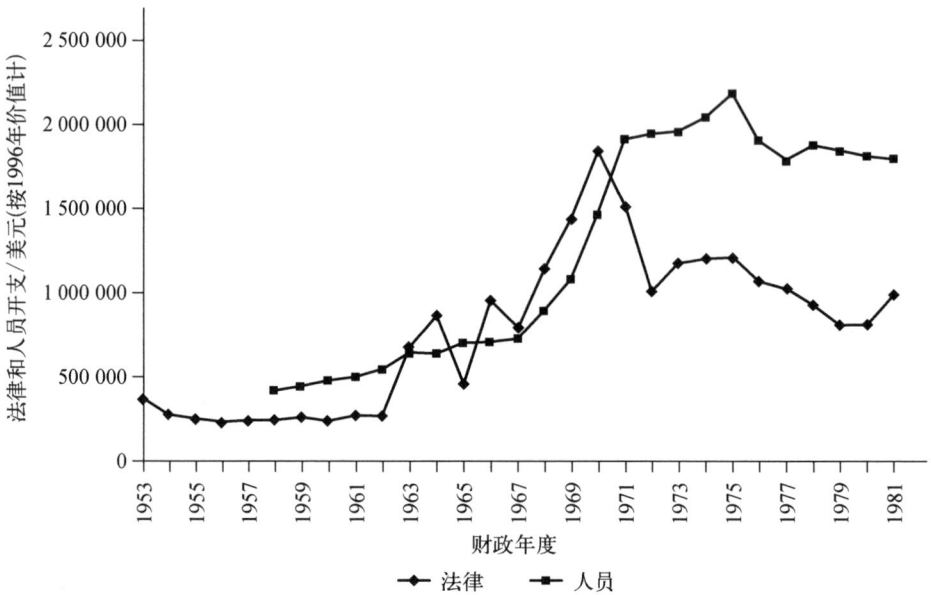

图 4.6 1953—1981 年间研究公司的法律和人员开支

在 20 世纪 60 年代,作为扩大营销和专利管理活动的一部分,研究公司启动了一项雄心勃勃的访问计划,希望加强"与院校发明人及管理人员紧密合作关系,更迅速地处理提交评估的发明披露,并增进对实验室发明市场化相关问题的了解"(Research Corporation, 1965 *Annual Report*, p.2)。研究公司在 1964 年对学术机构进行了 81 次访问,在 1965 年进行了 116 次访问,在 1966 年进行了 120 次访问。[22] 1966 年,研究公司计划每年访问与其签订协议的大型大学和技术学院,以及每两年访问一次小型院校(Research Corporation, 1966 *Annual Report*)。20 世纪 60 年代,出访活动的增加使得公司差旅费用增加,也使发明披露的数量增多(见图 4.2),因而需要聘请更多的工作人员和顾问,进一步提高了成本。[23]

这些差旅和相关活动费用的增加反映了研究公司工作人员与大学管理人员和发明人之间面对面交流的重要性,这也是贯穿研究公司历史的一个主题。麻省理工学院坚持将研究公司在波士顿设立办事处作为 1937 年双方发明管理协议的一个条件。即使 1946 年该办事处被关闭,公司员工仍会每月到访麻省理工学院,评估和讨论学院的各项发明,这一做法一直持续到 20 世纪 50 年代末。对研究公司来说(对当代的许可办公室而言也是如此),专利申请和许可事务需要投入大量的时间与发明人及其所属院校建立密切关系,这反映了专利申请和许可活动涉及大量的"关系"成分。发明评估,尤其是初期阶段的发明评估,需要发明人的合作、指导和设备支持。发明人通常也更了解专利许可的市场,可能愿意提供咨询帮助,在转让专利许可的同时分享重要的专业知识。在编写和提交专利申请时,也可能需要发明人的协助和合作。[24]

这些技术许可运营关系方面的重要性有助于解释地理邻近性在技术市场中的作用。[25]事实上,许可专业人员需要与大学发明人进行频繁互动是加州大学等大型、多校区大学系统选择分散布置其技术转移办公室的原因之一。

2. 对大学的专利管理培训

20 世纪 70 年代,研究公司启动了一项雄心勃勃的培训计划,旨在教授大学管理人员和教师如何评估教师发明的可以申请专利和许可的可能性。该"外联计划"包括 1971 年开始出版的《研究与发明》简报,为大学发明人和管理人员编写题为"教师发明评估和专利申请"的指导手册,赞助技术转移会议和研讨会等。此外,在美国国家科学基金会的资助下,研究公司在 1973 年启动了"专利意识计划",旨在"提高教师和管理层对院校发明的认知能力"(Marcy, 1978, p.156)。

扩大培训计划以及将更多的发明评估和专利管理责任转移给客户大学的相关努力表明,研究公司改变了以往认为大学不应参与专利申请的立场。[26]研究公司认为,发明筛选和评估的早期工作(即说服教师披露有价值的发明,并适当收集书面发明披露)最好由大学自己完成。这种政策转变可能反映了扩展的访问计划无法支持发明人和专利代理人之间所需的密切互动,以促进专利申请和许可过程的早期阶段。但同时,这些政策转变也是对研究公司财务状况不断恶化所做出的反应。[27]

除费用之外,与更积极的专利管理活动相关的广泛访问和外联活动还产生了另一个意想不到的影响。我们在第三章中提到过,到 20 世纪 70 年代,公司的活动以及联邦政策和大学研究内容的其他变化使得越来越多的美国大学在专利管理中发挥更大的作用。与之矛盾的是,研究公司为培养更多教职员

75

工和管理人员进行的专利申请和许可的培训,反而削弱了其在专利管理方面的竞争优势。

3. 缺乏"本垒打"专利

尽管研究公司在战后积极扩大合作大学的数量,并在 20 世纪 50 年代和 60 年代开展了更加密集的营销活动,但这些工作似乎并没有抵消运营成本上涨、许可使用费收入下降以及获得赠予的关键"本垒打"专利到期所带来的不利财务影响。1975 年,研究公司在最后一批利润丰厚的赠予专利即将到期时指出:

> 虽然未来可能获得能够产生大量收入的其他发明,但出现这种情况的概率很低。因此,如果要继续开展发明管理业务,就必须完全依赖于寻找和开发具有商业可行性的共享发明。这种情况的一个结果是,未来我们需要积极建立和加强与大学及教师发明人的关系。(Research Corporation, 1974 *Annual Report*, p.3)

遗憾的是,这一表述忽视了这样一个事实,即这种努力已持续了十多年,但却收效甚微。事实证明,研究公司为提高高收益发明的"取得率"并未产生任何效果。面对不断增长的收入需求而无法获得和许可更多的"本垒打"专利,研究公司的这种困境预示着众多著名大学的技术转移办公室和管理部门将会面临的挑战,因为从 20 世纪 80 年代初期开始,许多与生物科技兴起有关的关键发明专利陆续到期。

研究公司未能获得更多高收益院校专利,是否是因为客户大学开始"择优选择"自己的教师发明,并独立许可他们的这些最有价值的发明呢?为了分析这种可能性,我们从美国专利商标局年报中收集了 1950—1975 年间公司客户在六个年份中(1950、1955、1960、1965、1970 和 1975 年)的独立专利申请数据。[28]这些数据表明,在这一时期的前 20 年里,几乎没有择优选择专利的情况,但在 20 世纪 60 年代末和 70 年代,情况开始发生变化。具体来说,在 1970 年之前,只有不到 10% 的院校客户获得了专利(即颁发给他们自己而非研究公司的专利)。在这些"独立"专利中,有 95% 的专利不属于生命科学领域,而院校客户绕过研究公司的这一明显决定可能反映了研究公司在生物医学技术以外的领域缺乏经验。[29]但是,在 20 世纪 70 年代,择优选择的范围似乎有所扩大。1970—1975 年,授予研究公司客户的专利数量几乎翻了一番,这种增长很大程度上是由于研究公司院校客户在生命科学领域的独立专利申请数量增加。研究公司的 1975 年年报指出,许多大学开始保留有价值的发明。[30]

4. 规模经济的限制

未能从客户大学吸引高收益发明表明,研究公司由于技术和院校客户之间的多样化而获得的收益是有限的。尽管加大了顾问和专业人员方面的支出,但研究公司几乎未能从中获得任何高收益发明。这一失败非常令人惊讶,因为在 20 世纪 50 年代和 60 年代,研究公司获得了美国许多最著名研究型大学的可申请专利发明。

20 世纪 60 年代,公司总运营成本的持续增长加剧了收入增长放缓所产生的影响(见图 4.7)。从 20 世纪 70 年代中期开始,公司取消了访问计划和更激

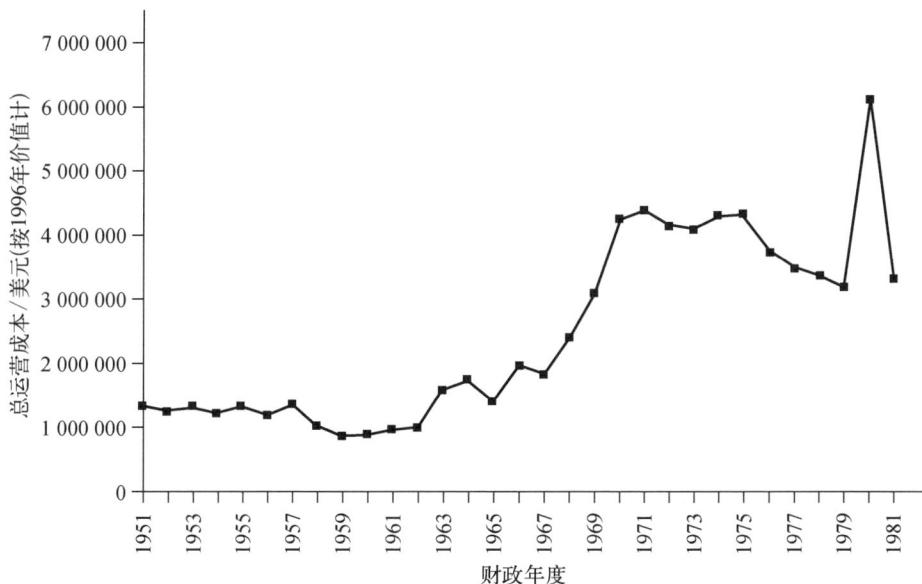

图 4.7　1951—1981 年间研究公司的总运营成本

进的专利管理计划,顾问、法律服务、人员和差旅支出的增长率有所下降,图
4.5和图4.6显示了1975年后顾问、法律服务和人员费用的下降趋势。

77　　研究公司希望利用规模经济的另一个方面原因在于将固定成本分散到大
量院校和发明中,这一想法可追溯至科特雷尔的最初设想。然而,在20世纪
60年代,研究公司客户数量的不断增长使其单个发明管理协议成本以及单个
披露成本不降反增(见图4.8)。

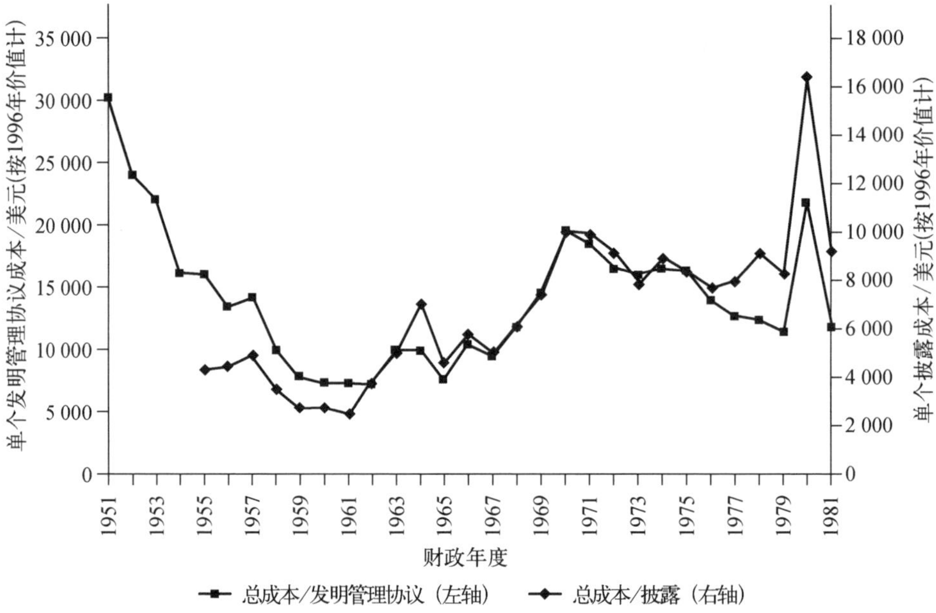

图 4.8　1951—1981 年间单个发明管理协议和披露的总成本

　　到20世纪70年代中期,随着专利使用费收入急剧下降(见图4.9),研究
公司成立了"公司目标委员会"以进行战略审查。该委员会在1979年的年报
中指出,"如果在1980—1983年收入还未开始实现预测的增长,就必须对计划
做出重大修改"(Research Corporation, 1979, p.5)。研究公司最终做出了此
类"重大修改",包括关闭专利管理部门。[31]

5. 联邦政策变化、市场份额丧失和研究公司的衰落

　　研究公司在协助美国大学应对第三章所述的20世纪60年代和70年代

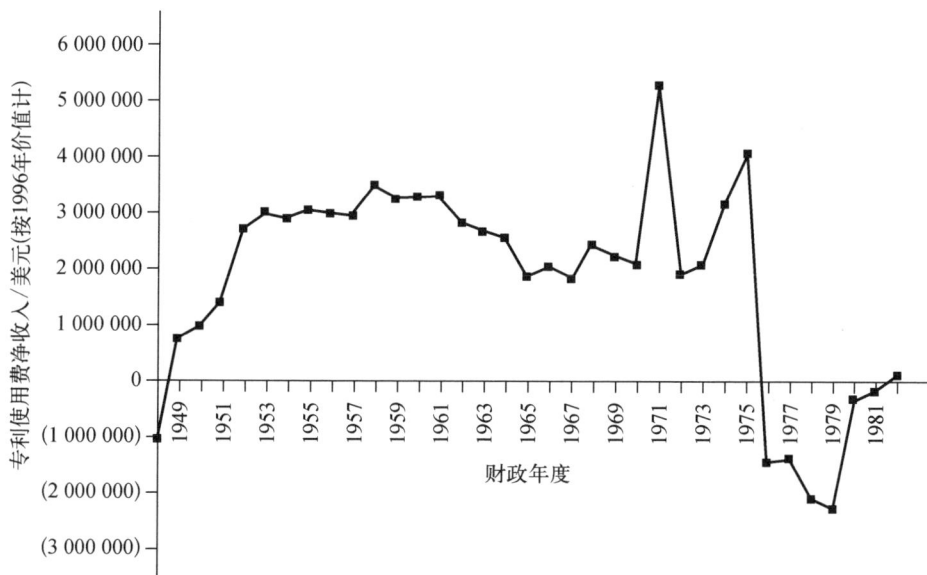

图 4.9 1948—1982 年间研究公司的专利使用费净收入

联邦政府有关大学专利政策的变化方面发挥了重要作用。例如,研究公司帮助多所大学调整了有关政策和程序,以符合国防部,国家科学基金会,以及卫生、教育和福利部在 20 世纪 70 年代制定的新的专利申请准则,并希望这些协助最终能增加大学对研究公司服务的需求。[32]但是,随着美国大学加强对专利和许可活动的独立管理,研究公司协助美国大学应对联邦政策变化的做法可能反而加速了研究公司的消亡。

应一些美国大学的援助请求,研究公司为这些院校增加独立技术转移活动提供了支持。研究公司通过向大学管理人员讲授发明评估和管理流程,帮助学术机构形成了管理专利申请和许可所需的能力。[33]研究公司 1974 年年报指出,几乎所有美国重点大学都在考虑建立内部技术转移办公室,且越来越多的客户大学不再让公司评估特别有价值的发明,而是选择进行内部管理。[34]因此,在 20 世纪 70 年代初之后,这些领域的巨大专利使用费收入潜力似乎促进了大学择优选择的增长。具有讽刺意义的是,在具有商业价值的学术发明不断增加的同时,研究公司获得的大学发明反而减少了。

受到研究公司支持的《拜杜法案》通过是公司走向衰落的另一个重要因素。在《拜杜法案》获得通过后,大学的独立技术许可业务加速增长,减少了研究公司在学术专利市场的份额。随着越来越多的大学开始参与专利申请和许可活动(见第三章),研究公司在大学专利中的占比急剧下降,如图 4.10 所示。

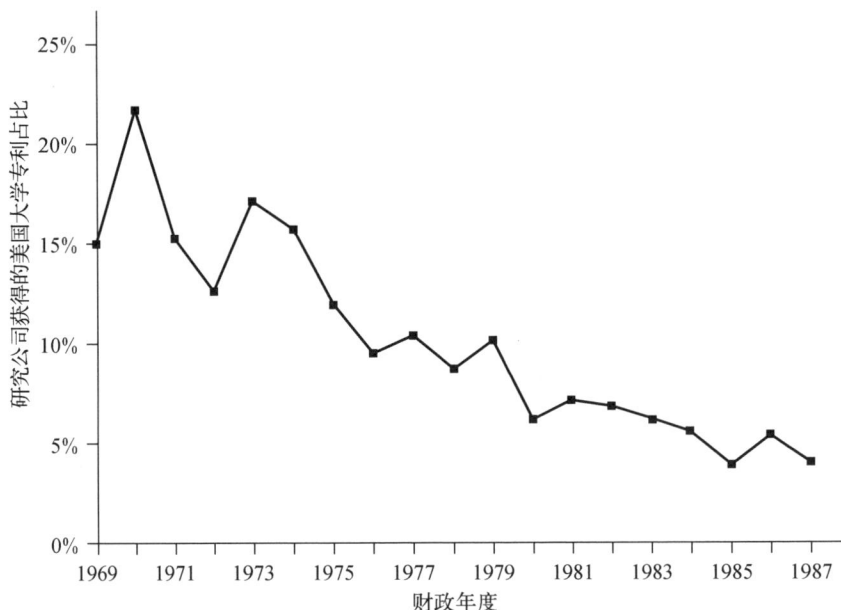

图 4.10 1969—1987 年间研究公司获得的美国大学专利占比

研究公司在近期对其专利管理活动的回顾中指出,"基金会强烈支持并证明合理的《拜杜立法案》限制了这一开创性举措,因为全美高校纷纷建立起了自己的技术转移办公室及法律和技术专家队伍"(Research Corporation, 1997 *Annual Report*, p.16)。我们上面的分析支持这一观点,但也表明,最终导致研究公司削减其专利管理活动的原因是内部运营和财务困难,而这些困难在《拜杜法案》通过之前就已存在。

1980 年之后的研究公司

在 20 世纪 80 年代,面对《拜杜法案》以及大学独立技术转移活动的增加,研究公司虽依旧保持活跃,但其重要性有所下降。研究公司在这一领域的竞争能力进一步受到其公益基金会身份的阻碍。在 20 世纪 80 年代初,美国国税局裁定,研究公司的技术转移活动是一种"非关联商业活动"。因此,公司被禁止从事其认为对技术转移至关重要的活动,如投资初创公司以及为开发活动提供早期资金。1987 年,公司关闭了专利管理部门,并将所有活动转移到了一个独立的营利性组织——技术研究公司(RCT)。该公司的目标是"为大学、学院、医学研究组织和其他非营利性实验室识别和开发有关发明并实现其商业化"(Research Corporation, 1987 *Annual Report*, p.20)。

虽然 RCT 的使命与公司先前的专利管理部相同,但它使用留存收益来资助技术转移活动,而不是科学研究。RCT 在分拆时,获得了研究公司一半的捐赠资助(约 4 500 万美元,按 1996 年美元价值计),以及研究公司的专利组合和技术转移人员。分拆协议规定,研究公司将从 RCT 的专利使用费收入中获得一部分,直到 4 500 万美元的捐赠资助偿还完毕。如今,研究公司专注于捐赠资助,其资金来源于捐赠资金的收益、RCT 对其捐赠资金的还款及公益捐款。

RCT 的合作计划允许学术机构聘请 RCT 来评估发明,类似于研究公司的发明管理计划。RCT 还开展了基准计划,允许大学和其他院校"按需"使用 RCT 的服务。Gilles(1991)表示,基准计划主要用于评估学术客户的发明,而不承诺管理任何专利,也不参与管理大学技术转移办公室非擅长领域的发明专利申请和许可。然而,RCT 的合作计划的大学用户极少,该计划和基准计划都正被逐步淘汰。

但从某些方面来看,RCT 仍然是一家成功的技术转移机构:大学技术经理人协会 1996 年的《AUTM 许可调查报告》(附件 E, p.53)显示,RCT 的许可总收入达 7 000 万美元,超过了当年任何一所美国大学的许可收入。这笔收入中,约 4 500 万美元分配给了有关发明的发明人和所属大学(见 Research Corporation Technologies, 1996,"Corporate Update")。然而,RCT 作为技术转移机构的重要性已大大降低,其业务活动与研究公司的业务活动存在很大不同。

第四节 结 论

研究公司的发展简史强调了第二章和第三章中关于 20 世纪美国大学专利申请活动发展历史的观点。在 20 世纪中叶,研究公司在这些活动的增长中发挥了重要作用,并为 1980 年后美国各大学专利申请和许可数量的激增创造了部分机构和行政基础设施。围绕研究公司成立的讨论,以及关于其早期运营的许多争论,都预示着当代对大学技术许可可取性和影响的评价和争论。事实上,科特雷尔在其 1912 年的主张中明确阐述了对大学发明专利的前景论点(Kitch,1977),他认为,为了让产业界投资于发明的后续开发和商业化,有必要对学术研究所取得的知识产权提供"某种最低水平"的保护。但是,针对由大学负责管理这些活动而对学术规范和行为产生的影响,科特雷尔持矛盾态度,他担心利益冲突及大学管理人员为增加专利许可收入而施加的压力可能会带来不良后果,然而在今天,这种矛盾态度已经明显消失。

研究公司的历史说明了知识产权市场的其他特征,这些特征在许多美国大学目前的专利申请和许可业务中都有体现。尽管在专利和许可管理方面的专业化似乎有反映高固定成本、投资组合多样化的好处以及通过学习提高效率的可能性等优势,但研究公司的发展历史表明,这些优势被显著的局限性所抵消。

特别是,关于特定技术领域及同等重要的某一技术领域许可市场的专业知识要求,限制了从某一技术领域获取的专利申请和许可知识在其他领域的适用性。即使在公平的许可安排中,地理邻近的重要性也限制了将活动集中于一个场所或组织所能节约的成本。这些因素导致研究公司在 20 世纪 70 年代的财务业绩下滑,而在许多当代大学技术转移办公室的运作中,这些因素也很明显。许可管理人往往专注于特定技术领域,而非通才。一些大学已对专利和许可办公室进行重组,以期分散有关业务,还有一些大学则通过下属医学院和工程学院等组织单位,保留独立的许可业务。

本研究还强调了"纯粹"许可协议对支持发明利用或商业化的局限性。研究公司自成立之初就必须投资于广泛的应用工程和除尘技术的定制,并发现有必要获得大量的互补专利组合。研究公司还依赖于对许多想要商业化的学术专利进行额外开发和其他补充投资,因此增加了成本,降低了利润。当代大学许可办公室也发现有必要进行额外的投资,在某些情况下,为了追求商业发展,他们会收购为利用其发明而成立公司的股权。毋庸置疑,这些活动的扩大,增加了成本和风险。

最后,研究公司的历史说明,仅从收入最大化的角度管理专利许可组合是很困难的,这是困扰当代许多大学技术转移办公室运作的另一个问题。许可收入往往主要来自少数几个"本垒打"专利,且通常是生物医学研究专利。这种"本垒打"专利的出现很难预测,往往只占所有发明的一小部分,而且它们对许可收入的贡献受到专利期限的限制。

专利管理的高成本也限制了专利许可的财务回报。Trune and Goslin (1998)估计,只有 41% 的大学技术转移办公室为所属院校带来了净收入盈利,而且我们认为,这一估计可能偏高。但是,许多当代许可办公室追求的目标并不止于此,还包括与地区产业建立更紧密的联系,以支持大学研究等,相较于其他目标,研究公司更看重一心追求的许可收入,这导致研究公司在许可给 IBM 公司的麻省理工学院 Forrester 存储器专利的许可条款方面,与麻省理工学院产生了争议。研究公司、麻省理工学院和 IBM 公司之间关于该许可的争议生动地说明了许可代理机构,即研究公司与其委托人麻省理工学院在目标上存在潜在冲突。最近,在对专利申请和许可进行内部管理的美国大学中,也出现了类似的冲突。

研究公司的发展历史预示着当代美国大学在努力管理与产业界的许可和研究关系时所面临的诸多挑战。研究公司最终不再扮演美国大学知识产权管理者这一主要角色,反映了联邦政府对公益组织政策的态度转变以及《拜杜法案》的影响。但本章已经指出,早在 1980 年之前,研究公司就已经埋下了衰落的种子,同时在 20 世纪 70 年代,公司赤字不断增长,出现了明显的发展衰退。

事实上,导致研究公司退出其作为美国大学专利许可管理主导角色的同一因素,很可能也会导致在 20 世纪 70 年代和 80 年代间进入这些活动的美国一些大学的独立专利和许可办公室削减开支。幸存下来的大学技术许可业务可能会设定更多的目标,而不仅仅是专利使用费收入。[35]

第五章

《拜杜法案》的政治历史

如果不结合《拜杜法案》的政治渊源,就无法理解该法案对大学专利申请和许可的影响。《拜杜法案》起源于 20 世纪 40 年代末一场关于联邦资助研究所产生知识产权处置问题的争论。但是,美国大学越来越多地扮演专利权人和许可人的角色也是该法案在 1980 年起草和通过的一个重要因素。事实上,美国大学对该法案获得通过发挥了重要作用。该法案可以视作对学术专利申请和许可活动增加的回应,甚至为这些活动的增长提供了动力。

在下一节中我们将提到,在 20 世纪 70 年代末关于《拜杜法案》争论中,几乎没有证据表明专利和独占许可促进了联邦资助学术研究的技术转移和商业化。此外,与第三章中讨论的 20 世纪初关于大学专利的争论相比,围绕《拜杜法案》的争论几乎没有考虑大学专利申请和许可增长对"开放科学"和更广泛学术研究的潜在影响。

《拜杜法案》的支持者最关心的是大学发明商业化程度的增加,随后关于"《拜杜法案》的影响"的许多新闻报道和政府机构的大量分析都认为已经实现了这些目标。然而,正如我们在本章后面指出的一样,关于《拜杜法案》积极和消极影响的一些重要问题以及如果不颁布该法案又会怎样的问题,仍然没有答案。本书后续章节将讨论其中一些问题。

　　由于新闻媒体和政界普遍认为《拜杜法案》是成功的,许多其他工业经济国家的政府正在考虑采取或已经采取了类似的政策。本章第三节讨论了外国政府对《拜杜法案》的效仿。尽管这并非个例,但外国政府选择性效仿《拜杜法案》获得的效果有限,甚至会适得其反。正如我们在第二至四章中指出的那样,这些效仿行为忽略了一个事实,即除专利申请和许可之外,美国还有许多产学互动渠道,而且这些渠道的出现早于《拜杜法案》。

第一节　《拜杜法案》的政治历史

关于联邦资助发明专利权的争论

　　在《拜杜法案》通过之前,国会已就公共资助研究所产生专利的所有权问题争论了几十年,联邦专利政策是 20 世纪 40 年代美国二战后科技政策结构争论的一个核心问题。专利政策争论的一方以参议员哈雷·基尔戈尔为代表,他认为,联邦政府应保留对联邦资助研究所产生专利的所有权,并将其放入公有领域(Kevles, 1978)。在基尔戈尔看来,允许私人承包商保留专利就是将纳税人资助的研究成果"赠送"给大型公司,会导致技术和经济优势更加集中化。战时科学研究与发展办公室主任范内瓦·布什则阐述了相反的立场,他认为,允许承包商保留专利权可以保持他们参与联邦研发项目,以及在政府资助研究基础上开发商业用途产品的积极性。[1]

　　二战后的这场争论凸显了未来 30 年政府专利政策的核心问题。支持政府机构保留知识产权的人士认为,允许承包商而非政府机构保留联邦资助研究成果的专利所有权是牺牲小企业来支持大公司。此外,他们还表示,这种政策会提高公共资助研究成果的价格。支持允许承包商保留联邦资助研究专利所有权的人士认为,如果不这么做,就很难吸引合格的公司来进行政府研究,而且这种研究所产生的知识产权缺乏明确的所有权,将减少对这些发明进行商业开发的投资动力。

　　在关于政府专利政策的这些争论中,另一个焦点在于,各个联邦机构实行统一专利政策是否可取。二战后,各主要联邦研发资助机构都制定了自己的专利政策,形成了特定的政策组合,这给承包商和政府雇员带来了模糊性和不确定性。[2]尽管国会就这一问题举行了多次听证会,但在 1950—1975 年间,由于上述对立立场的支持者无法解决他们的分歧,因此没有任何法案通过。肯尼迪总统和尼克松总统分别在 1963 年和 1971 年发表了关于联邦机构专利政策的声明,进一步加剧了这种立法僵局。两位总统都在声明中表示,专利政策的机构间差异是适当的,反映了各机构不同的使命和研发计划。[3]

政府专利政策与大学研究

在 20 世纪 40 年代和 50 年代,关于联邦专利政策的争论在很大程度上忽略了美国大学。毕竟,在战后时期,美国大学[不包括大学附属联邦资助研究与发展中心(FFRDC)]开展的联邦资助研发活动在此类活动中的占比从未超过 34%,且直到 1991 年之后,这一比例才达到了 20%以上。[4]此外,正如我们在第三章中提到的,美国大学过去不愿意直接参与专利申请和许可活动。

联邦科学技术委员会(FCST)在审查政府专利政策时,曾委托哈桥屋咨询公司(Harbridge House)对此类政策进行研究。该公司和美国总审计局(GAO)于 1968 年分别发布了关于美国国家卫生研究院药物化学项目的报告(Harbridge House,1968a;GAO,1968)。此后,联邦政府对公共资助大学研究专利的政策便成为一个争论话题。[5]这两份报告都分析了联邦专利政策对美国制药公司和药物化学学术研究人员之间研究合作的影响。在 20 世纪 40 年代和 50 年代,这些制药公司会定期对美国国家卫生研究院资助的大学研究人员开发的化合物进行筛选。[6]有时(取决于有关大学的具体专利政策),这些制药公司还获得了开发和销售这些化合物的独家授权。1962 年,卫生、教育和福利部(HEW)向各所大学发出通知,要求大学必须与开展化合物筛选的公司签署正式的专利协议,以防止此类公司获得国家卫生研究院资助项目的技术专利(GAO,1968,p.10)。事实上,卫生、教育和福利部政策进一步规定,公司不能在指定机构获得国家卫生研究院资助的"研究工作领域"的发明专利。

美国总审计局和哈桥屋咨询公司的报告批评了卫生、教育和福利部的专利政策,同时指出,制药公司因担心卫生、教育和福利部的政策会损害其内部研究所产生知识产权的权利,已经停止筛选受国家卫生研究院资助的化合物(Harbridge House, 1968a, pp.II - 21; GAO, 1968, p.11)。两份报告都建议卫生、教育和福利部修改其专利政策,以明确在哪些情况下权利归政府所有,在哪些情况下大学可以保留专利权并向企业授予独占许可。

为了应对这些批评报告,卫生、教育和福利部在 1968 年通过建立机构专利协议(IPAs),赋予具有"经批准的技术转移能力"的大学保留代理资助专利的权利。[7]此外,卫生、教育和福利部开始加快处理大学和其他研究机构对联邦资助研究所产生知识产权的所有权要求。1969—1974 年间,卫生、教育和福利部批准了 90% 的所有权申请;1969—1977 年间,该机构向 72 所大学和非营利院校授予了院校专利协议(Weissman, 1989)。美国国家科学基金会(NSF)在 1973 年制订了类似的 IPA 计划,美国国防部(DOD)从 20 世纪 60 年代中期开始允许有批准专利政策的大学保留联邦资助研究所产生发明的所有权。

因此,到 20 世纪 70 年代初,美国大学能够通过特定机构的院校专利协议或国防部的类似计划,以及具体申请,为联邦资助的研究成果申请专利。然而,在 20 世纪 70 年代末,美国大学开始担心卫生、教育和福利部可能会限制它们在该部门院校专利协议中的独占许可谈判能力。这些担忧以及国会和产业界对联邦资助研究发明专利权缺乏统一性的日益不满,为 1978 年法案的出台提供了直接动力,而该法案最终成为《拜杜法案》。

《拜杜立法案(草案)》

正如我们上文提到的,卫生、教育和福利部在 1968 年对其专利政策的修改增加了其与大学和其他研究机构签署的院校专利协议数量,使得更多的大学能够根据具体情况,获得美国国家卫生研究院资助的发明专利。20 世纪 70 年代,美国大学在为教师发明申请专利和授予许可方面变得更加积极,尤其是在生物医学领域(见第三章和第四章),因此卫生、教育和福利部专利政策的这些修改很受认可。

但这些专利政策在卫生、教育和福利部内部引发了大量的争论。1977年8月,卫生、教育和福利部总法律顾问办公室对大学专利和许可,特别是独占许可可能导致医疗费用增加的问题表示关注(Eskridge,1978)。随后,该部下令对自身专利政策进行审查,包括重新考虑是否应削减大学的独占许可谈判权。[8]在接下来的12个月里,卫生、教育和福利部审查了本部门专利政策,并推迟了关于30项专利权申请和3项院校专利协议申请的决定。

因此,尽管《拜杜法案》常被认为是美国大学专利申请和许可增长的催化剂,但事实上,积极开展专利申请和许可的美国大学及其他国家大学都为该法案的出台和通过进行了游说。Broad(1979a,p.476)指出,卫生、教育和福利部要求审查自身专利政策后,"各所大学都感到不满,并向国会提出了申诉。"Heaton et al.(2000)提到,普渡大学的一位专利律师和曾在亚利桑那大学工作过的一位国会议员都寻求对公共资助研究采取更加自由的专利申请政策,并分别要求参议员伯奇·拜尔和罗伯特·杜勒提出有关法案。他们和其他大学许可官员还协助起草了部分法案内容,该法案后来成为《拜杜法案》。[9]

1978年9月,参议员杜勒举行了一场新闻发布会,批评卫生、教育和福利部"妨碍"大学专利申请。他说道,"我们很少看到过比这更糟糕的官僚机构过度管理案例了",同时宣布计划提出一项法案,对此进行补救(Eskridge,1978,p.605)。1978年9月13日,参议员拜尔和杜勒共同提出了S. 414法案,即《大学和小企业专利法案》。该法案提出了统一的联邦专利政策,赋予了大学和小企业获得政府资助研究所产生任何专利的权利。[10]同时,该法案摒弃了大多数院校专利协议所包含的条款,包括要求有关大学具有"经批准的技术转移"能力等。与大学和卫生、教育和福利部之间的院校专利协议不同,该法案不限制大学和其他研究机构对独占许可协议进行谈判。[11]

我们在前文提到过,许多国会议员长期以来一直反对联邦政府将专利所有权授予研究人员或承包商(Broad,1979b)。但是,《拜杜立法案(草案)》

89

(Bayh-Dole Bill)却几乎没有受到任何反对。该法案只重点保护大学和小企业的专利权,使得这种专利所有权政策会有利于大企业的论点难以成立。[12]该法案在美国经济竞争力辩论期间的引入也对其通过起到了关键作用。《科学》杂志上一篇讨论有关《拜杜立法案(草案)》争论的文章指出:

> 该法案的批评人士过去曾大肆抨击这是在"赠送公共资金",现在却变得异常安静。原因似乎很清晰。产业创新已经成了官僚阶层的一个热门话题……专利转让的支持者紧紧抓住了这个问题。他们说,现在是时候减少削弱创新动力的那些繁文缛节了。(Broad,1979b,p.479)

包括哈佛大学、斯坦福大学、加州大学和麻省理工学院在内的多所大学,都为该法案的通过进行了游说,在整个辩论过程中,他们积极"提供意见并帮助确定了"参众两院版本法案的最终措辞(Barrett,1980)。毫不意外的是,除了活跃院校专利权人(包括斯坦福大学、普渡大学和威斯康星大学)的证人外,来自各大学协会(包括美国教育委员会、大学专利管理人协会和美国高校经营管理协会)和研究公司的代表也作证支持该项法案。代表各小企业和小企业组织(如美国小企业协会、小企业立法委员会和美国发明家协会)的证人也积极发言,对这些机构的证词进行补充。

在此类听证会上,大量证词和观点都指向美国落后的生产力增长和创新能力,且认为是政府的专利政策造成了这些问题。[13]在参议院司法委员会就该法案举行的听证会上,参议员拜尔和杜勒分别指出了 1979 年联邦专利政策的两个问题:① 该政策实际上包含了不同机构所特有的二十多项专利政策; ② 大多数联邦机构要求严苛,承包商很难保留专利的所有权。

支持《拜杜立法案(草案)》的证人引用 1968 年哈桥屋咨询公司报告的另一部分(Harbridge House,1968b)的观点,即当承包商而非机构拥有政府资助专利的所有权时,这些专利的使用率更高。[14]另一个经常被引用的统计数据来自联邦科学技术委员会 1978 年发布的《政府专利政策报告》(FCST,1978)。

该报告得出结论称,截至 1976 年,在联邦政府拥有的 28 000 项专利中,只有不到 5% 的专利被许可出去。[15] 立法者和证人利用这一结果来证明,将专利权授予承包商可为专利开发和商业化创造动力,这是现行制度所缺乏的。

90

然而,正如 Eisenberg(1996)所指出的,哈桥屋咨询公司和联邦科学技术委员会报告中的数据不支持这一结论。哈桥屋咨询公司和联邦科学技术委员会研究报告中分析的专利主要来自国防部资助的研究(哈桥屋咨询公司样本中的 83%,联邦科学技术委员会样本中的 63%),而国防部乐于向研究人员授予专利权。由于这些国防部承包商可以且经常寻求其认为可能带来盈利创新的专利权,因此他们未主张所有权的专利商业潜力很可能有限。因此,这些专利没有被商业化也就不足为奇了。

这些报告中的数据的另一个特征是主要基于由私营企业开展的政府资助研发所产生的专利。因此,难以说明大学对联邦政府资助发明申请专利对这些发明商业化的重要性。例如,由联邦政府资助的大学发明的特点可能与承包商所申请专利的联邦资助发明有所不同,这反映了这样一个事实:联邦政府资助的学术研究通常包含更多的基础研究,而与工业界签订的研究合同相比,开发活动较少。

除了引用这一统计证据,该法案的支持者认为,大学发明的特点使得专利和独占许可对这些发明商业化非常重要。根据这些证人的说法,大多数大学发明在首次公开时都处于萌芽阶段,需要大量的额外开发才能实现其商业用途。从这个角度来看,如果对相关知识财产的权利不明确,企业就不会投资这些昂贵的开发活动,而在许多情况下,要明确权利就需要授予独占许可。[16] 其他证人认为,将所有权交给大学可以激励发明人和院校积极参与雏形发明的开发和商业化,这与 Jensen and Thursby(2001)后来以更正式的方式提出的观点一致。[17]

1980 年冬,《拜杜法案》在众议院和参议院只经过了极短暂的现场辩论就以压倒性的优势获得通过,吉米·卡特总统随后于 1980 年 12 月签署了该法案。[18] 该法案的条款至少从两个方面促进了大学专利申请和许可。首先,该法案以统一的政策取代了院校专利协议和逐个申请做法。其次,该法案表明国会支持大学和产业企业就联邦资助研究成果进行独占性许可谈判。

在有关《拜杜法案》的听证会和辩论中,人们对大学知识产权,特别是联邦资助研究的知识产权专利申请的广泛政治支持,与第三章中讨论的 20 世纪 30 年代大学管理人和其他人员在有关大学专利申请和许可的辩论中所广泛表达的担忧形成了鲜明对比。例如,在听证会上,没有一个证人提及大学专利申请和许可对学术"披露"和其他科学规范带来的潜在风险,也没有考虑专利申请和许可对其他产学技术转移渠道的潜在不利影响。[19]有关《拜杜法案》的听证会和辩论也没有讨论大学直接参与专利申请和许可管理的政治风险,这在 20 世纪 30 年代和 40 年代的辩论中获得了更多关注。

实际上,《拜杜法案》获得通过的核心原因是将 20 世纪 20 年代和 30 年代广泛用于证明州立大学参与专利申请和许可合理性的"纳税人利益"论点提升到了国家层面。这些论点在 20 世纪 70 年代末的经济环境中尤为突出,当时美国的全球竞争力的缺乏已经成了国内辩论中的一个重要政治话题。《拜杜法案》的支持者认为,在科学和技术知识可以跨越国界的全球经济中,非美国企业相比前几十年更容易利用这些技术知识。只有当这些研究成果实现商业化时,美国纳税人才能从联邦政府对学术研发的支持中受益,而人们普遍认为,这些成果获得专利更可能实现这种商业化。

这一论点与二战前人们支持公立大学广泛参与专利申请和许可的理由一致,即专利对于国家纳税人从大学研究活动中获益至关重要。但在 20 世纪 30 年代,许可存在争议的大多数发明都是由产业或州政府,而非联邦政府资助的。《拜杜法案》支持者从国家层面提出的这些理由,反映了战后联邦机构作为学术研究支持来源的主导地位上升,并暗示了在《拜杜法案》之后,私立大学和公立大学都面临为教师发明申请专利和许可的类似"公共服务"义务。

《拜杜法案》的内容

《拜杜法案》于 1981 年 7 月 1 日生效,为大学和小企业制定了统一的联邦

专利政策,赋予了它们获得在任何联邦机构资助或合同下产生的任何专利的 92
权利。联邦政府保留了任何此类专利的非独占性免使用费许可,并保留了介
入权,即可在承包商的许可政策未能促进专利利用或出于公共卫生或安全目
的的必要情况下,强制许可或使用有关发明。该法案和随后颁布的实施条例
还纳入了关于向资助机构披露发明以及提交专利申请的时间表管理政策。[20]这
些条例要求大学与发明人共享许可使用费,并规定大学和其他研究人员在授
予许可时需优先考虑小企业。该法案还限制了大学可授予大企业的独占性许
可期限。

《拜杜法案》对大企业获得联邦资助研究专利所有权的权利限制随后被取
消。1983年,罗纳德·里根总统向各机构发送了一份行政备忘录,指示各机
构允许大企业以及大学和小企业保留联邦资助专利的所有权,并于1987年发
布了一项类似的行政命令。[21]1984年,《拜杜法案》修正案取消了大学向大企业
授予独占性许可的时间限制。[22]

《拜杜法案》是20世纪80年代美国政策全面转向加强知识产权的措施之
一。[23]在这些政策举措中,最重要的是1982年建立联邦巡回上诉法院(CAFC)。
联邦巡回上诉法院是整个联邦司法系统中专利案件的终审法院,很快就成了
专利持有人权利的有力保护机构。然而,在联邦巡回上诉法院成立之前,美国
最高法院就在1980年对"戴蒙德诉查克拉巴蒂"(*Diamond v. Chakrabarty*)一
案做出了重要裁决,维持了生物技术这一新兴产业中一项普通专利的有效性,
为生物技术领域生物、分子和研究技术的专利申请打开了大门。《拜杜法案》
的起源和影响必须放在美国知识产权政策发生转变的大背景下看待,且该法
案的影响很容易与其他知识产权举措的影响混为一谈。

第二节 《拜杜法案》的影响

在20世纪90年代末和21世纪初,许多评论员和政策制定者将《拜杜法
案》称为美国大学做出更多创新和经济贡献的关键催化剂。经济合作与发展

93　组织(OECD,下文简称经合组织)甚至认为《拜杜法案》是 20 世纪 90 年代末美国经济收入、就业和生产力显著增长的一个重要因素。[24] 许多甚至可以说所有这样的评价都隐含这样的观点,即大学专利申请和许可对于美国大学研究做出此类所谓更多的经济贡献而言是不可或缺的。例如,《经济学人》最近的一篇文章认为:

> 在过去半个世纪,美国颁布的最鼓舞人心的法案可能要数 1980 年的《拜杜法案》。该法案与 1984 年修正案和 1986 年增补法案一起,释放了美国各地实验室在公共资金资助下取得的所有发明和发现的潜力。最重要的是,这一政策措施帮助美国扭转了急剧下滑的工业地位。在《拜杜法案》颁布之前,政府机构资助型研究的成果严格归联邦政府所有。如果不与相关联邦机构进行烦琐的谈判,没有人可以利用这种研究成果。更糟糕的是,很多公司发现,自己几乎不可能获得政府所拥有专利的独家使用权。如果没有这项权利,很少有公司愿意再投入数百万自有资金,将一个基础研究概念转变为一个可销售的产品。

但是在《拜杜法案》之后,

> 美国各地的大学一夜之间就成了创新的温床,具备创业精神的教授(和研究生)将他们的发明带出校园,成立了自己的公司。自 1980 年以来,美国大学的专利数量增长了 10 倍。("Innovation's Golden Goose," p.T3)

美国大学协会会长[25]、美国专利商标局局长[26],以及麻省理工学院编辑出版的《技术评论》(*Technology Review*)[27] 也对《拜杜法案》的影响做出了类似的评价。

值得注意的是,这些关于《拜杜法案》积极影响的评价都没有引用任何严谨的证据来支持他们的主张。当然,对证据的忽视在该法案的政治历史上并非没有先例。前文提到过,在起草和通过该法案的立法辩论中,几乎没有任何证据表明专利和许可是大学技术商业化及进一步开发的必要条件。

关于《拜杜法案》影响的学术研究出现得较晚,这反映出需要有证据支持这种经验性研究。作为笔者对 1980 年前后美国大学专利申请和许可实证调查的一部分,我们将在后续章节中更详细地讨论这一研究。这里,我们只强调这一研究提出的核心结论和未解决的问题。

自《拜杜法案》以来,几乎没有证据表明学术研究的内容发生了实质性的变化。鉴于生物医学科学自 20 世纪 70 年代以来一直是大学专利申请和许可增长的重点领域,而该领域的基础研究和应用研究之间界限模糊,因此,这一发现也就不足为奇。但是,目前关于这一问题的研究仍然处于早期阶段,研究结果各执一词。一些结果支持专利申请和许可是大学发明转化和商业开发的必要条件这一论点。其他学术研究结果(如 Louis et al., 2001)则表明,大学专利申请和许可对特定领域学术研究的"披露规范"产生了负面影响,导致保密程度提高,研究人员之间对于早期成果的分享减少,但这一问题还需要更多的研究。最后,机构和个人发明者对科学研究投入的产权主张增加对研究企业本身的影响,刚刚开始受到严肃的学术关注。

因此,关于《拜杜法案》的新闻报道和政策性报道几乎没有提供支持报道主张的有关证据,而其他学者和我们对该《拜杜法案》影响的学术研究得出了一个更加不确定和谨慎的结论。尽管关于该法案积极和消极影响的证据有限,但并未妨碍其他一些经合组织国家政府推行类似《拜杜法案》的政策。

第三节 《拜杜法案》的国际效仿

经合组织最近的一项调查报告称,"经合组织国家普遍倾向于效仿《拜杜法案》这一专利法案,允许政府研究的执行者,包括大学和小企业,获得发明专利和许可"(OECD, 2002, p.10)。这些举措基于这样一种信念,即《拜杜法案》

对美国大学与工业界的互动,以及在科学基础产业中的技术转移至关重要。但是,正如上文所述,这些尝试基于对《拜杜法案》有限证据的错误解读,以及对鼓励美国大学与工业创新之间长期且相对紧密关系因素的误解。

国际上对《拜杜法案》的兴趣和效仿并不是这项政策倡议所独有的。这种效仿在技术政策领域尤为普遍,特别是在合作研发政策领域。20 世纪 70 年代和 80 年代,美国和欧洲的政策制定者将研究合作视为支撑日本技术快速进步的关键政策。因此,在 20 世纪 80 年代,欧盟和美国都实施了鼓励这种合作的政策和计划,但结果却好坏参半。这类研发合作最著名的案例是,1987 年由公共和私人出资方在得克萨斯州奥斯汀成立的半导体制造技术(SEMATECH)研发联盟。为了回应半导体制造技术合作取得的成功,日本管理者和政策制定者在 20 世纪 90 年代末成立了由公共和私人资助的研究联盟(ASET 和 SELETE)。美国和欧洲最初所效仿的日本,如今却在效仿美国这类据称最初基于日本有关计划的措施。

这类国际政策效仿有两个主要特征:① 支撑效仿的"学习"具有高度选择性;② 即使是基于这种选择性学习的方案设计,其实现也会受到不同制度环境的影响。这两个特征在半导体制造技术的案例中都得到了非常明显的体现,而在世界各国从 20 世纪 90 年代开始对《拜杜法案》的效仿中体现得更加明显。

大多数经合组织经济体所讨论或实施的政策举措,都是为了将公共资助研究所产生发明的知识产权所有权从政府资助机构或发明人转移到研究实体,或者在某些情况下从政府转移到学术发明人。在德国或瑞典等国的大学系统中,研究人员长期以来一直拥有其工作成果的知识产权所有权,而争论的焦点在于将这些所有权从个人转移到机构的可行性和可取性。在意大利,2001 年通过的有关法案将这种所有权从大学转移到了研究人员个人。在日本的大学里,公共资助研究所产生知识产权的所有权由委员会决定其归属,该委员会有时会将所有权授予研究人员。在英国或加拿大的大学系统中,知识产权的所有权并非通过单一的国家政策进行管理,但这两个国家都正在努力将这种所有权授予学术机构而非研究人员个人或资助机构。此外,瑞典、德国和日本政府鼓励大学成立隶属或不隶属该所大学的外部技术许可组织。

各国政府的效仿举措各不相同,与《拜杜法案》也有所不同。它们的政策建议和举措体现了上述国际效仿的典型特征,即选择性借鉴他国政策,并在与被效仿国截然不同的制度背景下予以实现。

但专利申请和许可只是美国大学在整个 20 世纪为工业创新作出贡献的众多渠道之一,且第二章中讨论的工业经理人调查结果表明,在大多数技术领域,专利申请和许可并不是最重要的渠道。由于这两种渠道在大多数领域都不太重要,因此,效仿《拜杜法案》不足以促进更高水平的产学互动和技术转移,甚至也许根本没有必要。相反,通过改革提高国家大学系统内的院校间竞争和自主权,以及为有助于新公司设立和技术商业化的外部制度因素(如风险投资、劳动力流动和技术商业化的其他重要催化剂)提供支持,似乎更为重要。

此外,正如我们上文所述,《拜杜法案》对其他知识和技术转移渠道的影响尚不清楚。随着大学管理人员和教师越来越多地参与技术许可和商业化,大学研究事业存在一些潜在风险,而在一个完全不同的制度背景下不加批判地效仿《拜杜法案》可能会加剧这些风险。

第四节　结　　论

1980 年《拜杜法案》的通过,既是美国大学专利申请和许可活动增加的结果,也是这一现象的原因。大学管理人员曾就院校直接参与专利申请和许可的可取性展开过辩论,但在促使该法案通过的辩论中,几乎没有涉及以往这些辩论的实质性内容。同时,辩论各方也未提及美国国会内部关于联邦资助研究项目知识产权政策的长期分歧。各方在该法案上分歧较小且辩论有限,似乎反映了 20 世纪 70 年代末国会和行政部门中的人士对"国际竞争力"的共同关注,以及人们对强有力的知识产权保护有助于加强美国国际竞争力的信心日益高涨。

有关《拜杜法案》的辩论以及大众媒体和其他报道对《拜杜法案》影响的许多赞赏性"分析"都有一个显著特点,即支持者和反对者的主张都缺乏确凿证据。然而,这种证据缺乏并未阻止其他工业经济体政府广泛采用或认真考虑类似的政策。

在随后几章中,我们将会分析《拜杜法案》的影响。本书认为,自1980年以来,美国大学专利申请和许可所发生的许多事情即使在没有该法案的情况下也很有可能会发生。大学专利申请和许可的激增,不仅是美国长期产学关系的结果,也是美国20世纪80年代在强化知识产权保护方面的广泛转变以及《拜杜法案》所带来的生物医学科学转型的结果。此外,该法案的支持者夸大了专利和许可的必要性,以支持此类互动和技术转移,即使他们忽视了增加大学研究成果专利化可能给美国大学和更广泛的经济带来的潜在风险。

第六章

《拜杜法案》及加州大学、斯坦福大学和哥伦比亚大学的专利申请和许可

　　尽管 1980 年《拜杜法案》被广泛认为是 20 世纪 80 年代美国学术专利申请和许可增长的核心因素,但它对美国研究型大学和美国创新体系的影响很少成为实证分析的焦点[Henderson, Jaffe, and Trajtenberg(1998a, b)的重要研究除外]。在本章中,我们分析了三家学术机构,即加州大学、斯坦福大学和哥伦比亚大学的专利申请和许可活动,它们是 20 世纪 90 年代专利许可和使用费收入最高的机构之一。[1]通过综合分析这三所大学的数据,可以了解这些新的联邦政策对两类大学的影响,即 1980 年之后才大规模参与专利申请和许可的大学(如哥伦比亚大学),以及在 1980 年之前就已经积极参与专利申请和许可活动的大学(如加州大学和斯坦福大学)。第七章补充了对个别大学在 1980 年前后获得专利特点的分析,以全面了解美国所有大学的情况。

第一节　《拜杜法案》的影响:来自加州大学、斯坦福大学和哥伦比亚大学的证据

加州大学

　　与哥伦比亚大学不同,加州大学早在《拜杜法案》之前就制订了政策,要求

99 教师披露可能具有商业价值的研究成果。1943 年,加州大学建立了专利商业化利用的支持机制,教师将其发明转让给大学的事宜需要根据具体情况决定。专利申请和许可由加州大学总法律顾问办公室负责,该办公室同时负责加州大学专利办公室的创建和逐步发展。加州大学董事会于 1952 年设立了大学专利基金,将大学自有发明的收益投入加州大学体系的普通捐赠基金池。该基金的收益也用于支付加州大学专利申请活动和教师研究的各项开支。[2] 1963 年,加州大学董事会通过了一项政策,规定所有"教职人员都应向专利委员会适当报告自己构思或开发的所有发明和许可。"[3]

1976 年,专利办公室改组为专利、商标和版权办公室(PTCO)。然而,直到 1980 年,为进一步扩大加州大学的专利申请和许可活动,专利、商标和版权办公室才配备了专利法律专家和许可专家。1985 年,加州大学撤销了专利委员会,次年,校长办公室和各分校校长通过了允许各分校共享专利许可收入的新政策。专利、商标和版权办公室的员工人数从 1977—1978 年间的 4 人增长到了 1989—1990 年间的 43 人。该办公室于 1991 年更名为技术转移办公室(OTT)。然而,在 1990 年,加州大学伯克利分校和洛杉矶分校成立了独立的专利申请和许可办公室,选择性利用加州大学体系的技术转移办公室在专利和许可法规方面的专业知识。到 2002 年,有六所分校(加州大学伯克利分校、加州大学洛杉矶分校、加州大学圣地亚哥分校、加州大学欧文分校、加州大学

100 戴维斯分校和加州大学旧金山分校)成立了独立的许可办公室。[4]

由于加州大学在《拜杜法案》通过之前就已积极参与专利申请和许可,因此将 1975—1979 年间(《拜杜法案》通过前)与 1984—1988 年间(《拜杜法案》通过后)的数据比较可以对法案的影响进行对比检验。1984—1988 年间平均每年披露的发明数量接近 237 项,远高于 1975—1979 年间的平均水平(每年披露 140 项)。同样,加州大学在早期平均每年获得 22 项专利,而在 1984—1988 年间平均每年获得 58 项专利。因此,在《拜杜法案》颁布后,年均发明披露和专利数量均有所提高(见图 6.1 和图 6.2);但年度披露数量增加的时间点表明,影响这一变化的因素不仅仅是《拜杜法案》。

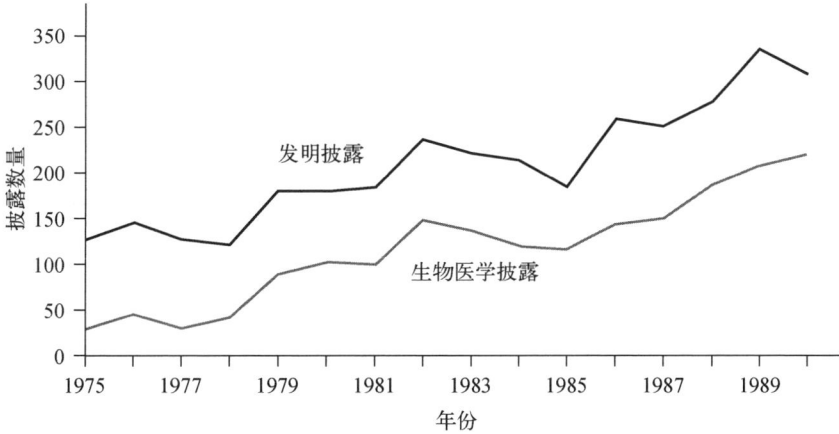

图 6.1　1975—1990 年间加州大学的发明披露

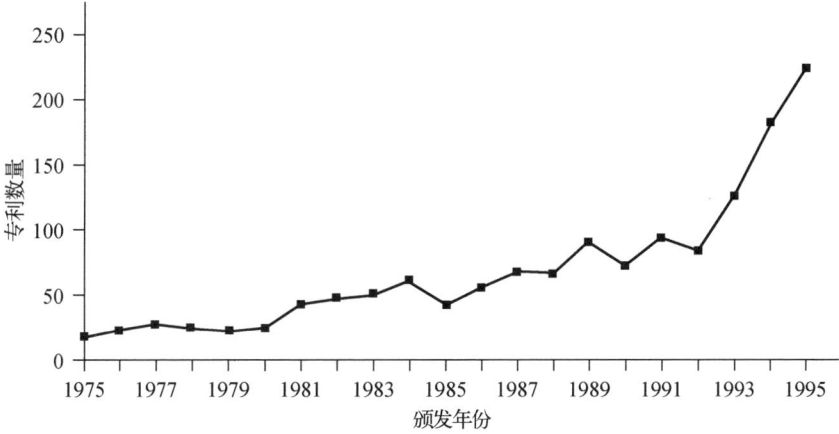

图 6.2　1975—1995 年间加州大学的专利数量

图 6.1 显示,在《拜杜法案》通过之前,年均发明披露数量已在增加。事实上,在 1974—1988 年间,披露数量同比增幅最大的年份是在该法案通过之前的 1978—1979 年。披露数量的这种增长可能反映了 20 世纪 70 年代加州大学旧金山分校在生物技术方面取得的重要进展,或者加州大学专利许可办公室与《拜杜法案》无关的其他结构和活动变化。例如,1974 年披露的科恩-博耶脱氧核糖核酸(DNA)剪接技术带来了比加州大学体系或斯坦福大学任何其他

发明都要高的许可收入,而该项技术若干专利申请中的第一项申请是在 1978
101 年提交的(并于 1980 年获得了专利),远远早于《拜杜法案》。

表 6.1　加州大学、斯坦福大学和哥伦比亚大学 1970—
1995 财年的部分许可收入数据

院　　校	财　　年					
加州大学	1970	1975	1980	1985	1990	1995
总收入/10^3 美元(按 1996 年价值计)	1 245.0	1 605.6	2 329.6	4 273.3	14 454.6	63 925.8
盈利前五的发明收入/10^3 美元(按 1996 年价值计)	982.4	1 173.4	1 182.3	2 025.1	7 892.8	42 211.4
盈利前五的发明收入在总收入中的占比/%	79	73	51	47	55	66
盈利前五的发明中生物医学发明收入占比/%	34	19	54	40	91	100
盈利前五的发明中农业发明收入占比/%	57	70	46	60	9	0
斯坦福大学	1970	1975	1980	1985	1990	1995
总收入/10^3 美元(按 1996 年价值计)	196.9	919.9	1 183.8	5 339.4	16 110.8	39 119.1
盈利前五的发明收入/10^3 美元(按 1996 年价值计)		632.4	1 023.7	3 669.1	12 230.0	33 062.7
盈利前五的发明收入在总收入中的占比/%		69	86	69	76	85
盈利前五的发明中生物医学发明收入占比/%		87	40	64	84	97
哥伦比亚大学	1970	1975	1980	1985	1990	1995
总收入/10^3 美元(按 1996 年价值计)				591.7	7 536.6	34 705.6

续　表

院　　校	财　年					
哥伦比亚大学	1970	1975	1980	1985	1990	1995
盈利前五的发明收入/10^3美元(按 1996 年价值计)				584.7	6 950.5	32 681.0
盈利前五的发明收入在总收入中的占比/%				99	92	94
盈利前五的发明中生物医学发明收入占比/%				81	87	91

　　由于 1980 年以后,生物医学发明在加州大学专利申请和许可中的占比最大,我们对《拜杜法案》前后趋势的评估就主要集中在生物医学发明、专利和许可方面。图 6.3 显示,生物医学发明在加州大学所有发明披露中的占比在 20 世纪 70 年代中期,即《拜杜法案》通过之前就已开始增长。此外,在此期间,这些生物医学发明在加州大学专利申请和许可活动中的占比也较大:1975—1979 年间,生物医学发明在加州大学的所有发明披露中占 33%,在获授专利

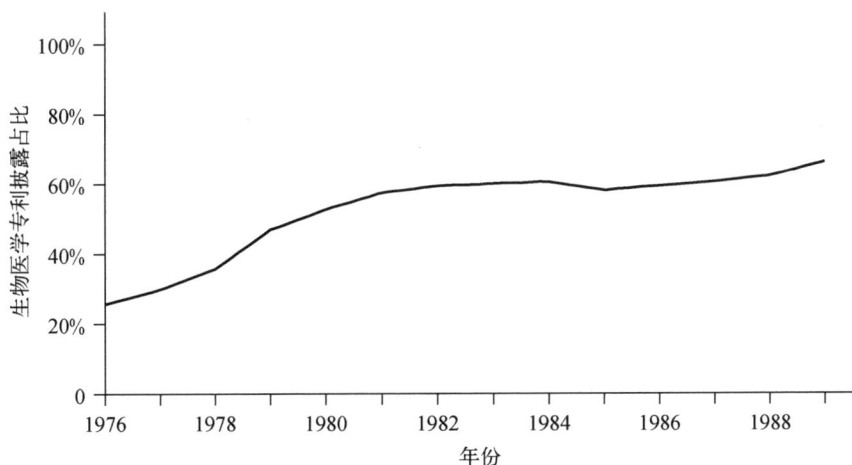

图 6.3　1975—1990 年间加州大学生物医学专利披露数量在
总披露数量中的比例(3 年移动平均算法)

的发明披露中占 60%。同时,在该时期披露的发明中,生物医学专利占到被许可专利的 70%,在被许可专利中,能产生使用费盈利许可的占 59%。在 1984—1988 年间,生物医学发明仍然保持着重要地位,占到披露发明的 60%,同期披露发明中被许可专利的 74% 及取得使用费收入许可的 73%。

在 1975—1990 年间,加州大学的专利申请和许可增长主要来自生物医学披露数量的增长,因此这一增长早于《拜杜法案》获得通过的时间。表 6.1 和图 6.7 显示了有关加州大学技术许可组合结构变化的其他证据。表 6.1 中的数据显示,在《拜杜法案》颁布前后,加州大学的许可收入都高度集中在少数几项发明上,且 1970—1995 年间按不变美元计算的总收入显著增长(超过 50 倍)。实际上,加州大学盈利前五的发明对总许可收入中的贡献在整个 1970—1995 年间有所下降,从 1970 财年的近 80% 下降到 1995 财年的 66%,并于 1985 财年降到了 47% 的低点。

同样值得注意的是,表 6.1 显示,加州大学盈利前五的发明从农业发明(包括植物品种和农业机械)逐渐变为生物医学发明。在本次比较分析的三所大学中,只有加州大学仍然保持了大规模的农业研究。在 20 世纪 70 年代,农业发明占加州大学盈利前五的发明的收入的大部分。然而,从 1980 财年开始,这一比例开始下降,到 1995 财年,加州大学体系盈利前五的发明产生的许可收入(按 1996 年美元价值计算超过 4 000 万美元)100% 来自生物医学发明,相比 1975 财年的 19% 大幅上升。此外,与上一段的论述一致,这一占比在 1980 年末《拜杜法案》通过之前就有所增长:生物医学发明的收入在盈利前五的发明的许可收入中的占比从 1975 财年的不到 20% 跃升至 1980 财年的 50% 以上。图 6.7 以三年移动平均法描述了 1975—1995 年间生物医学发明在加州大学许可协议中的占比,其同样显示,该比例在《拜杜法案》生效之前即已上升至较高水平,并在 1980—1995 年间的大部分时间里得到保持。

斯坦福大学

正如我们在第三章中提到的,在尼尔斯·赖默斯直接管理专利申请和许可

的"实验"取得成功后,斯坦福大学于 1970 年正式成立了技术许可办公室
(OTL),并在整个 70 年代积极开展专利申请和许可工作。斯坦福大学于 1970
年 4 月通过的专利政策规定,"除非合同、补助金或资助研究需要做出其他安排,
或已以书面形式特别议定其他安排,大学政策允许大学雇员,包括教职员工和学
生保留对其所做发明的所有权利"(Stanford University Office of Technology
Licensing,1983,p.1)。因此,在斯坦福大学技术许可办公室成立后的前 25 年,
教师可选择披露发明或通过斯坦福大学技术许可办公室管理自己的发明。

1994 年,斯坦福大学对教师发明政策做了以下两大修改:首先,"利用大学
资源开发"的发明,其所有权必须转让给大学;[5]其次,斯坦福大学制定了一项
政策,其中规定"在工作期间,或在资助项目或受到大学经费专门支持的非资
助项目中为大学开发的软件,其版权归大学所有"(Stanford University Office
of Technology Licensing,1994a)。[6]

因此,1994 年之前的斯坦福大学和 1984 年之前的哥伦比亚大学一样,都
没有强制要求教师向大学管理方披露发明。然而,特别是在 1970—1980 年
间,斯坦福大学在发明专利申请和许可方面的管理制度比哥伦比亚大学的要
复杂得多。在 20 世纪 70 年代和 80 年代,斯坦福大学的许可业务规模不断扩
大,这表明很大一部分教师将发明披露给了技术许可办公室。

斯坦福大学技术许可办公室的数据使我们能够了解一所主要私立研究型
大学在《拜杜法案》前后的专利申请和许可活动情况。与加州大学的情况类
似,这些数据表明,斯坦福大学专利申请和许可活动的增长反映了不止于《拜
杜法案》的多种影响因素。图 6.4 显示了 1975—1990 年间斯坦福大学发明披
露数量的趋势。在《拜杜法案》颁布之前的 1975—1979 年间,斯坦福技术许可
办公室平均每年获得的专利披露数量为 74 件,1984—1988 年间为 149 件。图
6.5 显示了 1975—1995 年间斯坦福大学获得的专利数量,根据该图,年均专利
数量从 1975—1979 年间的 13 项增加到了 1984—1988 年间的 42 项。尽管斯
坦福大学的数据比加州大学的数据更加显著地体现了《拜杜法案》对每年披露
数量的影响(如 1979—1980 年间披露数量的激增),但 1977—1978 年间披露

数量的增加表明,在《拜杜法案》通过前,每年的发明披露数量就已经在增长。

　　图6.4和图6.6中的数据也表明,在《拜杜法案》通过前,生物医学发明在斯坦福大学发明组合中的重要性已经开始提高。图6.4显示,生物医学发明的年度披露数量在1978—1980年间开始急剧增加,其在所有披露发明中的占比(见图6.4和图6.6)于1977—1980年间稳步增长,在1980年之后趋于平稳,而在1983年之后逐渐下降。在《拜杜法案》通过前,斯坦福大学的生物医学发明增长幅度比加州大学小,但趋势相似。

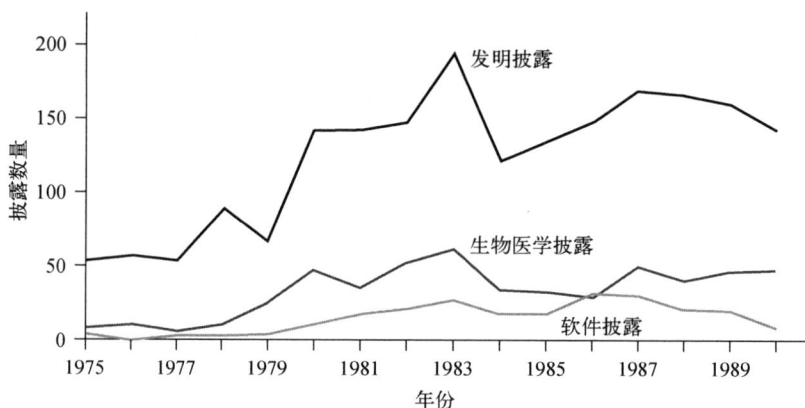

图6.4　斯坦福大学在1975—1990年间的发明披露数量

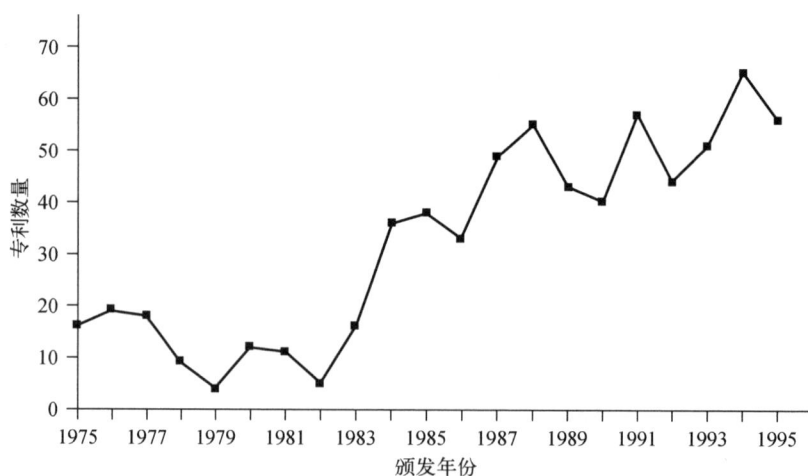

图6.5　1975—1995年间斯坦福大学每年获得的专利数量

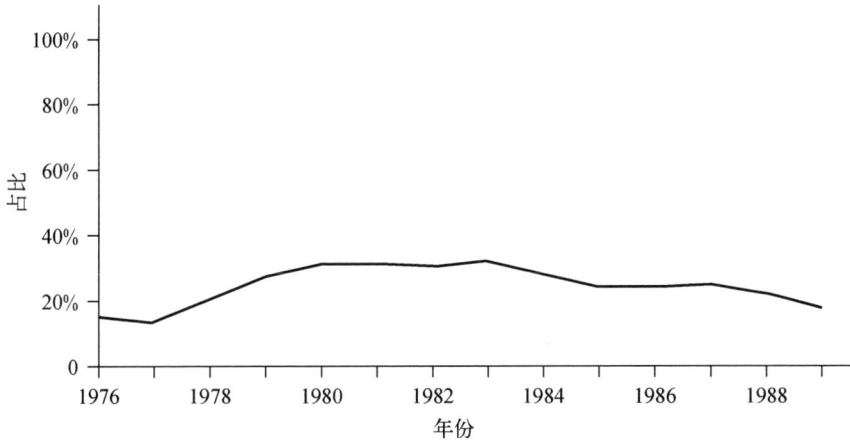

**图 6.6　斯坦福大学在 1976—1989 年间的生物医学披露数量
占总披露数量的比例（3 年移动平均算法）**

　　图 6.7 中斯坦福大学的数据突出了许可协议的趋势，与加州大学体系在同一时期的趋势相似；在 1975—1990 年间，生物医学发明在斯坦福大学（非软件）许可中的占比有所增长，但增长趋势没有那么明显，而且波动幅度比加州大学的更大。[7] 表 6.1 表明，截至 1980 财年，斯坦福大学前五大盈利发明收入的 40% 多一点来自生物医学发明，说明这些发明在《拜杜法案》通过前即已非常重要。到 1995 财年，这一比例增长到了 96% 以上。斯坦福大学的专利许可收入在 1970—1995 年间增长了近 200 倍（按不变美元计算），在 1980—1995 年间，斯坦福大学前五大盈利发明在总收入中的占比超过了加州大学的前五大盈利发明。

　　因此，在《拜杜法案》出台前，斯坦福大学和加州大学体系的发明和许可组合结构都开始向生物医学发明倾斜。在这些院校的专利申请和许可增长及构成变化中，《拜杜法案》是一个重要但非决定性的因素。

　　与加州大学的数据相比，斯坦福大学的发明披露包括许多软件发明，占年度披露数量的 10%～15%。正如哥伦比亚大学 20 世纪 80 年代的情况一样，大多数发明并未申请专利，因此无法通过每年的专利数量进行跟踪。在 20 世纪 70 年代和 80 年代，软件披露在斯坦福大学许可活动中的重要性不断增加。

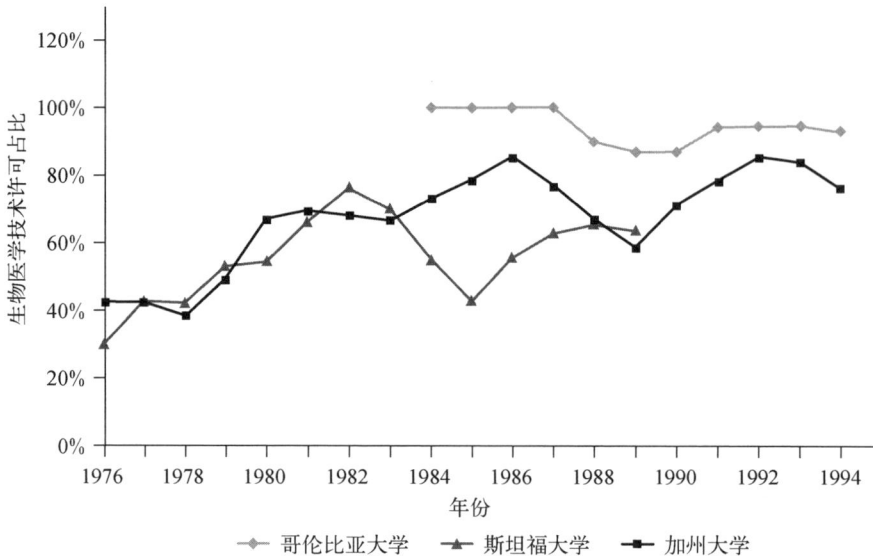

图 6.7　1975—1995 年间生物医学技术在哥伦比亚大学、斯坦福大学和加州大学许可协议中的占比(3 年移动平均算法;不包括科恩-博耶和软件许可;哥伦比亚大学仅显示 1975—1995 年间数据,1981 年 100%的许可都是生物医学技术许可,1982 年该校未签署任何许可;斯坦福大学仅显示 1975—1990 年间数据)

在 1974—1979 年间披露且在披露后 8 年内被许可出去的 41 项发明中,只有两项是软件发明,占比不到 5%,但在 1984—1988 年间,这一比例增长到了 20%以上。在 20 世纪 80 年代,许多软件发明(如 **WYLBUR** 操作系统)通过斯坦福大学软件分配中心以非独占方式授权给了学术机构。在这些许可中,大多数都由被许可机构一次性支付一笔小额许可费用。[8] 在一定程度上,由于这种"定点许可"的数量庞大,我们的数据对斯坦福大学软件许可协议的覆盖并不完整,同时我们对软件发明在斯坦福大学所有许可协议中占比的测算也不太准确。然而,与哥伦比亚大学一样,在 20 世纪 80 年代,尽管《拜杜法案》已经出台,斯坦福大学的许可发明仍有很大一部分(至少占年度许可协议的10%～20%,在总收入中的占比较小)涉及非专利发明。

哥伦比亚大学

哥伦比亚大学 1944 年的《研究政策和专利程序声明》中包含了该大学在《拜

杜法案》前所实施专利政策的精髓(Trustees of Columbia University, 1944)。[9]
该政策禁止对医学院的研究成果申请专利(不考虑此类研究的资金来源),但
对其他院系教师为自身研究发明申请专利不设限制。在多数情况下,非医学
院的教师会请研究公司帮助他们为发明申请专利并管理这些发明。1944年的
这项政策基本保持不变,直到1975年取消了对医疗发明申请专利的禁令。院
校对教师发明的权利主张在20世纪60年代末引发了哥伦比亚大学行政部门
和教师内部的广泛讨论,到20世纪70年代,这种讨论愈发激烈,但始终没能
促成正式的政策修改,直到《拜杜法案》获得通过(更完整的讨论,请参见 Crow
et al., 1998)。

在二战后的30年里,哥伦比亚大学对教师研究成果的专利申请采取了放
任政策,这意味着该大学没有专门管理专利事务的行政机构。然而,从20世
纪70年代末开始,哥伦比亚大学加大了在发明人和研究公司专利交易中的参
与力度,为可申请专利的发明建立了档案库,并向政府机构申请获得对联邦资
助研究所得教师发明的所有权。事实上,哥伦比亚大学对阿克塞尔共转化
(Axel co-transformation)发明提交了专利申请,在1981年后以及《拜杜法案》
通过或技术转移办公室成立前,该项发明在哥伦比亚大学许可收入中的占比
最大(有关阿克塞尔共转化发明和专利的更多讨论,请参阅第八章)。然而,哥
伦比亚大学在1975—1981年间获得的专利数量不足10个。

哥伦比亚大学在《拜杜法案》生效后于1981年7月1日修改了教师专利
政策,并建立了管理专利申请和许可的行政机构。该专利政策规定,大学可以
对大学实验室或研究设施产生的教师发明主张权利,并要求教师向大学披露
这些发明,同时规定大学与发明人及其所在院系共享专利收益。1984年,哥
伦比亚大学在《教师手册》中公布了这项政策。1989年,哥伦比亚大学将对教
师发明保留权利的政策扩大到了软件领域。教师需要向1982年成立的哥伦
比亚大学技术转移办公室,即科技发展办公室(OSTD)披露有关发明。该办公
室于1994年更名为"哥伦比亚创新企业",并于2001年再次更名为"科技创投
公司"。

图 6.8 显示了 20 世纪 80 年代哥伦比亚大学发明报告的快速"逐步增长"。由于大多数学术研究项目的变化都是逐渐完成的,因此,发明报告初期的激增可能反映了大学管理人员加强了(根据对教师的更深入调查)对来自当前研究项目的潜在高价值发明的识别。在 1981—1995 年间公开的 877 份发明报告中,近 75% 是生物医学技术(即生物技术、医疗设备、药品和生物化学化合物)发明,而生物技术发明占到了这些生物医学技术发明报告的 60%。[10] 尽管哥伦比亚大学关于发明和专利申请的数据并未追溯至 1980 年之前,但该校专利政策变化的时间,以及大学管理人员在 1980 年就一项重大生物技术发明提交的专利申请表明,哥伦比亚大学在 1980 年后生物医学技术专利申请和许可活动的增长不仅仅是《拜杜法案》出台的结果。

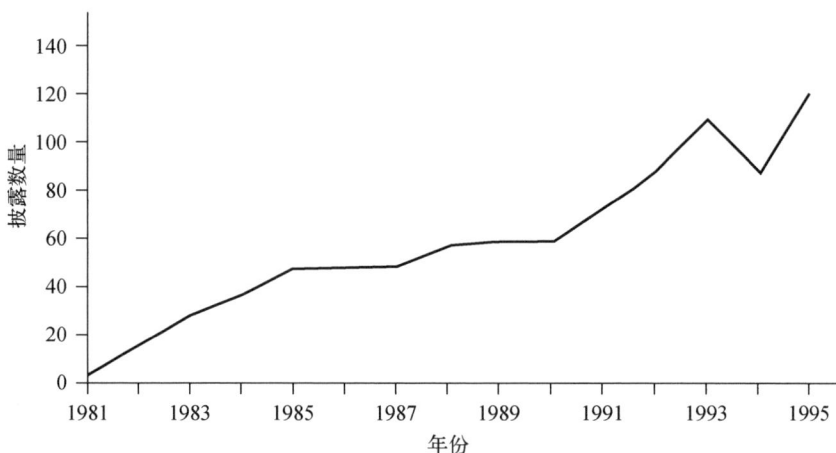

图 6.8　1981—1995 年哥伦比亚大学的发明披露数量

除了医学院,哥伦比亚大学的发明活动集中在少数几个院系和研究所,与医学院一样,它们也非常依赖联邦研发资金。在 1981—1995 年间,超过 60% 的非生物医学发明披露报告和超过 65% 的非生物医学发明披露报告涉及的相关专利来源于两个院系(电气工程系和计算机科学系)和两个研究中心(电信研究中心和拉蒙特-多尔蒂地球观测站)。软件发明在哥伦比亚大学的教师发明披露中占比较大,到 20 世纪 90 年代增加到 10% 以上,其在哥伦比亚大学的许可协议中也占有很大的比例。图 6.9 中的数据表明,发明报告的增加带来了专利申请的增加,但略有滞后。

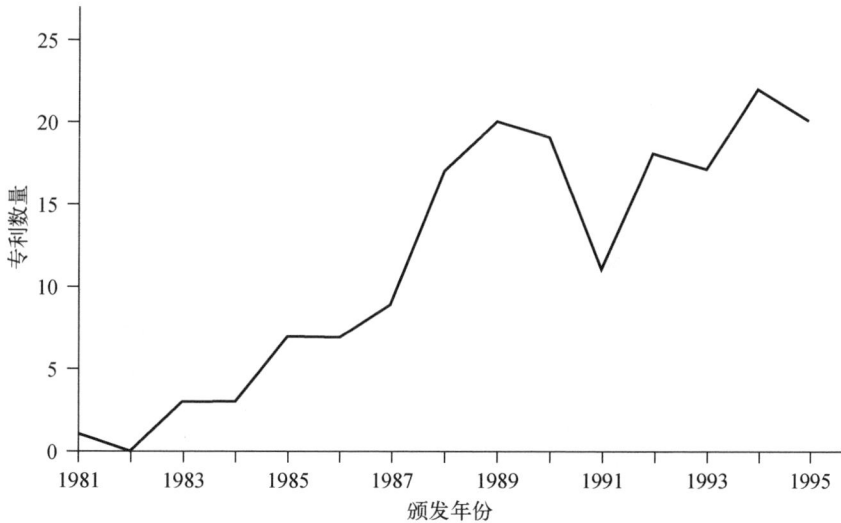

图 6.9 1981—1995 年间哥伦比亚大学的专利数量

从表 6.1 中的对比数据可以看出,哥伦比亚大学的技术许可活动与按固定美元计的许可总收入激增有关,在 1985—1995 年的十年间增长了近 60 倍。这些收入高度集中于少数几项发明,其中,盈利前五的发明贡献了这一时期总收入的 90% 以上。在 1985—1995 年间,生物医学发明贡献了盈利前五的发明总收入的 80% 以上(见表 6.1)。[11]此外,1983—1995 年间,哥伦比亚大学的非软件许可大部分为生物医学技术(见图 6.7)。

在评估《拜杜法案》对哥伦比亚大学的影响时,我们缺乏一种令人信服的"反事实证据",即考虑到 1980 年后大学财政和研究方面的其他趋势,如果没有《拜杜法案》会怎么样?我们相信,即使没有《拜杜法案》,哥伦比亚大学面对工业界对其研究成果的兴趣(特别是在生物医学领域的兴趣),以及可能获得大量许可收入的预期前提下,也会建立专利申请和许可的行政管理机制。事实上,我们前文提到过,哥伦比亚大学在《拜杜法案》通过之前似乎已经在朝

110

着这个方向发展了。尽管如此,《拜杜法案》所展现的联邦政策变化,很可能会促进哥伦比亚大学有关政策、程序和规则发生与没有该项法案相比更加巨大的变化。

哥伦比亚大学1980年后许可活动中软件发明的重要作用,是评估《拜杜法案》影响的另一项相关证据。实际上,哥伦比亚大学在20世纪80年代许可的所有软件发明都受到版权保护,这种形式的知识产权从未受到《拜杜法案》的影响,这项联邦法律关注的重点是专利。软件许可是一种新的技术营销形式,是大学建立技术营销业务和(像生物医学研究一样)学术研究规划的外部变化,而不是《拜杜法案》具体政策变化有所体现的结果。此外,尽管支持《拜杜法案》的论据强调了独占许可在技术转移和商业化有效性中的重要性,但哥伦比亚大学的许多已许可技术,包括其最大的单一许可收入来源,都是在非独占许可基础上的广泛授权许可。

三所大学在20世纪80年代末的发明披露和许可对比

除了比较这三所大学其中两所在《拜杜法案》前后的数据,我们还比较了这三所大学在1986—1992年间的发明披露、专利申请和许可活动数据,用来说明院校之间在《拜杜法案》通过后的相似点和不同点。[12] 数据表明,这三所大学在发明披露特征方面存在巨大的相似性,但斯坦福大学披露的发明中,被许可发明的比例较大,获得许可收入盈利的发明比例也高于哥伦比亚大学和加州大学。[13] 如果将关注重点集中在生物医学发明上,这三所大学之间的比较结果几乎没有变化(见表6.2)。

我们样本中的两所大学(斯坦福大学和哥伦比亚大学)一直是这些技术的积极许可人,比较这两所大学的软件发明可以发现,软件许可很少涉及《拜杜法案》后一段时间的专利发明:在斯坦福大学于1986—1990年间披露的软件发明以及哥伦比亚大学在同期披露的软件发明中,分别有100%和83%的发明在披露后6年内向他人许可但未获颁专利。

表 6.2　1986—1990 年间斯坦福大学、哥伦比亚大学和
加州大学发明披露和许可的对比

技　　术	院　校		
	斯坦福 大学	哥伦比 亚大学	加州 大学
1986—1990 年 (6 年"跟踪期")所有技术			
获颁专利的披露发明的占比	23.2%	18.6%	20.4%
被许可的披露发明的占比	33.2%	16.4%	12.3%
许可收入大于零的披露发明的占比	22.4%	12.3%	7.4%
许可收入大于零的被许可披露发明在被许可披露发明中的占比	67.4%	75.0%	60.6%
独占许可的披露发明的占比	58.8%	59.1%	90.3%
1986—1990 年 (6 年"跟踪期")生物医学技术			
获颁专利的披露发明的占比	17.5%	15.3%	15.7%
被许可的披露发明的占比	38.7%	17.3%	14.8%
许可收入大于零的披露发明的占比	33.5%	13.9%	10.0%
许可收入大于零的被许可披露发明在被许可披露发明中的占比	86.6%	80.0%	67.2%
独占许可的披露发明的占比	54.9%	62.9%	90.3%
1986—1990 年 (6 年"跟踪期")软件技术			
获颁专利的披露发明的占比	0	17.6%	NA
被许可的披露发明的占比	53.6%	35.3%	NA
许可收入大于零的披露发明的占比	45.5%	23.5%	NA
许可收入大于零的被许可披露发明在被许可披露发明中的占比	84.7%	66.7%	NA
独占许可的披露发明的占比	46.3%	16.7%	NA

　　我们在对《拜杜法案》后这三所大学的许可情况进行对比评估时,需要考虑的另一个问题是通过"独家"合同授予许可的发明所占的比例。在这里,我们将"独家"合同定义为全球独家合同或包含特定使用领域或市场限制的合同。根据这一定义,在所有授予许可的发明中,有非常大的比例是"独家"许可

（加州大学为同期"所有技术"许可的 90%，斯坦福大学不低于 58.8%），这一比例与生物医学发明类似。软件发明较少授予独占许可，这或许是因为这种技术的正式保护力度较弱（在此期间的大部分时间里都缺乏专利保护）：在 1986—1990 年间，斯坦福大学和哥伦比亚大学分别有 46% 和 17% 的软件发明披露授予了独占许可。

然而，在所有这些大学中，收入占比最大的许可是非独占许可。斯坦福大学和加州大学的科恩-博耶专利是广泛、非独占许可。[14]加州大学的阿克塞尔共转化专利也是非独占许可。尽管在《拜杜法案》辩论期间和之后，许多支持大学发明专利保护的人士认为，这些技术的未来商业开发者需要拥有这些知识产权的独家所有权，以便就他们在这一活动中的重大投资获得明确的前景，但这些事例表明，对于具有广阔前景和潜在广泛用途的发明，非独占许可既能迎合大学对许可收入的兴趣，又能满足商业用户获得基本知识产权的需要（关于独占许可在具体技术转移案例中作用的进一步讨论，请参阅第八章）。

1975—1979 年和 1984—1988 年间加州大学和斯坦福大学专利申请和许可的收益率

在本节中，我们使用加州大学和斯坦福大学的披露数量、专利申请和许可数据，讨论这两所大学在《拜杜法案》前后的技术营销努力。表 6.3 中的数据提供了 1975—1979 年和 1984—1988 年间的衡量标准：① 这些院校的技术营销努力强度，体现其对教师发明披露申请专利和授予许可的倾向；② 这些营销努力的收益，该项衡量标准基于专利获颁比例、获颁专利被许可比例，以及被许可专利产生收入盈利的比例等指标。[15]

表 6.3 的第 1 行显示了发明披露中获颁专利比例的"法案前后"数据，在加州大学，这两个时期的数据几乎没有变化，而在斯坦福大学这一比例从近 15% 增加到略高于 25%（不包括从 15.5% 增长到 29.8% 的软件发明）。表 6.3 的第 2 行显示，加州大学体系在《拜杜法案》之后的专利申请率也有所增加，披露发明中申请专利的比例从 24% 增长到略高于 31%。但专利申请的这种增长趋

势与这些努力的"收益率"下降有关,获颁专利的申请从 1975—1979 年间的
62%以上下降到了 1984—1988 年间的 44%以下(见表 6.3 第 5 行)。有关营
销强度和专利收益率的数据表明,在《拜杜法案》颁布后,加州大学管理人员加
大了保护和促进教师发明的力度。然而,从获颁专利的申请占比来看,这一努
力似乎产生了更低的"收益率"。1980 年之后,斯坦福大学披露发明获颁专利
的比例上升,这一现象更难以解释,因为我们缺乏像加州大学那样的专利申请
数据。但这一增长与更积极地为教师发明申请专利的努力大体一致。

**表 6.3　1975—1979 年和 1984—1988 年间加州大学和斯坦福大学的
发明披露、专利和许可数量(8 年"跟踪期")**

指　　　标	加州大学		斯坦福大学(包括软件)		斯坦福大学(不包括软件)	
	1975—1979	1984—1988	1975—1979	1984—1988	1975—1979	1984—1988
营销强度指标						
1.(获颁专利的披露数量)/(发明披露数量)	20.2%	21.9%	14.9%	25.1%	15.5%	29.8%
2.(申请专利的披露数量)/(发明披露数量)	24.0%	31.2%	NA	NA	NA	NA
3.(被许可的披露数量)/(发明披露数量)	5.6%	12.6%	13.0%	36.6%	12.8%	34.3%
4.(许可收入大于零的被许可披露数量)/(发明披露数量)	4.6%	5.0%	9.8%	22.0%	9.5%	17.9%
营销收益指标						
5.(获颁专利数量)/(专利申请数量)	62.1%	43.6%	NA	NA	NA	NA
6.(被许可的专利数量)/(获颁专利数量)	25.1%	35.5%	62.7%	63.7%	62.7%	63.7%
7.(收入大于零的许可数量)/(许可数量)	84.1%	47.1%	91.4%	90.7%	90.0%	76.2%

表 6.3 的第 3 行、第 4 行、第 6 行和第 7 行提供了额外证据,证明在《拜杜法案》颁布后,加州大学和斯坦福大学的技术营销努力"强度"和"收益率"发生了变化。加州大学披露发明被许可的比例(第 3 行)从 1975—1979 年的 5.6% 增加到 1984—1988 年的 12.6%,该大学被许可披露发明产生使用费盈利的比例(第 4 行)从 1975—1979 年的 4.6% 增加到 1984—1988 年的 5%。相比之下,从 1975—1979 年到 1984—1988 年,斯坦福大学披露发明被许可的比例几乎增加了两倍。斯坦福大学披露发明产生许可收入盈利的比例在包括软件发明披露的情况下增加了一倍多(从 9.8% 增加到 22%),在不包括软件发明披露的情况下增加了近一倍(从 9.5% 增加到近 18%)。[16] 1980 年之后,加州大学和斯坦福大学披露发明被许可的比例(院校技术营销努力强度的衡量标准)大幅提高,其增幅大于披露发明产生许可收入盈利的比例(营销努力的收益指标)。我们认为,这些数据表明,在《拜杜法案》出台后,两所大学许可经营的许可收入收益率均有所下降。

这些院校技术营销努力收益率的另外两个衡量指标,即获颁专利被许可比例(见表 6.3 第 6 行)和被许可专利产生收入盈利的比例(见表 6.3 第 7 行)也表明,《拜杜法案》出台后,收益率有所下降。加州大学获颁专利的被许可比例从略高于 25% 增长到 35% 以上,但这些许可中,产生正收益的比例下降了近一半,从大约 84% 下降到了 47%。斯坦福大学的"前后"数据对比也显示出类似趋势。斯坦福大学获颁专利中的被许可专利比例(这一指标相当于加州大学最右边几列数据,不包含软件发明)基本没有变化,从近 63% 增加到近 64%。如果不包括软件发明,斯坦福大学产生收入盈利的专利许可[17]比例从 1975—1979 年的 90% 下降到 1984—1988 年的 76% 左右(在此基础上与加州大学的许可工作进行比较更有意义)。[18]

总的来说,这些数据表明,在《拜杜法案》通过后,技术营销活动有所加强。在《拜杜法案》通过后,在三所大学披露发明获得的专利中,被许可的专利比例更大。从获得使用费盈利的许可比例来看,1980 年后,加州大学和斯坦福大学加强专利许可的努力似乎导致了这些许可的"收益率"下降。但是,显示加州大学和斯坦福大学技术许可办公室营销工作平均生产率下降的这些指标并不一定意味着存在效率低下或经济不合理行为,毕竟,在评估这些院校的许可活动收益时,最重要的是许可活动的边际收益,而不是平均收益。此外,我们对这些大学许可活动"收益率"的衡量标准并没有考虑《拜杜法案》前后平均或边际许可相关收入流的规模。[19]然而,这些影响似乎相对较小,这表明《拜杜法案》对这些成熟学术专利权人和许可人的"技术转移"活动的影响不大。

第二节　1975—1992 年间斯坦福大学、哥伦比亚大学和加州大学专利的"重要性"与"通用性"

加州大学和斯坦福大学的技术营销活动强度和收益率数据表明,在《拜杜法案》通过后的第一个十年,这些大学的技术转移工作有了适当程度的加强,但收益率却有所下降。专利申请和许可活动的这些变化是否反映了斯坦福大学和加州大学为应对《拜杜法案》而改变了自身的研究特点呢?《拜杜法案》对学术研究的潜在影响,尤其是对大学内基础研究和应用研究活动组合结构的影响,越来越成为实证研究关注的焦点。

Thursby and Thursby(2002)使用非参数线性规划技术对这一问题进行了一项分析,将 1994—1999 年间大学商业活动增长的促成因素分解为学术研究性质的变化和其他因素变化,包括大学提交专利申请的倾向和公司许可大学发明的倾向。本文作者无法否认教师研究内容在 1994—1999 年间发生了变化这一假设,但他们的分析表明,大学专利申请和许可的增长主要归因于其他变化,尤其是大学提交专利申请的倾向加强,而不是学术研究向应用课题的转变。

关于大学专利申请和许可的另一项实证研究比较了申请和不申请专利的研究人员个体的特征。如果学术专利真的"排挤"了基础研究,申请专利更为积极的教师在主要基础研究期刊上发表的论文数量应该会更少(或者不那么重要)。但有关这一问题的有限实证研究表明,申请专利和不申请专利的教师在这一点上几乎没有差异。Zucker, Darby, and Armstrong(1994)对生物技术领域55位"明星"学术科学家的分析发现,持有专利的教师,其论文的被引用次数明显高于(因此被认为在科学上更重要)没有专利的教师。Agrawal and Henderson(2002)在对麻省理工学院两个工程系教师进行的专利和论文分析也显示出非生物医学研究教师的类似结果。他们发现,在他们的样本中,没有证据表明专利申请水平与教师论文之间存在负相关关系。事实上,如果用在后续论文中被引用的次数衡量,教师个人获得的专利数量与其论文的质量呈正相关关系。基于1995年美国国家科学基金会对博士学位获得者的调查数据,Stephan et al.(2002)进行的初步研究也发现,专利数量与教师个人论文之间存在正相关关系。

还有一些学者研究了学术专利的各种特征,以确定在《拜杜法案》后学术研究活动内容的变化。Henderson, Jaffe and Trajtenberg(1995, 1998a)对1980年后学术专利的分析发现,《拜杜法案》通过后加强的教师发明营销工作与向美国大学授予的专利有关,根据这些专利的引用情况,这些专利的"重要性"和"通用性"都较低。此外,他们还发现,按照这些专利的"重要性"和"通用性"(定义见下文)进行衡量,经验丰富的学术许可人在1980年后的专利质量也有所下降。正如Henderson, Jaffe, and Trajtenberg(1995, p.1)所说,美国大学1980年后专利特征的这些变化"可能反映了大学研究界内部动机的变化,或者大学研究的重点从基础研究转向更多的应用研究"(另见 Foray and Kazancigil, 1999)。

在本章中,我们对这一问题的分析遵循了 Henderson, Jaffe, and Trajtenberg(1995, 1998a)以及 Trajtenberg, Henderson, and Jaffe(1997)的方法,研究了《拜杜法案》前后加州大学和斯坦福大学专利的重要性和通用性,并与1980年后加州大学、斯坦福大学和哥伦比亚大学专利特征进行了比较。尽管我们研究了这些大学专利的一系列类似特征,但我们采用的专利"对照群体"略有不同(见下文)。我们对加州大学和斯坦福大学专利的"前后"分析使用发明首次披露的年份作为关键数据,将教师披露和所有相关专利划分为"《拜杜法案》前时代"和"《拜杜法案》后时代"。我们按专利申请日期对获专利披露发明做进一步分类。因此,我们关于加州大学和斯坦福大学的数据分为:① 1970 年及之后进行的披露和专利申请,并且在 1981 年(《拜杜法案》生效当年)之前获得专利授权;② 在 1981—1993 年间进行的披露和专利申请;③ 1970—1980 年间已披露,但在 1981—1993 年间提交的专利申请。[20]

我们还将哥伦比亚大学专利纳入了"《拜杜法案》后时代"的分析中。我们将哥伦比亚大学界定为学术专利权人的"新加入院校",因为这所大学在 1980 年之后才制定了积极的专利申请和许可政策,正如前文所述,哥伦比亚大学在 1975—1980 年间只有不到 10 项专利。

Henderson 及其同事在大学专利分析中使用了专利引用量作为指标。美国专利商标局每授予一项专利,专利审查员都会加入构成"现有技术"的所有先前专利清单。该清单在专利颁布时作为专利的一部分公开。专利申请人需协助审查员编制这份清单,具有随申请一起提供其所了解的所有"现有技术"清单的法律义务。因此,现有专利的引用量可以作为新专利的技术谱系指标,正如文献引用量可以作为学术研究的知识谱系指标一样。

我们对加州大学、斯坦福大学和哥伦比亚大学专利的分析主要集中在这些专利的"前向引用量"上,即每项专利颁发后被引用的次数。专利引用量通常在被引用专利发布后四到五年内达到峰值。因此,最近发布专利的引用量数据将被"右截断",也就是说,最近发布专利的引用量数据会被低估。为了解决这个问题,我们的数据集仅包含专利发布六年内的引用量,同时,我们的样本仅包括 1975—1992 年间颁发的专利。我们的数据集还包含这三所大学的非学术专利对照样本,时间跨度相同,并复制了这三所大学所拥有的专利在不同专利类别中的分布。我们根据专利类别和相关大学专利的申请日期,将各项大学专利与一项非大学专利进行匹配。[21]对照样本中的专利引用量也仅限于专利发布后六年内的引用量。

我们用专利发布后六年内的引用量作为专利的重要性指标,这基于一个

119 假设,即引用量是被引用专利对后续发明活动的影响指标。表 6.4 显示了我们对加州大学、斯坦福大学和哥伦比亚大学专利样本的观察数量(因为哥伦比亚大学 1981 年以前的专利很少,所以我们选取的 1981 年以前的数据未包含这所大学)。我们还将哥伦比亚大学、加州大学和斯坦福大学的专利分为生物医学和非生物医学两类,以检验《拜杜法案》在这两大技术类别中的影响差异。[22]显然,某些数据集单元(如"1981 年前披露且在 1981 年及之后获颁专利"子集中的斯坦福大学生物医学类专利)的观察数量较小[例如,远小于 Trajtenberg, Henderson, and Jaffe(1997)研究中各年的大学专利样本数量]。由于各个子样本内的观察数量较小,这些子样本的标准差较大,因此我们检验的统计显著性较低。然而,我们认为,这类专利的重要性和通用性指标值得单独计算和分析,因此在接下来的结果中保留了这些小的子样本。

表 6.4　加州大学、斯坦福大学和哥伦比亚大学数据集中的专利数量

	整体			生物医学			非生物医学		
	加州大学	斯坦福大学	哥伦比亚大学	加州大学	斯坦福大学	哥伦比亚大学	加州大学	斯坦福大学	哥伦比亚大学
1970(含)—1981(不含)年提出申请且 1975(含)—1981(不含)年获颁专利	97	110	—	43	23	—	54	87	—
1981 年(不含)前披露且 1981(含)—1992(含)年提出申请	32	30	—	23	10	—	9	20	—
1981(含)—1992(含)年披露和提出申请	245	377	112	154	93	63	91	284	49

　　表6.5 的上半部分显示了加州大学、斯坦福大学和哥伦比亚大学专利样本及其分类子样本引用量的平均值和标准差。我们还在表 6.5 的下半部分给出了加州大学、斯坦福大学和哥伦比亚大学各类别对应的对照专利样本和子样

本的平均值和标准差。对于所有时间段和分类类别,三所大学的专利在发布后六年内获得的引用量无一例外都大于对照样本专利在同一时期获得的引用量。斯坦福大学和加州大学的专利与对照样本专利所获得引用量之间的绝对量级没有明显的时间趋势。在我们的三个子时间段内,除了第二个和第三个时间段的生物医学专利,斯坦福大学专利获得的平均引用量超过了加州大学专利获得的平均引用量,但这些数量差异通常很小。除了斯坦福大学的生物医学专利外,加州大学和斯坦福大学专利在 1980 年后的引用量远大于哥伦比亚大学专利。

　　表 6.5 的上半部分还报告了加州大学、斯坦福大学和哥伦比亚大学专利前向引用量均值与我们对照样本专利前向引用量均值之间差异的统计显著性检验结果。[23]我们发现,1980 年后斯坦福大学和加州大学专利的重要性相对于对照样本没有存在统计学意义的下降(第 2 列和第 3 列)。[24]然而,对哥伦比亚大学专利和哥伦比亚大学对照样本之间平均引用量差异的检验表明,只有哥伦比亚大学的整体专利样本存在 10% 的显著差异。哥伦比亚专利的引用率没有明显提高,这可能反映了哥伦比亚大学在早期的许可活动中对专利申请的选择较少,以及哥伦比亚大学科技发展办公室早期的专利申请经验有限。[25]我们将在第七章中讨论了缺乏经验的院校专利权人在《拜杜法案》后的加入对 1980 年后整体学术专利质量的潜在影响。

　　我们对加州大学和斯坦福大学生物医学专利平均引用率与其各自非学术专利对照样本之间差异显著性的检验结果表明,1980 年后,只有加州大学的学术专利具有统计学显著性(显著性水平为 5%)(引用数量较高的加州大学生物医学专利在"中间时期"具有较弱显著性,显著性水平为 10%)。斯坦福大学非生物医学专利的平均前向引用量在所有三个时期都显著超过了对照样本,而加州大学非生物医学专利的引用频率只有一次,即在 1980 年后显著高于(显著性为 5%)对照样本。[26]1980 年后哥伦比亚大学的结果表明,哥伦比亚大学的专利引用频率与对照样本专利没有显著差异,但没有证据表明其专利引用量显著低于对照样本专利。

表 6.5 加州大学、斯坦福大学和哥伦比亚大学专利及其相应对照组样本的"引用量"均值

样本	整体			生物医学			非生物医学		
	加州大学	斯坦福大学	哥伦比亚大学	加州大学	斯坦福大学	哥伦比亚大学	加州大学	斯坦福大学	哥伦比亚大学
大学专利									
1970 年（含）至 1981 年（不含）提出申请且 1975 年（含）至 1981 年（含）获颁专利	3.96 (7.56)	5.65** (8.75)	—	3.30 (3.50)	6.74 (13.17)	—	4.48 (9.66)	5.36** (7.23)	—
1981 年（不含）前披露且 1981 年（含）至 1992 年（含）提出申请	5.91** (7.33)	7.43** (6.96)	—	5.43* (5.16)	4.10 (3.67)	—	7.11 (11.53)	9.10** (7.66)	—
1981 年（含）至 1992 年（含）披露和提出申请	5.21** (6.14)	6.92** (7.35)	4.45* (6.44)	4.50** (6.22)	4.42 (3.75)	4.49 (7.61)	6.42** (5.83)	7.73** (8.02)	4.39 (4.62)
对照组专利数量									
1970 年（含）至 1981 年（不含）提出申请且 1975 年（含）至 1981 年（不含）获颁专利（与大学专利组 1 对应）	2.92 (4.73)	2.28 (2.87)	—	3.02 (4.47)	2.39 (2.37)	—	2.83 (4.96)	2.25 (3.00)	—
1981 年（含）至 1992 年（含）提出申请（与大学专利组 2 对应）	2.53 (3.87)	3.00 (3.40)	—	2.96 (4.32)	2.40 (2.32)	—	1.44 (2.18)	3.30 (3.85)	—
1981 年（含）至 1992 年（含）提出申请（与大学专利组 3 对应）	3.15 (3.79)	3.97 (4.97)	3.24 (4.19)	2.99 (3.70)	3.45 (5.17)	2.92 (4.64)	3.43 (3.92)	4.14 (4.91)	3.65 (3.52)

注：括号内为标准差。假设方差不等。星号表示大学样本与相应对照组样本之间均值检验（t-统计）的差异显著性：** $p > 0.05$；* $p > 0.10$。

表 6.6 加州大学、斯坦福大学和哥伦比亚大学专利和相应对照组样本的"通用性"均值

样本	整体			生物医学			非生物医学		
	加州大学	斯坦福大学	哥伦比亚大学	加州大学	斯坦福大学	哥伦比亚大学	加州大学	斯坦福大学	哥伦比亚大学
大学专利									
1970年(含)至1981年(不含)年提出申请并在1975年(含)至1981年(不含)年获颁专利	0.38 (0.42)	0.51** (0.44)	—	0.41 (0.44)	0.57 (0.41)	—	0.36 (0.40)	0.50* (0.45)	—
1981年(不含)前披露且1981年(含)至1992年(含)提出申请	0.62 (0.40)	0.56 (0.44)	—	0.59 (0.42)	0.27 (0.44)	—	0.69 (0.37)	0.70** (0.38)	—
1981(含)至1992年(含)披露和提出申请	0.56** (0.43)	0.61** (0.41)	0.54** (0.43)	0.52 (0.44)	0.49* (0.43)	0.51** (0.43)	0.63** (0.41)	0.64** (0.39)	0.57 (0.44)
对照组专利									
1970年(含)至1981年(不含)提出申请且1975年(含)至1981年获颁专利	0.41 (0.44)	0.36 (0.43)	—	0.39 (0.46)	0.36 (0.42)	—	0.42 (0.43)	0.36 (0.44)	—
1981年(不含)至1992年(含)提出申请	0.61 (0.44)	0.41 (0.46)	—	0.64 (0.45)	0.61 (0.44)	—	0.46 (0.42)	0.32 (0.45)	—
1981年(不含)至1992年(含)提出申请	0.42 (0.43)	0.45 (0.44)	0.37 (0.44)	0.43 (0.43)	0.37 (0.42)	0.34 (0.43)	0.42 (0.43)	0.47 (0.44)	0.41 (0.45)

注: 括号内为标准差。假设方差不等。星号表示大学样本与相应对照组样本之间均值检验（t-统计）的差异显著性: ** $p > 0.05$; * $p > 0.10$。

　　由于某些时期的观察数量较少,因此必须非常谨慎地解读这些结果。有趣的是,由于《拜杜法案》前后生物医学专利在斯坦福大学和加州大学的专利申请和许可活动中都非常重要,因此按"引用量"衡量,大学生物医学专利和对照样本生物医学专利之间的重要性差异相对较小。但这些数据并未表明,在《拜杜法案》后,这些大学专利的重要性相对于非学术专利对照样本有任何下降。如果非要说,这些数据表明,在《拜杜法案》后,加州大学和斯坦福大学专利的相对重要性提高了。虽然这些结果确实表明,相对于所有非学术性专利而言,哥伦比亚大学(这所大学在《拜杜法案》前并未申请大量专利)在 20 世纪 80 年代申请的专利不如斯坦福大学和加州大学在这一时期申请的专利"重要",但这并不能表明哥伦比亚大学的专利的重要性显著低于其对照样本专利。[27]

123　　表 6.6 给出了《拜杜法案》前后加州大学、斯坦福大学和哥伦比亚大学专利的通用性数据。一项专利在其"所属"专利类别之外被引用得越多,其通用性就越高,也可以说,该专利所代表的知识先进性就越显著。根据 Henderson, Jaffe and Trajtenberg(1995,1998a)的观点,采用以下方法计算通用性:

$$通用性_i = 1 - \sum_{k=1}^{N_i} \left(\frac{\text{NCITING}_{ik}}{\text{NCITING}_i} \right)$$

式中,i 和 k 是专利类别指数,N_i 是引用专利所属不同类别的数量。只有至少被引用一次的专利才能计算出这一指标,因此,表 6.6 中的样本与表 6.5 中的样本略有不同。我们在计算重要性指标时,将前向引用次数限制在专利颁发后的首个六年内。一项专利通用性 i 的值越大,表明与该专利关联的后续发明活动的技术领域范围越广。

　　作为专利引用量"离散度"的一项指标,通用性$_i$本身存在偏差,专利的引用量越多,这些引用量越有可能分布在更多的专利类别中。此外,引用量较小的专利,这一偏差反而较大。因此,我们进行以下修正(Hall,2002):

$$\hat{G}_i = \left(\frac{N_i}{N_i - 1} \right) \times 通用性_i$$

式中，N_i是专利i在专利颁发后首个六年内的前向引用量。报告的所有通用性结果都经过了这种偏差修正。

表 6.6 中的数据表明，除了加州大学在 1981 年之前申请和颁发的专利，加州大学、斯坦福大学和哥伦比亚大学专利的总体平均通用性指标高于各自的对照样本专利。[28] 表 6.6 中的数据并未表明，与非学术性专利对照样本相比，加州大学和斯坦福大学专利的通用性在《拜杜法案》后时代有所下降。在 1981 年后，加州大学和斯坦福大学的整体专利与其各自对照样本之间的平均通用性差异具有统计学意义（显著性水平为 5%）。1981 年后，哥伦比亚大学专利的平均通用性得分也明显高于其对照样本中专利的类似得分（显著性水平为 5%）。

总的来说，我们对斯坦福大学、加州大学和哥伦比亚大学专利重要性和通用性的分析结论与 Henderson, Jaffe, and Trajtenberg(1995，1998a)得出的结论不同，他们分析的美国大学专利样本量更大。重要的是，他们还发现，在 1980 年后专利分布中排名(按 1988 年的专利数量)前十的大学，其获颁专利的重要性和通用性都有所下降。这些大学包括加州大学、斯坦福大学以及在 1980 年之前拥有大量专利申请经验的其他美国大学。为什么我们未能发现或只发现很少证明《拜杜法案》后大学专利重要性和通用性下降的证据？首先，我们的大学专利样本量很小，这应该限制了大学专利与非学术性专利样本间差异的统计显著性。针对上述结果差异，另一种可能的解释是，Henderson 及其同事使用的前向引用量时间序列比我们在分析中使用的时间序列更短。因此，他们的结果受"截断偏差"的影响可能更显著。[29] 我们的实证结果还忽略了除哥伦比亚大学以外的其他大学在《拜杜法案》通过后，开始参与专利申请和许可而对美国学术专利组合整体特征的影响。尽管 Henderson, Jaffe, and Trajtenberg(1998a)承认，经验较少院校进入专利申请领域可以解释他们的结果，但他们无法检验这些大学在 1980 年后进入专利申请领域对整体学术专利质量的影响。我们将在下一章中进行这一检验。

第三节 结 论

《拜杜法案》对美国研究型大学的影响得到了广泛的关注,但实证分析并不多。在本章中,我们分析了该法案对美国三所顶尖研究型大学的一些影响,其中包括使用了该法案的一项高价值附带产物,即上述三所大学汇编的关于教师发明、专利和许可的系统性记录。我们有关加州大学和斯坦福大学的数据表明,对于已经活跃于专利申请和许可领域的大学,《拜杜法案》增强了他们的学术发明营销力度。该法案还促使哥伦比亚大学和其他许多此前在这一领域并不活跃的研究型大学开始大量为教师发明申请专利和许可。

但是,除《拜杜法案》以外,还有其他一些因素引发了 1980 年以后美国研究型大学的专利申请和许可热潮。我们很难将它们的影响与该法案的影响分开。这些其他因素对生物医学研究的影响尤为显著。具体来说,到 20 世纪 70 年代中期,生物医学技术尤其是生物技术,作为大学研究的一个多产领域,取得了产业界极为感兴趣的研究成果,其重要性也显著提高。戴蒙德诉克拉巴蒂案的判决提高了对生物技术实施技术许可的可行性,同时,美国知识产权政策的更广泛转变提高了专利的经济价值并促进了专利许可。正如我们在第五章中指出的一样,在 20 世纪 70 年代,美国一些大学扩大了专利申请和许可活动,为《拜杜法案》的起草和通过提供了重要的政治动力。

因此,研究、产业和政策方面的一系列变化,共同增加了美国大学的技术许可活动,《拜杜法案》固然重要,但并未起到决定性作用。本章中的证据表明,即使没有《拜杜法案》,美国大学的专利申请和许可活动在 20 世纪 80 年代和 90 年代也会增加。事实上,我们的数据表明,斯坦福大学和加州大学在《拜杜法案》通过之前就已经在积极开展专利申请和许可。到 1980 年,关于学校加强对教师研究成果进行专利申请的可行性,哥伦比亚大学已广泛开展了内部讨论,并在《拜杜法案》通过前就提交了一份重要的专利申请。然而,该法案使许多以往回避这些活动的大学(如哥伦比亚大学)更快地进入专利申请和许可领域。

从表 6.1、表 6.2 和图 6.7 的数据可以看出，到《拜杜法案》颁布后首个十年结束时，这三所大学在专利和许可组合方面表现出惊人的相似性，即一小部分专利就占到了所有专利发明许可总收入的大部分。此外，这些主要的盈利专利集中在生物医学领域，而该技术领域的特点是，存在具有重要经济意义较高价值专利（Levin et al., 1987）。然而，在这三所大学中，有两所大学的第二重要许可领域是软件领域，而对软件而言，正式的专利保护并不太重要。

我们分析了《拜杜法案》对学术研究内容及加州大学和斯坦福大学所获专利重要性的影响，没有证据表明这两所大学的技术转移办公室获得的学术研究披露存在重大特征变化。对《拜杜法案》前后授予这两所大学的专利的分析也未发现这两所大学专利的重要性或通用性在《拜杜法案》后有任何下降，这与 Henderson, Jaffe, and Trajtenberg（1995, 1998a）对更大样本量的美国学术专利的研究结果相反。哥伦比亚大学是 1980 年后一个重要的"新加入者"，其专利的重要性和通用性并不亚于对应的非学术性专利样本。

有研究发现，参照引用量指标，加州大学和斯坦福大学专利的重要性在《拜杜法案》后没有下降，而我们的研究结论是，加州大学和斯坦福大学的技术许可业务似乎都出现了"收益率"下降，即产生收入盈利的许可比例下降。我们如何解释这种差异呢？从根本上说，这两套指标衡量的是大学发明和专利组合的不同特征。与其他学者一样，我们将专利引用量视为一种指标，用于衡量专利创造性知识贡献的重要性。但这种贡献与工业企业为这一专利支付许可费的意愿可能有关，也可能无关。许可收入与专利引用量之间的关联程度仍然是未来研究的一个重要问题。

一些观察人士担心，专利申请和许可的热潮可能引起大学研究性质的重大变化，使研究倾向于应用问题，而远离基础研究。然而，正如我们在第三章中提到的，从表面上看，美国大学专利活动向生物医学研究的转变不能解释为远离基础研究——毕竟，产生这些生物医学专利的许多研究本质上是基础研究。此外，《拜杜法案》对大学研究任何"文化"和规范变化的影响似乎仅限于这些研究型大学的较少数单位。1980 年后专利申请和许可活动的增加对哥伦比亚大学的少数几个院系和研究所产生了影响,而在这三所大学中,我们只有哥伦比亚大学的发明披露院系来源数据。如果斯坦福大学和加州大学有此类可用数据,那么这些数据很可能会相似并可得出类似的结论。

第七章

院校加入和经验对《拜杜法案》前后 美国大学专利申请的影响

前一章分析了《拜杜法案》对加州大学、斯坦福大学和哥伦比亚大学专利申请和许可活动的影响。结果发现,在 1980 年以前具有大量专利申请经验的两所大学(斯坦福大学和加州大学),其专利的"重要性"和"通用性"在《拜杜法案》后保持稳定,这一结论与 Henderson, Jaffe, and Trajtenberg(1995,1998a)的研究结果相反。对大学专利申请的类似分析所得出的不同结论推动了本章的分析,本章探讨了经验较少学术机构在 1980 年《拜杜法案》通过后扩大专利申请活动对美国大学整体专利申请情况的影响。

尽管 Henderson, Jaffe, and Trajtenberg (1998a)认为,1980 年后小型院校专利申请活动的增长可能在一定程度上造成了 1980 年后美国整体学术专利重要性和通用性的下降,但他们无法对这些这种影响进行明确变量控制。许多在 1980 年之前不活跃或活跃度很低的大学专利权人开始参与专利申请活动,这正是 20 世纪 80 年代美国大学专利申请最重要的特征之一。

在第六章关于《拜杜法案》对两所主要"现有"院校专利申请活动影响不大的分析基础上,关于"进入效应"对美国大学整体专利申请的影响分析使我们能够了解《拜杜法案》影响更为显著的领域。除了第六章中讨论的两所研究型

129　大学,本章将对 1980 年前后经验丰富的大学专利权人所获专利重要性和通用性的分析扩大到更多学术专利权人样本。

　　我们对这一问题的分析比较了在 1980 年前授予不同经验水平大学的专利的重要性和通用性。无论是现有大学还是新加入大学,1980 年后的专利重要性和通用性均有所下降,这可能表明《拜杜法案》影响了美国各学术机构的学术研究人员和管理人员对重要性和通用性较低的发明进行披露和专利申请的积极性,而这与他们在 1980 年之前的专利申请经验无关。但是,如果 1980 年后新加入院校的专利重要性和通用性明显低于更有经验的院校专利权人,那么对《拜杜法案》影响的不同解释是合理的。例如,没有经验的大学专利办公室可能会对教师的发现广泛申请专利,积累形成了重要性较低的专利组合(这种观点得到了部分"传闻证据"的支持)。但是,随着这些新加入院校获得了专利申请经验,并了解到知识产权保护和营销的复杂性,它们可能会在申请专利时进行更严格的筛选,缩小自身专利与经验丰富专利权人的专利之间的差距。

　　对《拜杜法案》影响的第一种解释强调了所有美国大学在激励措施和行为方面的持续变化,第二种解释则将 20 世纪 80 年代视为缺乏专利申请和许可经验的新加入院校的学习调整期。毋庸置疑,这两种解释并非相互排斥。20世纪 80 年代,美国学术专利申请的发展可能同时反映了这两种影响。但是,我们的实证分析可以评估这两种影响的相对强度。

　　接下来,我们对已获授予的美国大学的专利样本的特征进行了统计分析,以评估 1980 年后经验较少学术专利权人的加入对美国学术专利的整体重要性和通用性所产生的影响。我们的研究结果表明,经验较少的学术专利权人在《拜杜法案》后获得的专利,其重要性和通用性确实较低。因此,《拜杜法案》对新加入院校的最初影响可能支撑了 1980 年后美国整体学术专利的重要性和通用性所观察到的变化。

　　我们发现,新加入院校专利的重要性在 20 世纪 80 年代和 90 年代有所提
130　高,并缩小了与现有院校的差距,同期整体学术专利的平均重要性相对于非学术专利也有所提高,这与《拜杜法案》对美国大学专利申请影响的第二种解释

一致。本章第二部分更详细地探讨了这种"大学学习",试图了解 1980 年之后
向经验较少学术专利权人颁发专利的重要性在 20 世纪 80 年代和 90 年代是
否有所提高(基于这些专利的引用量)以及提高的原因。

我们几乎没有发现明显的"学习曲线"效应证据,因为累积专利申请和(相
对)较早建立技术转移办公室都不能解释这些提高。在《拜杜法案》前时代与
研究公司的联系也对 20 世纪 80 年代和 90 年代现有院校及新加入院校的专
利特征变化影响不大。由于这些可观察到的学习来源影响较小,我们得出结
论,基于大学之间知识溢出和大学许可管理人员之间专业网络的加强,一个更广
泛的学习过程可能可以解释现有大学和新加入院校专利重要性之间的趋同。

第一节 1975—1992 年美国学术专利的
加入、重要性和通用性

在分析 1980 年后专利申请经验有限的大学加入专利活动对学术专利申
请的影响时,我们首先探讨 1975—1992 年间美国所有大学专利的特征。与第
六章一样,我们使用了美国大学专利的前向引用量,即每项专利在颁发后被引
用的次数来进行衡量。同时,只考虑了 1975—1992 年间颁发的专利以及在专
利颁发后六年内的引用量。我们还构建一个专利对照组,其中针对我们学术
专利数据库中的每项专利,均设置一个非学术性专利。每项非学术对照专利
的选择都尽可能与相应学术专利在美国专利商标局的技术类别(三位数字分
类码)及其申请日期匹配。[1]对照样本中的专利引用量限制为专利发布后六年
内的引用量。

我们的学术专利数据集包括 1975—1992 年间授予除斯坦福大学、加州大
学和哥伦比亚大学以外各美国大学的所有专利。在这个数据集中,我们将大
学分为三类:① 拥有至少 10 项在 1970 年后申请的并在 1975—1980 年获颁
专利的大学("高强度"现有院校);② 拥有 1~9 项在 1970 年后申请的并在
1975—1980 年获颁专利的大学("低强度"现有院校);③ 在 1975—1980 年没

有获颁专利但在1980—1992年至少获颁1项在1980年后申请的专利的大学（新加入院校）。我们对新加入院校和现有院校的定义旨在区分1980年前活跃专利权人在《拜杜法案》后的专利申请增加与其他院校在1980年后专利申请增加对专利重要性和通用性的影响。

　　表7.1给出了在1970年之后提出申请并在1975—1992年每年颁发给这三类大学的专利数量。从表7.1中可以看出，1980年前的"高强度"专利权人在《拜杜法案》出台后的占比有所下降。"高强度"专利权人的占比从1975—1980年的85%以上下降到1992年的65%以下。相比之下，1980年前的"低强度"专利权人在所有学术专利中的占比从1981年的15%增加到1992年的近30%。而新加入院校在整体学术专利申请中的占比从1980年的零增长到1992年的6%以上。

表7.1　1975—1992年"高强度"现有院校、"低强度"现有院校和新加入院校获颁的专利数量（按年份）

专利颁发年份	"高强度"现有院校（$n = 51$）		"低强度"现有院校（$n = 92$）		新加入院校（$n = 81$）		总计
	数量	占比	数量	占比	数量	占比	
1975	213	86.9	32	13.1	0	0.0	245
1976	248	89.2	30	10.8	0	0.0	94
1977	243	88.4	32	11.6	0	0.0	239
1978	262	89.7	30	10.3	0	0.0	280
1979	193	86.9	29	13.1	0	0.0	216
1980	295	87.8	41	12.2	0	0.0	332
1981	291	84.6	53	15.4	0	0.0	344
1982	319	88.1	42	11.6	1	0.3	361
1983	259	80.9	58	18.1	3	0.9	320
1984	320	76.2	85	20.2	15	3.6	419
1985	332	71.4	111	23.9	22	4.7	465
1986	384	71.0	130	24.0	27	5.0	541
1987	477	72.4	154	23.4	28	4.2	659
1988	496	74.8	138	20.8	29	4.4	663

续　表

专利颁发年份	"高强度"现有院校 ($n = 51$)		"低强度"现有院校 ($n = 92$)		新加入院校 ($n = 81$)		总计
	数量	占比	数量	占比	数量	占比	
1989	743	68.4	281	25.9	62	5.7	1 086
1990	738	68.2	282	26.1	62	5.7	1 082
1991	819	67.2	307	25.2	92	7.6	1 218
1992	932	64.0	431	29.6	93	6.4	1 456
总计	7 564		2 266		434		10 264

注:"高强度"现有院校、"低强度"现有院校和新加入院校分别有 10 项或以上、少于 10 项以及 0 项获颁专利是在 1970—1981 年间申请的。

表 7.2～表 7.4 给出了对授予这三类学术机构的专利的重要性和通用性进行单独回归的结果,这三类院校分别为 1975—1991 年的"高强度"现有院校和"低强度"现有院校以及 1981—1991 年的新加入院校。[2]以重要性为因变量的模型报告了负二项回归结果。由于因变量(通用性)被限制在下限为 0 上限为 1 的范围内,所以我们使用 Tobit 模型进行通用性分析。[3]每个模型针对一个数据集进行估计,该数据集涵盖相关学术机构的专利以及非学术对照样本中的专利。我们控制了年份效应,并将表示学术专利的虚拟变量与申请年份的虚拟变量进行交互,所报告的系数是 1975—1991 年的交互项系数,最后提供了整体学术专利以及生物医学专利和非生物医学专利的结果。

我们对这三个学术专利样本分析的结果分别说明在重要性和通用性方面存在不同的模式。[4]在整个 1975—1991 年间,"高强度"现有院校比其他两类大学的非学术性专利更重要也更通用(见表 7.2)。在第 2 列与这组大学相关的整体专利样本的 17 个交互系数中,有 13 个是正值且在 5% 的显著性水平上具有统计学意义,这表明在这一时期的大部分时间里,这些院校专利的被引用次数比对应产业样本中专利的被引用次数更多。在 20 世纪 80 年代,这种情况越来越多。正如第六章对加州大学、斯坦福大学和哥伦比亚大学专利的分析一样,经验丰富的学术专利权人的专利与非学术专利对照样本之间的重要性差异在非生物医学专利上最为显著。

表 7.2 "高强度"现有院校各申请年份的回归系数

年份	负二项回归（因变量：重要性）			Tobit 模型（因变量：通用性）		
	整体	生物医学	非生物医学	整体	生物医学	非生物医学
1975	0.36** (0.11)	0.27 (0.21)	0.39** (0.13)	0.10 (0.13)	0.14 (0.27)	0.08 (0.16)
1976	0.13 (0.11)	0.29 (0.22)	0.07 (0.12)	0.39** (0.13)	0.28 (0.27)	0.42** (0.15)
1977	0.19* (0.11)	0.19 (0.19)	0.19 (0.13)	0.15 (0.12)	0.21 (0.23)	0.13 (0.04)
1978	0.19* (0.11)	0.41** (0.19)	0.09 (0.13)	0.30** (0.13)	0.20 (0.23)	0.35** (0.15)
1979	0.27** (0.10)	0.01 (0.17)	0.40** (0.12)	0.17 (0.11)	0.38** (0.19)	0.05 (0.13)
1980	0.32** (0.09)	0.20 (0.15)	0.38** (0.11)	0.23** (0.11)	0.19 (0.18)	0.23** (0.13)
1981	0.38** (0.09)	0.26* (0.15)	0.45** (0.12)	0.45** (0.11)	0.63** (0.18)	0.37** (0.13)
1982	0.20** (0.09)	−0.12 (0.15)	0.33** (0.12)	0.12 (0.10)	−0.51** (0.17)	0.52** (0.13)
1983	0.27** (0.09)	0.17 (0.14)	0.35** (0.12)	0.17* (0.10)	0.00 (0.15)	0.30** (0.14)
1984	0.32** (0.08)	0.04 (0.12)	0.54** (0.11)	0.15* (0.09)	0.22* (0.13)	0.09 (0.12)
1985	0.31** (0.08)	0.02 (0.12)	0.54** (0.10)	0.35** (0.09)	0.22** (0.13)	0.43** (0.12)
1986	0.37** (0.08)	0.09 (0.11)	0.57** (0.10)	0.28** (0.08)	0.15 (0.13)	0.39** (0.11)
1987	0.20** (0.06)	0.03 (0.10)	0.31** (0.08)	0.22** (0.07)	0.25** (0.11)	0.19** (0.09)
1988	0.15** (0.06)	−0.09 (0.10)	0.29** (0.08)	0.25** (0.07)	0.21** (0.11)	0.27** (0.08)

续　表

年份	负二项回归 （因变量：重要性）			Tobit 模型 （因变量：通用性）		
	整体	生物医学	非生物医学	整体	生物医学	非生物医学
1989	0.29**	0.24**	0.32**	0.17**	0.15	0.18**
	(0.06)	(0.10)	(0.08)	(0.07)	(0.11)	(0.08)
1990	0.28**	0.19*	0.32**	0.10	−0.01	0.15*
	(0.07)	(0.12)	(0.08)	(0.07)	(0.13)	(0.09)
1991	−0.06	−0.23	0.03	0.34**	0.67**	0.20
	(0.10)	(0.18)	(0.12)	(0.11)	(0.20)	(0.13)
常数	2.10	2.54	1.73	0.22	−0.09	0.96
	(0.19)	(0.63)	(0.46)	(0.22)	(0.90)	(0.51)
观察次数	15 125	5 569	9 556	11 716	4 313	7 403
对数似 然值	−36 170	−13 280	−22 836	−12 468	−4 456	−7 939
伪 R^2	0.02	0.01	0.02	0.01	0.01	0.01

注：括号内为标准差。年份虚拟变量未报告。样本不包括加州大学、斯坦福大学和哥伦比亚大学的专利。** 代表 $p < 0.05$，* 代表 $p < 0.10$。

我们规范地比较了这些"高强度"现有院校通用性专利在整个专利样本中的占比与在对照样本中的占比，结果也出现了大致类似的表现，所有有意义的交互系数都是正，而且 17 个正交互系数中有 10 个在 5% 的显著性水平上具有统计学意义。同样，这些通用性差异在非生物医学专利中更为显著。

"低强度"专利权人的回归结果（见表 7.3）显示，只有 5 年的专利比对照样本中的专利被引用的次数更多（在 5% 显著性水平上）。这类院校整体专利的通用性回归结果在 17 年中有 8 年的系数为正，且具有统计学显著性（在 5% 显著性水平上）。最后，1981—1991 年新加入院校的数量结果也表明，相对于非学术性专利，此类院校专利的重要性（表 7.4 中只有一个年份的交互系数为正且在 5% 的显著性水平上有统计学意义）和通用性（也有一个显著交互系数）都低于 1981 年以前"高强度"专利权人的水平。

表 7.3 "低强度"现有院校各申请年份的回归系数

年份	负二项回归 (因变量：重要性)			Tobit 模型 (因变量：通用性)		
	整体	生物医学	非生物医学	整体	生物医学	非生物医学
1975	0.65** (0.32)	0.38 (0.77)	0.71** (0.34)	-0.30 (0.35)	-1.01 (0.84)	-0.15 (0.38)
1976	-0.11 (0.33)	-0.49 (0.55)	0.24 (0.42)	0.84** (0.39)	1.85** (0.69)	0.23 (0.49)
1977	0.63** (0.30)	1.69** (0.67)	0.45 (0.34)	0.36 (0.33)	——	0.19 (0.37)
1978	0.01 (0.27)	0.18 (0.47)	-0.05 (0.32)	-0.29 (0.29)	-0.15 (0.57)	-0.35 (0.33)
1979	0.66** (0.25)	0.35 (0.45)	0.79** (0.30)	0.62** (0.29)	0.69 (0.54)	0.59* (0.34)
1980	0.35 (0.24)	0.13 (0.38)	0.51* (0.31)	-0.01 (0.25)	0.23 (0.41)	0.14 (0.31)
1981	-0.12 (0.20)	-0.15 (0.34)	-0.10 (0.26)	0.31 (0.22)	1.01** (0.40)	0.00 (0.27)
1982	-0.06 (0.18)	-0.21 (0.25)	0.10 (0.25)	0.38** (0.18)	0.35 (0.25)	0.42* (0.26)
1983	0.16 (0.15)	0.50* (0.27)	0.03 (0.18)	0.18 (0.16)	0.63** (0.32)	0.02 (0.19)
1984	-0.18 (0.15)	-0.25 (0.22)	-0.11 (0.20)	0.04 (0.16)	-0.13 (0.24)	0.19 (0.22)
1985	-0.05 (0.14)	-0.04 (0.23)	-0.06 (0.18)	-0.07 (0.16)	-0.19 (0.25)	0.00 (0.19)
1986	0.40** (0.13)	0.38** (0.19)	0.41** (0.17)	0.41** (0.14)	0.38** (0.20)	0.43** (0.19)
1987	0.11 (0.11)	0.04 (0.19)	0.15 (0.14)	0.28** (0.12)	0.06 (0.18)	0.40** (0.15)
1988	0.17* (0.10)	0.02 (0.17)	0.24** (0.12)	0.15 (0.10)	0.15 (0.18)	0.16 (0.12)
1989	0.38** (0.10)	0.22 (0.17)	0.46** (0.11)	0.29** (0.10)	0.26 (0.18)	0.29** (0.12)

续 表

年份	负二项回归 (因变量：重要性)			Tobit 模型 (因变量：通用性)		
	整体	生物医学	非生物医学	整体	生物医学	非生物医学
1990	0.15* (0.09)	0.17 (0.18)	0.14 (0.11)	0.20** (0.10)	−0.05 (0.18)	0.29** (0.11)
1991	0.11 (0.16)	−0.19 (0.30)	0.28 (0.18)	0.53** (0.16)	0.38 (0.31)	0.57** (0.19)
常数	1.10 (0.38)	2.30 (1.13)	−16.41 (3 661.49)	0.69 (0.38)	0.67 (1.01)	0.20 (0.52)
观察次数	4 535	1 627	2 908	3 528	1 242	2 286
对数似 然值	−10 980	−3 893	−7 056	−3 745	−1 285	−2 436
伪 R^2	0.01	0.01	0.01	0.01	0.02	0.01

注：括号内为标准差。年份虚拟变量未报告。样本不包括加州大学、斯坦福大学和哥伦比亚大学的专利。** 代表 $p < 0.05$，* 代表 $p < 0.10$。

表 7.4 新加入院校各申请年份的回归系数

年份	负二项回归 (因变量：重要性)			Tobit 模型 (因变量：通用性)		
	整体	生物医学	非生物医学	整体	生物医学	非生物医学
1981	0.39 (0.51)	0.51 (0.81)	0.18 (0.68)	0.38 (0.57)	0.35 (0.78)	——
1982	0.80 (0.56)	1.56* (0.86)	0.11 (0.72)	−0.81 (0.54)	−0.42 (0.77)	−1.09 (0.74)
1983	0.18 (0.36)	0.53 (0.60)	−0.20 (0.44)	−0.53 (0.34)	0.18 (0.52)	−0.95** (0.44)
1984	−0.19 (0.32)	−0.28 (0.44)	−0.03 (0.45)	−0.11 (0.32)	0.00 (0.39)	−0.22 (0.49)
1985	−0.03 (0.35)	−0.63 (0.65)	0.11 (0.40)	0.06 (0.35)	−0.72 (0.61)	0.33 (0.45)
1986	0.23 (0.29)	0.12 (0.48)	0.29 (0.35)	0.28 (0.28)	0.49 (0.42)	0.13 (0.37)

续　表

年份	负二项回归 （因变量：重要性）			Tobit 模型 （因变量：通用性）		
	整体	生物医学	非生物医学	整体	生物医学	非生物医学
1987	− 0.16 (0.23)	− 0.62** (0.31)	0.50* (0.31)	0.35 (0.22)	0.33 (0.27)	0.37 (0.33)
1988	0.19 (0.23)	− 0.20 (0.34)	0.46* (0.29)	0.37* (0.21)	0.30 (0.31)	0.43 (0.28)
1989	0.51** (0.19)	0.11 (0.26)	0.85** (0.25)	0.51** (0.18)	0.56** (0.3)	0.44 (0.27)
1990	0.26 (0.20)	0.10 (0.28)	0.47** (0.28)	0.19 (0.20)	0.27 (0.26)	0.10 (0.29)
1991	0.32 (0.32)	0.53 (0.55)	0.24 (0.38)	0.38 (0.20)	0.31 (0.50)	0.42 (0.38)
常数	1.70 (0.83)	1.32 (0.59)	0.25 (0.52)	− 0.52 (0.42)	1.36 (0.67)	1.46 (0.80)
观察次数	868	367	501	666	284	382
对数似 然值	− 2 105	− 919	− 1 163	− 700	− 290	− 399
伪 R^2	0.01	0.02	0.02	0.03	0.04	0.04

注：括号内为标准差。年份虚拟变量未报告。样本不包括加州大学、斯坦福大学和哥伦比亚大学的专利。** 代表 $p < 0.05$，* 代表 $p < 0.10$。

这些结果广泛证实了我们在第六章中关于加州大学和斯坦福大学 1980 年后获颁专利重要性和通用性的研究结果。综合来看，这些结果表明，1980 年以后美国学术专利的重要性和质量下降可能是因为《拜杜法案》鼓励专利申请经验相对较少的学术机构进入专利申请领域。[5]

第二节　1981—1992 年间的院校经验、学习与大学专利特征

为什么在专利申请和许可方面经验较少的大学获得的专利往往被引用量

也较少？对几所研究型大学许可管理人员的访谈和其他实地调查表明,在《拜杜法案》通过后,缺乏经验的大学在进行专利申请时采取了不加区分的政策。从这个角度看,许多新加入院校在为教师发明申请专利时很少评估这些发明的许可市场。随着申请成本增加和许可收入停滞不前,其中许多院校在专利申请时变得更加挑剔。其他研究显示,许可收入和被许可大学专利的引用量之间存在相关性(Sampat and Ziedonis, 2003,其中引用的著作讨论了引用量与其他专利私有经济价值指标之间的联系),这表明引用次数更多的专利更有可能产生许可收入盈利。

因此,本节中的分析检验了这样一种可能性,即新加入院校可能受到更高许可收入前景的激励,在其专利申请活动中逐渐变得更加挑剔,完成有效的"专利申请学习"。它们在专利申请中选择性提高应该体现为新加入院校专利组合向包括更多高引用量专利的转变。在本节中,我们探讨了在《拜杜法案》后颁发给卡内基研究型大学或博士类大学(Carnegie Commission on Higher Education, 1973, 1993)的专利。具体来说,我们的数据集包含这些大学在1981—1992 年间申请并于 1994 年之前获得的 10 881 项专利。我们对这些专利进行了比较,并与上一节中构建的相应对照专利样本进行了比较。[6]我们的分析旨在检验 1980 年前经验较多与经验较少的学术专利权人在 1981—1992 年间其专利的重要性差距是否缩小。

我们根据这些专利在颁发后五年内的被引用次数来确定它们的重要性指标。将引用期限制在五年而不是上一节中的六年,使我们可以增加"专利队列"的数量,这对我们的分析有利,因为"专利申请学习"可能需要时间。[7]我们还要排除"自引次数"(即受让人引用自己先前专利的次数),因为自引次数与他引次数相比,在作为专利重要性指标方面,准确度更低。

规范

我们先来比较学术专利的被引用量与非学术对照样本中专利的引用量。由于因变量的计数性质,本分析和相关分析中必须使用负二项式规范。[8]我们的基

137

本规范包括申请年份分组（1981—1983、1984—1986、1987—1989 和 1990—1992）、各年份大学专利申请数量（$UNIV_{8183}$、$UNIV_{8486}$、$UNIV_{8789}$ 和 $UNIV_{9092}$）和专利类别的虚拟变量。在我们的样本中，专利类别虚拟变量包含 303 个分类。

下一步，我们比较学术专利与非学术对照样本中专利的重要性。接下来，通过插入表示授予各申请年份分组中新加入大学的专利数量的额外虚拟变量（ENT_{8183}、ENT_{8486}、ENT_{8789} 和 ENT_{9092}），检验新加入院校的专利与授予现有院校的专利及非学术对照专利之间的平均引用率差异。最后，为了评估各种"学习机制"是否会影响新加入院校获颁专利的特征，我们确定了新加入院校的三个特征：① 与研究公司存在合同关系，② 1980—1986 年的累计专利申请数量高于中位数，③ 1980—1986 年间至少指派一名半职雇员（半全职）从事官方技术转移活动。我们还纳入了一组表示各申请年份分组中经验丰富新加入院校获授专利数量的虚拟变量（$EXPENT_{8183}$、$EXPENT_{8486}$、$EXPENT_{8789}$ 和 $EXPENT_{9092}$），以比较存在此类特征的新加入院校的专利引用次数与没有此类特征的新加入院校的专利引用次数。关于计量经济学规范的更详细讨论见本章附录。

138　　表 7.5 报告了大学专利整体样本和对照组样本的负二项回归结果。表 7.6 仅报告了生物医学专利的类似结果，表 7.7 报告了非生物医学专利的结果。在各表中，模型 1 表示基本模型，包含申请年份和分类虚拟变量以及 UNIV 虚拟变量（$UNIV_{8183}$ - $UNIV_{9092}$）。模型 2 增加了 ENT 虚拟变量，模型 3～5 分别增加了一组 EXPENT 虚拟变量。表 7.8 报告了模型 2 中新加入院校专利重要性相对于对照组专利重要性的 Wald 检验结果（有关检验的描述，请参阅附录）。为了清楚说明，我们没有报告申请年份和专利类别虚拟变量的系数。

我们先比较了《拜杜法案》通过后早期（1981—1986 年）现有院校和新加入院校的获颁专利的重要性，并分别探讨了这一时期这些大学的生物医学专利和非生物医学专利。随后，我们分析了 20 世纪整个 80 年代新加入大学的获颁专利的重要性变化，并探讨了可以解释所观察到重要性提高的学习途径。

在 1981—1986 年间，1980 年后新加入院校的重要专利是否少于现有院校？

我们通过研究表 7.5 模型 2 中报告的 ENT 系数来评估现有院校与新加入院校的专利重要性差异。在本节中，我们比较了现有院校专利与新加入院校 1981—1986 年间所申请专利的重要性。表 7.5 中 1981—1983 年和 1984—1986 年的显著负系数表明，新加入院校在 20 世纪 80 年代初获得的重要专利数量少于现有院校。1981—1983 年和 1984—1986 年，新加入院校专利引用量与现有院校专利引用量比值的点估计值分别为 0.82 和 0.80，这表明现有院校在这两个时期所申请专利获得的引用量比新加入院校在同一时期所申请专利的引用量分别高 20% 和 25%。[9]

表 7.5 所有专利的回归系数（1981—1992 年样本，负二项模型，因变量为引用次数）

变 量	模型 1 基础模型	模型 2 将 ENT_T 添加到基础模型中	模型 3 作为研究公司活跃客户的新加入院校	模型 4 1981—1986 年专利申请超过中位数的新加入院校	模型 5 早期成立了技术许可办公室的新加入院校
			将 $EXPENT_T$ 添加到模型 2 中		
$UNIV_{8183}$	0.237 (5.31)**	0.262 (5.66)**	0.262 (5.66)**		
$UNIV_{8486}$	0.207 (5.56)**	0.246 (6.25)**	0.246 (6.26)**		
$UNIV_{8789}$	0.193 (6.78)**	0.188 (6.13)**	0.188 (6.13)**	0.189 (6.14)**	0.189 (6.15)**
$UNIV_{9092}$	0.261 (9.98)**	0.249 (8.73)**	0.249 (8.73)**	0.255 (8.94)**	0.255 (8.94)**
ENT_{8183}		−0.190 (2.07)*	−0.095 (0.46)		
ENT_{8486}		−0.218 (3.19)**	−0.166 (1.22)		

续 表

变　量	模型 1 基础模型	模型 2 将 ENT_T 添加到基础模型中	模型 3 作为研究公司活跃客户的新加入院校	模型 4 1981—1986 年专利申请超过中位数的新加入院校	模型 5 早期成立了技术许可办公室的新加入院校
			将 $EXPENT_T$ 添加到模型 2 中		
ENT_{8789}		0.022 (0.47)	− 0.161 (1.55)	0.104 (1.63)	0.172 (2.83)**
ENT_{9092}		0.044 (1.07)	0.134 (1.26)	0.110 (2.02)*	0.021 (0.42)
$EXPENT_{8183}$			− 0.116 (0.52)		
$EXPENT_{8486}$			− 0.068 (0.45)		
$EXPENT_{8789}$			0.217 (1.95)	− 0.183 (2.22)*	− 0.368 (4.46)**
$EXPENT_{9092}$			0.102 (0.91)	− 0.157 (2.20)*	0.038 (0.52)
常数	0.834 (3.20)	0.818 (1.47)	0.806 (1.50)	1.384 (1.82)	1.351 (1.35)
N	21 455	21 455	21 455	14 554	14 554

注：括号内为 z 统计量的绝对值。所有规范中均包含申请年份虚拟变量和专利类别虚拟变量（未报告）。$UNIV_T$ 的系数是 β_T；ENT_T 的系数是 δ_T；$EXPENT_T$ 的系数是 Φ_T（请参阅附录）。* 在 5% 显著性水平上；** 在 1% 显著性水平上。

生物医学专利结果见表 7.6，非生物医学专利结果见表 7.7。表 7.6 模型 2 的系数表明，在 1981—1983 年和 1984—1986 年间，新加入院校的生物医学专利引用量与现有院校所申请专利的引用量无显著差异。[10]因此，就生物医学技术而言，几乎没有证据表明，在《拜杜法案》后的首个六年内，现有院校获得的重要专利多于新加入院校。

表 7.6　生物医学专利的回归系数（1981—1992 年样本，
负二项模型，因变量为引用次数）

变　量	模型 1 基础模型	模型 2 将 ENT_T 添加到基础模型中	模型 3 作为研究公司活跃客户的新加入院校	模型 4 1981—1986 年专利申请超过中位数的新加入院校	模型 5 早期成立了技术许可办公室的新加入院校
			将 $EXPENT_T$ 添加到模型 2 中		
$UNIV_{8183}$	0.175 (2.24)*	0.153 (1.86)	0.153 (1.87)		
$UNIV_{8486}$	0.070 (1.14)	0.092 (1.40)	0.092 (1.40)		
$UNIV_{8789}$	−0.004 (0.07)	−0.007 (0.13)	−0.007 (0.13)	−0.014 (0.25)	−0.014 (0.26)
$UNIV_{9092}$	0.220 (4.69)**	0.193 (3.82)**	0.194 (3.82)**	0.195 (3.80)**	0.195 (3.79)**
ENT_{8183}		0.131 (0.88)	0.452 (1.41)		
ENT_{8486}		−0.105 (0.98)	0.091 (0.47)		
ENT_{8789}		0.015 (0.17)	−0.079 (0.43)	0.033 (0.27)	0.107 (0.85)
ENT_{9092}		0.102 (1.33)	0.226 (1.30)	0.215 (2.02)*	0.097 (0.91)
$EXPENT_{8183}$			−0.403 (1.16)		
$EXPENT_{8486}$			−0.270 (1.24)		
$EXPENT_{8789}$			0.112 (0.58)	−0.028 (0.18)*	−0.152 (0.99)
$EXPENT_{9092}$			−0.148 (0.81)	−0.194 (1.44)	0.028 (0.21)
常数	0.920 (4.14)	0.925 (3.01)	0.924 (4.15)	1.135 (3.85)	1.133 (3.85)
N	7 383	7 383	7 383	4 823	4 823

注：括号内为 z 统计量的绝对值。所有规范中均包含申请年份虚拟变量和专利类别虚拟变量（未报告）。$UNIV_T$ 的系数是 β_T；ENT_T 的系数是 δ_T；$EXPENT_T$ 的系数是 Φ_T（请参阅附录）。* 在 5% 显著性水平上 ；** 在 1% 显著性水平上。

表 7.7　非生物医学专利的回归系数(1981—1992 年样本，负二项模型，因变量为引用次数)

变　　量	模型 1 基础模型	模型 2 将 ENT_T 添加到基础模型中	模型 3 作为研究公司活跃客户的新加入院校	模型 4 1981—1986年专利申请超过中位数的新加入院校	模型 5 早期成立了技术许可办公室的新加入院校
			将 $EXPENT_T$ 添加到模型 2 中		
$UNIV_{8183}$	0.268 (4.97)**	0.315 (5.64)**	0.315 (5.65)**		
$UNIV_{8486}$	0.290 (6.21)**	0.333 (6.81)**	0.333 (6.82)**		
$UNIV_{8789}$	0.286 (8.39)**	0.280 (7.64)**	0.280 (7.65)**	0.282 (7.73)**	0.282 (7.74)**
$UNIV_{9092}$	0.286 (9.10)**	0.279 (8.12)**	0.279 (8.12)**	0.288 (8.41)**	0.288 (8.41)**
ENT_{8183}		−0.418 (3.54)**	−0.596 (2.11)*		
ENT_{8486}		−0.274 (3.06)**	−0.431 (2.19)*		
ENT_{8789}		0.024 (0.43)	−0.198 (1.56)	0.114 (1.54)	0.163 (2.37)**
ENT_{9092}		0.024 (0.48)	0.042 (0.31)	0.076 (1.22)	0.005 (0.08)
$EXPENT_{8183}$			0.211 (0.69)		
$EXPENT_{8486}$			0.189 (0.88)		
$EXPENT_{8789}$			0.261 (1.93)	−0.224 (2.30)*	−0.421 (4.23)**
$EXPENT_{9092}$			−0.019 (0.14)	−0.160 (1.91)*	0.002 (0.03)
常数	0.869 (3.39)	0.848 (3.31)	0.839 (3.27)	1.36 (4.02)	1.32 (3.90)
N	14 072	14 072	14 072	9 731	9 731

注：括号内为 z 统计量的绝对值。所有规范中均包含申请年份虚拟变量和专利类别虚拟变量(未报告)。$UNIV_T$ 的系数是 β_T；ENT_T 的系数是 δ_T；$EXPENT_T$ 的系数是 Φ_T(请参阅附录)。* 在 5% 显著性水平上；** 在 1% 显著性水平上。

然而,非生物医学专利的分析表明,在 1984—1986 年间,新加入院校与现有院校所申请专利的重要性存在显著差异。从表 7.7 中可以看出,在 1987 年之前申请的两组专利中,新加入院校的专利引用量显著低于现有院校的专利。有关 20 世纪 80 年代末新加入院校专利重要性提高的更多论述,请阅读下文。[11]

139

在《拜杜法案》出台后的首个六年内,现有院校在非生物医学技术领域比在生物医学技术领域具有更大的重要性优势,这表明专利申请经验在生物医学领域不太重要。第四章在一定程度上支持这一假设,认为研究公司的客户院校(全都没有专利申请经验)在"择优选择"生物医学专利方面比在非生物医学专利方面更加成功。这些结果也与第六章有关《拜杜法案》前后加州大学和斯坦福大学生物医学和非生物医学专利引用量的分析结果一致。

140

141

新加入院校的专利重要性在 1986 年后是否有所提高?

到目前为止,我们的分析表明,在《拜杜法案》后进入学术专利申请领域的院校在 1981—1986 年间获得的重要专利平均数量少于经验更多的现有院校。如果说新加入院校缺少专利申请经验是造成其专利重要性较低的原因,那么这些大学扩大专利申请可能实现了院校学习,从而缩小了经验丰富与经验较少院校专利权人之间的差异。新加入院校的学习同时可以提高新加入院校专利相对于对照专利的重要性。因此,在本节中,我们将检验 20 世纪 80 年代和 90 年代初新加入院校与现有院校专利之间,以及新加入院校专利和对照组专利之间的重要性差异变化。

142

在我们的整体样本(见表 7.5)中,在 1981—1986 年间,新加入院校的专利重要性显著低于现有院校所申请专利的重要性(模型 2),但对于 1987—1992 年间所申请的专利,这些差异在统计上并不显著。在 1981—1986 年间,现有院校与新加入院校重要性差异最为显著的非生物医学专利也表现出类似的重要性变化(见表 7.7 模型 2)。这些分析结果表明,非生物医学领域在《拜杜法案》通过后初期的专利重要性差异最为显著,在 1987—1992 年间,新加入院校缩小了其与现有院校所申请专利之间的重要性差距。

我们还研究了新加入大学专利与对照组专利之间的"重要性差异"变化，得到了表7.8中的结果。表7.8中的结果表明，在《拜杜法案》通过后初期，新加入大学专利的引用量并未显著高于对照组专利，无论是1981—1983年还是1984—1986年间申请的专利，Wald检验统计量都不显著。在针对新加入院校和现有院校生物医学专利和非生物医学专利重要性差异的单独检验中，Wald统计量也不显著。但在整个样本和非生物医学子样本中，新加入院校在1987—1989年和1990—1992年间所申请专利的平均被引用次数高于相应的对照组专利。新加入院校在1990—1992年间所申请的生物医学专利的引用次数也高于相应的对照组专利。

表 7.8 （UNTV$_T$＋ENT$_T$）系数（1981—1992 年样本，负二项模型，因变量为被引用次数）

样　本	整个样本，对照专利	生物医学专利，对照专利	非生物医学专利，对照专利
1981—1983	0.072 (0.62)	0.284 (3.73)	−0.103 (0.77)
1984—1986	0.028 (0.16)	−0.013 (0.02)	0.059 (0.43)
1987—1989	0.21 (21.27)**	0.008 (0.01)	0.304 (31.34)**
1990—1992	0.293 (54.05)**	0.295 (16.04)**	0.303 (41.10)**

注：UNIV$_T$的系数是β_T；ENT$_T$的系数是δ_T。括号内为（β_T＋δ_T = 0）Wald检验的卡方统计量。* 在5%显著性水平上；** 在1%显著性水平上。

总的来说，这些数据表明，在20世纪80年代末和90年代初，现有大学和新加入大学所申请专利的重要性在很大程度上趋同。此外，这种趋同反映的是新加入院校专利重要性的提高，而不是现有院校专利重要性的下降。[12]非生物医学技术领域的趋同最为显著，在1981—1986年间，现有院校和新加入院校所申请专利重要性之间的差异最大。在我们大多数的规范中，后来的专利分组(1986 年后申请的专利)中,新加入院校的专利相对于非学术对照组专利的重要性也有所提高。综合来看,这些结果表明,新加入大学似乎确实在 20 世纪 80 年代就学会了申请专利。

新加入院校的学习途经

哪些因素影响了新加入院校在 1980 年后的专利申请学习能力？1980 年之后进入专利领域的许多院校在 1980 年之前都是研究公司的客户,20 世纪 60 年代,研究公司开始培训院校客户,对最适合申请专利和许可的发明进行识别(见第四章)。因此,我们对以下假设进行了检验：在 20 世纪 70 年代,研究公司的活跃客户,即在此十年中的任意一年向研究公司提交了 5 项或以上发明披露的客户,在《拜杜法案》通过后的首个六年中所获专利的重要性高于其他新加入院校。

在《拜杜法案》通过后,新加入院校提高专利重要性的另一个途径是从积累的专利申请经验中学习。如果更多的专利申请活动是一个学习途径,那么在 1981—1986 年间专利申请活动力度更大的新加入院校在 1986 年后所获专利的平均重要性应高于在此期间拥有较少专利申请经验的新加入院校。为了论证这一假设,我们分析了在 1981—1986 年间所获专利数量高于新加入大学专利中位数的新加入院校与其他院校之间的专利重要性差异。

最后,成立正式技术许可办公室(TLO)和聘请专业许可人员也可能有助于新加入院校提高 1980 年后所获专利的重要性。我们论证了这一假设,即"早期新加入院校"(在《拜杜法案》通过后的首个 6 年内成立技术许可办公室的院校)所获专利的平均重要性高于较晚成立正式技术许可办公室的新加入院校。我们比较了授予以下两类院校专利的重要性,即在 1986 年之前至少聘请了一名相当于 0.5 个全职工作量(FTE)的人员从事技术转移活动的新加入院校和在 1986 年之前未成立技术转移办公室的新加入院校。

正如我们前文所提到的,**EXPENT** 系数衡量的是经验丰富的新加入院校与经验不足的新加入院校在给定时期内所获专利的重要性差异。表 7.5～表

7.7 中的模型 3 报告了在 1980 年前为研究公司活跃客户的新加入院校的 EXPENT 变量,以及在 1981—1983 年以及 1990—1992 年间为研究公司活跃客户的其他新加入院校的 EXPENT 变量。新加入院校在 1980 年前与研究公司存在合同关系与其 20 世纪 80 年代专利重要性的提高无关。整个样本第 3 列中的 EXPENT 系数在任何时期都不显著(见表 7.5)。同样,生物医学和非生物医学子样本(见表 7.6 和表 7.7)并无证据表明,作为研究公司活跃客户的新加入院校,其专利的重要性高于《拜杜法案》后其他新加入院校的专利。

在 1980 年后,研究公司未能影响客户公司的专利重要性,原因尚不清楚。推测其中一个原因可能在于,客户大学在向研究公司提交发明以申请专利和授予许可时,缺乏对专利选择的激励措施。根据发明管理协议(IAA),研究公司的客户大学不会承担任何费用(见第四章),因此在 20 世纪 60 年代和 70 年代,这些院校缺乏选择有商业前景发明的激励措施。也有可能是因为客户大学将专利管理活动外包给了研究公司,阻碍了它们获得这些技能。

上面讨论的第二个学习途径是积累专利申请,即"边做边学"。在表 7.5～表 7.7 的模型 4 中,对于在 1981—1986 年间申请专利数量高于专利中位数的所有新加入院校,EXPENT 均设为 1。[13] 模型 4 中的 EXPENT 衡量的是在 1981—1986 年间获得的专利数量高于中位数的新加入院校所申请专利的重要性与在此期间获得的专利数量低于中位数的新加入院校所申请专利的重要性差异。令人惊讶的是,在 1981—1986 年间有大量专利申请经验的新加入院校在 1986 年获颁专利的平均引用量低于其他新加入院校的专利。

145

在整个样本中,1987—1989 年和 1990—1992 年间经验较多新加入院校的获颁专利的引用量显著低于在同一时期经验较少新加入院校的获颁专利(见表 7.5 中模型 4)。同样,正如"学习曲线"所假设的一样,在生物医学和非生物医学子样本中,也没有证据表明在 1987 年前有较丰富专利申请经验的新加入院校,其在 1987 年以后所获专利的重要性更高。这些研究结果表明,累积的申请专利经验并不能解释 20 世纪 80 年代中期以后新加入院校专利重要性的提高。

　　最后,我们探讨了 1980 年后成立正式的技术许可办公室对新加入院校专利重要性的影响。我们利用大学技术经理人协会(AUTM, 1994)的数据,将 1986 年前成立了正式技术许可办公室,也就是至少安排一名相当于 0.5 个全职工作量的人员从事技术转移、专利申请和许可活动管理的新加入大学的 EXPENT 编码为 1。表 7.5～表 7.7 的模型 5 中报告了 1981—1986 年间成立技术许可办公室对 1986 年后新加入院校专利重要性的影响。表 7.5 表明,对于整个专利样本,相对于在 1987 年前未成立技术许可办公室的新加入院校而言,早期成立技术许可办公室并未提高专利的重要性,表 7.5 中的 $EXPENT_{8789}$ 系数为负且显著,$EXPENT_{9092}$ 系数不显著。对于生物医学技术,表 7.6 中 $EXPENT_{8789}$ 系数不显著。对于非生物医学技术,$EXPENT_{8789}$ 系数为负且显著,表 7.7 中的 $EXPENT_{9092}$ 系数不显著。

　　这些结果表明,在《拜杜法案》后的早期成立技术许可办公室与 1987—1992 年间获得更重要的专利无关。事实上,在 1981—1986 年间成立技术许可办公室与 1987—1989 年间专利重要性较低有关。这些研究结果虽然不具有决定性,但与轶事证据一致,即一些大学在成立正式技术许可办公室时,最初分配了几乎没有专利和许可管理知识或技能的人员从事这些活动,这不足以产生重要的专利。在一些情况下,成立正式的技术许可办公室可能是"学习申请专利"的结果而不是原因。

　　其他形式组织的学习可能使新加入院校提高了专利的重要性,尽管我们无法检验这些因素的影响。有组织的学习可以直接(如咨询、人事调动和会议)和间接(如监督他人以及与同事进行非正式讨论)学习他人的经验。这两种渠道似乎都是新加入大学学习管理专利和许可的重要手段。例如,1969 年斯坦福大学技术许可办公室创办人尼尔斯·赖默斯在 20 世纪 80 年代曾在一些新加入大学和现有大学的技术许可办公室担任顾问,同时向其他院校传播斯坦福大学的成功管理经验。

　　大学间人事调动的"传闻证据"表明,这是院校间知识传播和学习的另一个渠道。在 20 世纪 80 年代末,哥伦比亚大学聘请了艾奥瓦州立大学技术转

146

移项目的前任主任,而艾奥瓦州立大学在专利申请方面拥有丰富经验。20世纪70年代中期成立的大学技术经理人协会似乎也通过高校技术转移人员论坛和专业会议来传播关于"最佳做法"的信息。

在20世纪80年代,新加入院校还从更广泛技术许可管理人员团体内的非正式交流和互动中学习。在1981—1985年最初那一波选择性较低的专利申请浪潮之后,哥伦比亚大学根据其他专利申请经验较丰富院校的指导,采取仅在具有潜在被许可人时才申请专利这一做法。[14]哥伦比亚大学的这项政策及其他政策,都是在与其他大学技术许可办公室主任进行非正式讨论后制订的。类似的非正式交流和互动可能有助于提高20世纪80年代和90年代初新加入院校专利的质量。

事实上,从最早参与专利申请和授权开始,美国大学在选择他们想要申请专利的发明以及在专利申请和授权活动的整体管理上就借鉴并学习了他人的经验(见第三章;Sampat and Nelson, 2002)。这种趋势在《拜杜法案》后似乎仍在继续;Feldman et al.(2002)认为,在20世纪90年代,各所大学纷纷效仿,使用股权投资作为其技术转移战略的一部分。从这些历史和当代记载来看,如果说大学没有通过非正式渠道、专业网络和其他机制进行专利申请学习,倒令人惊讶。

第三节 结 论

147   本章对1980年前后美国整体学术专利的实证分析结论与第六章对加州大学、斯坦福大学和哥伦比亚大学专利的分析结果一致。具体来说,我们发现,在1980年以前就拥有大量专利组合的大学,其在1980年后所获专利的重要性和通用性并没有下降。但是,对于几乎没有经验的院校,其专利的重要性或通用性并没有显著高于非学术专利。我们还研究了在《拜杜法案》后授予新加入大学和现有大学专利权人专利的特征变化,以确定新加入大学所获专利的重要性及其提高程度。

我们的研究结果显示,几乎没有证据支持以下观点,即在《拜杜法案》通过后,美国大学内部"研究文化"的变化导致学术专利的重要性下降,至少在该法案通过后的前 14 年如此。然而,该研究结果并不排除这样一种可能性,即学术研究文化的这种变化可能是逐渐发生的,并最终体现在学术专利重要性指标的下降上。

虽然我们的分析似乎表明,大学的确可以学习如何申请专利,但这种学习的途径并不清楚。积累专利申请经验、与非营利性研究公司的既往合作以及将管理人才派到正式指定的技术转移活动中等,都不能解释这类大学专利重要性随时间提高的原因。虽然这些学习途经指标都存在缺陷,但并不显著,这表明,我们的结果可能源自一个更加分散的学习过程。

148

附 录

用于检验学术专利申请"学习"的
计量经济学规范的推导

在本附录中,我们更详细地介绍了"1981—1992 年间的院校经验、学习与大学专利特征"章节中提到的计量经济学规范。在我们的分析中,因变量是某项专利获得的引用次数。我们利用负二项回归来计算这个"次数"因变量。我们基本规范中的负二项引用函数的条件平均数是

$$E(\text{引用量} \mid \text{App}_t, \text{UNIV}, \text{Class}_c)$$

$$= \exp\left\{ \sum_t [\alpha_t \, \text{App}_t + \beta_t (\text{App}_t \times \text{UNIV})] + \sum_c \gamma_c \, \text{Class}_c \right\} \qquad (1)$$

式中,App_t 是所有申请年份为 t 的专利的虚拟变量,值等于 1;UNIV 是所有大学专利的虚拟变量,值等于 1;Class_c 是专利类别 c 中的所有专利的虚拟变量,值等于 1;α_t、β_t 和 γ_t 均为系数。我们报告的结果将申请年份虚拟变量分成四组:$t = 8183$、$t = 8486$、$t = 8789$ 和 $t = 9092$ 分别对应申请年份 1981—1983、1984—1986、1987—1989 和 1990—1992。[15] 在我们的样本中,专利类别虚拟变量包含 303 个分类。

$t = T$ 年份的非学术对照样本专利的被引用次数条件均值为

$$E(\text{引用量} \mid \text{对照样本}) = E(\text{引用量} \mid \text{APP}_T = 1, \text{UNIV} = 0, \text{Class}_c)$$

$$= \exp\left(\alpha_T + \sum_c \gamma_c \, \text{Class}_c \right) \qquad (2)$$

同样,$t = T$ 年份的大学专利的引用次数条件均值为

$$E(\text{引用量} \mid \text{大学样本}) = E(\text{引用量} \mid \text{APP}_T = 1, \text{UNIV} = 1, \text{Class}_c)$$

$$= \exp\left(\alpha_T + \beta_T + \sum_c \gamma_c \, \text{Class}_c \right) \qquad (3)$$

式(2)与式(1)的比值是年份 T 的学术专利引用次数与对照专利引用次数的"比例差分",即 $\exp(\beta_T)$。我们通过检验 β_T 是否为 0,来检验年份 T 的大学专利与对照组专利间的引用次数差异。该检验可表明,在年份 T 所申请学术专利的引用量是否显著高于当年所申请非学术对照样本专利的引用量。

为了比较新加入院校专利与现有院校专利及非学术对照专利的重要性,我们在式(1)中插入了一个虚拟变量 ENT,用于识别新加入院校,得到条件均值函数为

$$E(\text{引用量}|\text{App}_t, \text{UNIV}, \text{ENT}, \text{Class}_c)$$

$$= \exp\left\{ \sum_t \begin{bmatrix} \alpha_t \text{App}_t + \beta_t(\text{App}_t \times \text{UNIV}) \\ + \delta_t(\text{App}_t \times \text{ENT}) \end{bmatrix} + \sum_c \gamma_c \text{Class}_c \right\} \quad (4)$$

式中,对于所有新加入院校,ENT 均等于 1,对于现有院校和对照样本,ENT 均等于 0;δ_t 是交互项 $\text{App}_t \times \text{ENT}$ 的系数。式(5)~式(7)分别计算了新加入院校、现有院校和对照样本专利在申请年份 $t = T$ 的平均引用量:

$$E(\text{引用量}|\text{新加入院校})$$
$$= E(\text{引用量}|\text{App}_T = 1, \text{UNIV} = 1, \text{ENT} = 1, \text{Class}_c)$$
$$= \exp(\alpha_T + \beta_T + \delta_T + \sum_c \gamma_c \text{Class}_c) \quad (5)$$

$$E(\text{引用量}|\text{现有院校})$$
$$= E(\text{引用量}|\text{App}_T = 1, \text{UNIV} = 1, \text{ENT} = 0, \text{Class}_c)$$
$$= \exp(\alpha_T + \beta_T + \sum_c \gamma_c \text{Class}_c) \quad (6)$$

$$E(\text{引用量}|\text{对照样本})$$
$$= E(\text{引用量}|\text{App}_T = 1, \text{UNIV} = 0, \text{ENT} = 0, \text{Class}_c)$$
$$= \exp(\alpha_T + \sum_c \gamma_c \text{Class}_c) \quad (7)$$

式(5)除以式(6)得到 $t = T$ 年份新加入院校所申请专利引用次数与现有院校所申请专利引用次数之间的比例差分,即 $\exp(\delta_T)$。同样,式(6)与式(7)

的比值是新加入院校专利与对照样本专利之间引用量的比例差分,即 $\exp(\beta_T)$;式(5)与式(7)的比值是新加入院校专利与对照样本专利之间引用量的比例差分,即 $\exp(\beta_T + \delta_T)$。检验前两个差分 $\exp(\delta_T)$ 和 $\exp(\beta_T)$ 的显著性需要标准 z 检验。我们使用线性限制 $\beta_T + \delta_T = 0$ 的 Wald 检验来分析新加入院校与对照样本专利之间的引用率差异。

为了评估各种学习机制是否会影响新加入院校获颁专利的特征,我们构建了虚拟变量 EXPENT,对于以下三类经验丰富的新加入院校均等于 1:① 与研究公司存在合同关系;② 1980—1986 年的累计专利申请高于中位数;③ 1980—1986 年间至少指派一名相当于 0.5 个全职工作量(FTE)的人员从事正式的技术转移活动。将 EXPENT 和系数 Φ_t 代入式(4),得到以下条件均值函数:

$$
\begin{aligned}
&E(\text{引用量} \mid \text{App}_t,\ \text{UNIV},\ \text{ENT},\ \text{EXPENT},\ \text{Class}_c) \\
&= \exp\left\{
\begin{aligned}
&\sum_t [\alpha_t\,\text{App}_t + \beta_t(\text{App}_t \times \text{UNIV}) \\
&\quad + \delta_t(\text{App}_t \times \text{ENT}) \\
&\quad + \Phi_t(\text{App}_t \times \text{EXPENT})] \\
&\quad + \sum_c \gamma_c \text{Class}_c
\end{aligned}
\right\}
\end{aligned}
\tag{8}
$$

因此,经验丰富的新加入院校在 $t = T$ 年份所申请专利的引用次数与其他新加入院校所申请专利的引用次数之间的比例差分为 $\exp(\Phi_t)$。

第八章

大学-产业技术转移中会发生什么?

——五个案例分析

到目前为止,我们在本书中关于产学技术转移的大部分讨论都强调了研究合作和技术转移的各种量化指标的趋势。但是这些指标很少揭示大学与产业之间的技术转移特点。我们在第五章和其他章节都提到过,《拜杜法案》的起草者和支持者技术转移中专利申请和许可的作用,做了特定的假设。为了更深入、详细地介绍技术转移过程,本章对哥伦比亚大学和加州大学申请了专利并授予许可的五项发明的技术转移过程进行了案例研究。

《拜杜法案》的支持者认为,大学发明缺乏明确的产权阻碍了这些发明的商业化,而最近一些学术研究的结果证明了这一假设。根据对 62 所主要大学的技术转移管理人员所进行的调查,Jensen and Thursby(2001)在一篇论文中报道称,48%的大学发明在许可时都是"概念验证"。他们认为,这一研究结果与《拜杜法案》支持者的观点,即大学发明处于萌芽阶段,需要大量额外投资来进行商业开发一致。这些调查结果还表明,在这种早期阶段发明的商业化过程中,发明人的参与很普遍。[1]基于这些结果,作者认为,通过让学术发明人在早期发明的商业成功中获得经济利益,《拜杜法案》为发明人参与授权后的开发和商业化提供了激励,从而促进了大学与产业之间的技术转移。

　　虽然这些调查结果与《拜杜法案》起草者和支持者对大学技术特征的假设基本一致,但它们几乎没有提供任何关于专利和独占许可是激励企业开发和商业化大学发明的必要条件这一《拜杜法案》核心论点的支持信息。调查结果也没有太多细节显示基于专利的激励措施对于诱导发明人参与商业化进程的重要性,也没有揭示各学术研究领域在技术转移过程中的差异(如有)。

　　本章中的案例研究突出了技术转移过程中特定领域和特定发明的差异,以及专利和许可在这一过程中的作用。在专利和许可的重要性、大学的角色、学术发明人的重要性和参与程度,甚至是大学和行业之间知识流动的方向性和特征方面,各案例之间都存在很大的差异。

　　例如,哥伦比亚大学的专利申请和许可活动对青光眼治疗药物适利达(Xalatan)的开发和商业化非常重要。然而,在本章讨论的其他两项发明(阿克塞尔共转化过程和可溶性 CD4)中,大学专利和许可对于技术转移和商业化却没有那么重要:企业通过非正式的科学和技术团体了解到这两项发明,并且愿意在其尚无明确或专有产权的情况下进行商业化投资。

　　另外两项发明(氮化镓和埃姆斯Ⅱ试验)则在知名公司选择放弃接受许可后被许可给了发明人创立的初创公司。这些发明人兼创始人认为,保护他们的知识产权对他们公司的建立很重要,但目前尚不清楚专利保护对于其发明的商业开发是否真的必要。

　　雏形技术和发明涉及大量的专业技术或隐性知识,先前的学者已经注意到发明人合作对于开发此类技术和发明的重要性(Jensen and Thursby,2001)。然而,这五个案例揭示了大学发明人在技术商业化中所扮演角色的巨大反差。在其中三个案例中,发明人成立的初创公司在商业化中发挥了核心作用,而发明人必然会大量参与其中。在第四个案例中,知名公司对大学发明的开发得到了发明人的帮助。相比之下,在第五个案例中,被许可人并没有要求发明人提供帮助。

　　这一小部分案例的异质性突出表明,在概括技术转移过程的性质以及正式的知识产权在转让过程中的作用时需要谨慎。这种异质性也突出了大学技术管理政策和实践灵活性的重要性，例如，在生物医学领域有效的技术或政策在电子学领域可能不那么有效。

第一节　方　　法

本章提到的五个案例不是哥伦比亚大学或加州大学众多发明中的随机样本，而是来自不同的研究项目，这些项目侧重于大学技术转移过程的不同方面（见 Colyvas et al.，2002；Lowe，2001）。这些案例分析也并非哥伦比亚大学和加州大学专利组合或"发明披露组合"所涵盖全部技术的代表性样本。此外，这五项发明都获得了专利，并吸引了老牌或初创企业的兴趣，而这两所院校披露的大多数发明并非如此。因此，这些案例过多地代表了两所大学相对重要的发明、发明专利和成功的技术转移工作。尽管如此，通过对大学许可管理人员和发明人的访谈，以及此前对大学发明和专利数据的分析，我们还是可以得出结论，这些案例准确地描述了大学的专利申请和许可过程。

哥伦比亚大学的三个案例来自一个较大型的项目，该项目对产生正许可收益的许可发明进行了过度采样（见 Colyvas et al.，2002）。事实上，在本章讨论的三项哥伦比亚大学发明中，有两项发明所创造的许可收入超过了自《拜杜法案》通过以来美国大学许可的几乎所有发明。因此，哥伦比亚大学的样本偏向于特别成功的发明专利。哥伦比亚大学的所有发明都属于生物医学领域，我们在第六章中提到过，生物医学领域占哥伦比亚大学专利许可收入的大部分。

加州大学的两个案例针对发明人创立的初创公司获得许可的发明，并从随机选择的发明样本中抽取，以匹配加州大学所有发明人创立的初创公司在三个维度上的分布：技术领域、发明人所在校区和成立日期（见 Lowe，2001）。加州大学的案例包括一个生物医学领域的发明和一个电子学领域的发明，因此，从构成上来看，加州大学案例只包含发明人高度参与技术转移过程的

154

技术。

每个案例的信息来源于大学记录,对发明人、许可管理人员和其他参与人员的访谈,以及二次文献。每个案例分析的开头都是简要技术介绍,然后是发明的研究历史,包括在大学实验室内外开展的研究工作。随后,我们介绍了提交专利申请时的发明开发状态。我们还讨论了发明人决定公开发明以及大学决定申请专利和推动发明的商业开发时所考虑的因素。继而,我们探讨了发明人在技术转移过程中的作用,最后总结了有关技术的现状,包括产品、产品销量和支付给大学的使用费。

这五项案例分析如下:

(1)共转化:将基因转移到哺乳动物细胞的过程(哥伦比亚大学)。

(2)氮化镓:一种具有军事和商业用途的半导体(加州大学)。

(3)适利达:一种青光眼治疗药物(哥伦比亚大学)。

(4)埃姆斯Ⅱ试验:一种检测药品和化妆品潜在致癌性的细菌检测方法(加州大学)。

(5)可溶性 CD4:一种对抗艾滋病的原型药物(哥伦比亚大学)。

第二节　案例分析

共转化

共转化是一个将基因转移到哺乳动物细胞的过程。研究人员利用共转化过程来识别控制基因转移的调控序列、定义基因表达机制并了解基因功能。生物技术公司也利用这一过程来生产蛋白质类药物。哥伦比亚大学关于共转化过程和最终产品的专利基于哥伦比亚大学内科和外科医学院理查德·阿克塞尔(Richard Axel)的研究,在过去 20 年里一直是最赚钱的学术发明之一,自 1983 年以来产生了超过 3.7 亿美元的总使用费(按 1996 年美元价值计)。许多公司已获得了共转化专利的许可,将其用于生产一系列重要的基因工程药物。

1. 研究历史

基因转移技术的研究可以追溯到 20 世纪 40 年代，但随着斯坦福大学和加州大学的研究人员开发出重组 DNA 方法，该领域在 20 世纪 70 年代发生了革命性的变化。利用这些方法，研究人员首次实现了精确地将基因从一个细胞转移到另一个细胞。重组 DNA 技术还可以让研究人员定制 DNA，用以检测基因表达。在重组 DNA 之前，人们对控制基因表达的调控序列知之甚少（Marx，1980）。

20 世纪 70 年代，基因转移研究发展遇阻，因为通过这些方法转移的基因只被较少的细胞所接受，因此难以发现转化细胞。阿克塞尔及其同事在1977—1979 年间发表的一系列论文，描述了将基因插入哺乳动物细胞的"共转化过程"，对基因转移问题做出了重大贡献。[2] 该方法是将目标基因与一个标记基因一起转移，研究人员可以使用标记基因来识别和分离已经结合了 DNA的特定细胞，从而提高哺乳动物的基因转移效率。阿克塞尔共转化过程被广泛认为是基因转移取得的一项重大进展（Marx，1980）。

2. 大学专利申请和许可

虽然许多基因转移研究的动机是了解基因表达，但科技界认识到，该方法也可以用于大批量生产蛋白质，因此在商业药物生产中具有重要的应用价值。用共转化法生产蛋白质相较于使用细菌（原核）系统的主流蛋白质生产方法，具有明显的优势（Fox，1983）。

阿克塞尔与哥伦比亚大学医学院院长讨论了共转化的商业潜力，院长力劝阿克塞尔及其团队向哥伦比亚大学总法律顾问办公室公开这项发明。[3] 1980年 2 月，在《拜杜法案》通过之前，该大学对这项发明提出了专利申请。1980 年4 月，哥伦比亚大学向对阿克塞尔研究提供资金支持的美国国家卫生研究院（NIH）提出申请，要求获得任何可能获授专利的所有权，以及对专利授予独占许可的权利。国家卫生研究院批准了哥伦比亚大学的所有权申请，但拒绝了哥伦比亚大学授予独占许可的权利。

我们在第六章中提到过，哥伦比亚大学在 1981 年成立了科技发展办公室

(OSTD),该办公室在 1982 年接管了阿克塞尔专利申请的管理工作。在关于共转化的五项专利中,第一项专利是在阿克塞尔发表共转化相关论文后很久的 1983 年才颁发的,最终,哥伦比亚大学的专利涵盖了共转化过程、特定蛋白质的生产以及特定标记物的使用等技术。

自从 1977 年阿克塞尔发表了第一篇关于该主题的论文后,学术研究人员和公司便一直利用阿克塞尔的共转化过程进行各项实验(Fox,1983)。因此,在哥伦比亚大学获得专利时,研究界并不高兴。1983 年,哈佛大学分子生物学家詹姆斯·巴博萨指出:

> 自 1977 年以来,学术界一直在使用(共转化)专利所披露的过程……它对哺乳动物细胞基因转移的开发而言非常有用,几乎已经成为一种实验室试剂……但这个过程已经申请了专利,这似乎是不对的。至于监管行业对该项技术的使用,我不知道哥伦比亚大学会作何反应。公司产品生产方式属于专有信息("Axel Patent Claims Mammalian Cell Transfer",1983,p.5)。

哥伦比亚大学最初试图要求已经在使用该技术的公司与大学进行许可谈判。该大学许可管理人员检查了各个专利、最终产品和科技出版物,确定阿克塞尔过程的潜在用户,并告知这些公司,如果它们使用共转化过程生产蛋白质,必须向哥伦比亚大学支付专利使用费。1984 年,哥伦比亚大学科技发展办公室副主任在一份生物技术行业杂志上宣布:"我们从已发表的文献和自身的一些渠道了解到,许多研究实验室正在使用共转化过程。商业公司使用该过程必须获得许可,否则就是对专利的侵犯。"他进一步表示,"哥伦比亚大学将坚定地捍卫自己的专利权,必要时会采取法律行动"("Axel Patent Claims Mammalian Cell Transfer",1983,p.5)

到 1984 年初,哥伦比亚大学科技发展办公室以信件的形式至少向 75 家公司传达了其实质观点。但要监测这些公司在生产蛋白质时是否使用了特定的过程,本身就困难重重,这降低了哥伦比亚大学威胁的可信度。许多公司没有做出回复,要么是因为他们没有使用阿克塞尔工艺,要么是它们不相信哥伦比亚大学可以取证说明它们在这么做。到 1984 年 6 月,只有 10 家公司做出了回复,并同意向哥伦比亚大学获得许可。尽管哥伦比亚大学执行专利的能力存在不确定性,但这些公司仍选择就共转化技术获得许可,这是因为哥伦比亚大学收取的使用费相对较低。该校许可管理人员表示,哥伦比亚大学收取相对较低的使用费,"旨在鼓励人们使用该项技术"("Columbia University rDNA Patent Licensing", 1984, p.4)。[4]哥伦比亚大学不断发出的警告信件,产生了更多的被许可人,到 2000 年 12 月已有 34 家公司获得了关于阿克塞尔共转化技术的许可。

3. 商业化和开发

共转化技术仍处于萌芽阶段,要想使用它生产具有商业规模和质量的特定蛋白质需要进一步的实验和研究。在以非独占方式许可该项发明后,哥伦比亚大学继续进行这些开发工作。独占性并非促使公司对基于大学技术的产品进行商业化的必要条件,这或许是因为,使用共转化过程生产的药物本身可以申请专利。

该项技术的商业开发利用存在另一个有趣的特点,即发明人与哥伦比亚大学的被许可人之间缺乏互动。每家被许可公司都聘请了科学家,他们的培训和研究经验足以使其根据阿克塞尔所发表论文中的共转化过程描述来理解和使用该项技术。因此,发明人不一定要与被许可人合作来转让他的技术,也不需要以其他方式传达关于共转化特点和应用的重要隐含信息。该发明的技术细节得到了充分的记录,阿克塞尔及其同事的论文提供了足够的细节,而且产业公司的"吸收能力"(Cohen and Levinthal, 1990)也得到了充分发展,产业研究人员可以在没有阿克塞尔或其同事直接参与的情况下进行共转化的商业开发。

自 1984 年以来,哥伦比亚大学的共转化被许可人已将该项技术用于生产治疗多种疾病的药物,其中一些药物甚至成为畅销药。自 1983 年以来,哥伦比亚大学共转化专利的使用费总收入已超过 3.7 亿美元(按 1996 年美元价值计),使之成为《拜杜法案》后收入最高的大学发明之一。

4. 小结

158

共转化专利的许可和商业开发历史表明,专利和独占许可协议并非大学发明实现商业化的必要条件。在共转化案例中,在没有取得发明专有权的情况下,公司具有将该项技术用于自身研究和药物生产的能力和动力。事实上,发生技术转移的原因似乎并非专利、许可或大学技术转移办公室的参与。大学专利为哥伦比亚大学带来了可观的收入,但并没有证据表明专利和相关的非独占许可促进了该项技术的商业化。哥伦比亚大学针对阿克塞尔共转化专利的非独占许可协议,与加州大学和斯坦福大学联合许可的同样知名(和赚钱)的科恩-博耶专利一样,似乎都没能加速或以其他方式促进该项发明的商业开发。相反,哥伦比亚大学利用这些许可协议,对科学文献所载发明的商业化加收费用,而几乎可以肯定的是,即便在没有授予许可的情况下,人们也会按照刊物上提供的技术信息和可行性论证对这项发明进行商业开发。[5]阿克塞尔共转化案例还表明,当潜在用户具备开发发明的充分"吸收能力"时,大学发明人参与商业化过程就不那么重要了。

氮化镓

氮化镓(GaN)是一种宽带隙半导体,即能够发出多种颜色的光线。氮化镓可以提供其他发光二极管(LED)材料无法提供的颜色,如亮蓝色和绿色。[6]该技术还有其他一些具有吸引力的特点,其商业潜力长期以来吸引着产业和学术研究人员进行投资和研发。例如,氮化镓的发光强度是砷化镓(GaAs)和硅(Si)等传统 LED 材料所不具备的;与其他 LED 材料一样,氮化镓比其他照明技术更节能(也就是说,在将电转化为光的过程中,因产生热量而损失的能量更少);与移动电话、军用雷达和通信卫星使用的传统技术相比,氮化镓半导体还能提供更大的传输功率和更高的效率。

由于其非同寻常的特性,美国大型公司的工业研究人员在 20 世纪 60 年代就已开始着手氮化镓的相关研发。纵观氮化镓的研究历史，大型企业实验室、小型初创公司和大学悉数参与其中并做出了重要的技术贡献。在许多情况下，大学对氮化镓的研究是在产业研究人员取得重大进展之后，所以，许多技术转移从产业界流向了研究型大学，而不是从大学流向产业界。

1. 研究历史

氮化镓的研究最早开始于20世纪60年代末美国无线电公司普林斯顿实验室杰出研究人员雅克·彭哥芬的实验。认识到氮化镓的巨大潜力后，IBM、贝尔实验室和松下公司等主要工业企业在20世纪70年代初开始了对氮化镓和相关半导体的研究，到20世纪70年代中期，其中一些公司取得了一些专利。然而，到20世纪80年代初，由于可用于基底的材料存在限制以及其他技术问题，许多公司的这些研究工作都被放弃了（Kahaner，1995）。为了开发可商用的氮化镓技术，必须进一步开展对衬底新材料和全新晶体生长过程的基础研究。这些技术障碍，再加上一些工业企业在20世纪80年代削减了企业研究中心实验室，降低了产业界对氮化镓所属Ⅲ～Ⅴ族半导体的兴趣。

当人们纷纷放弃氮化镓项目时，两名日本研究人员，即松下公司的赤崎勇和日亚化学的中村修二却仍在坚持氮化镓的研究工作（他们的工作相互独立），并获得了50多项（截至2002年7月）关于氮化镓和相关研究的美国专利。在多次会议上与彭哥芬会面并参观了彭哥芬的实验室后，赤崎勇在松下研究所启动了氮化镓的研究计划，并担任基础研究实验室负责人兼半导体部门总经理。赤崎勇在1981年调到名古屋大学任教后，继续从事氮化镓的研究。中村修二曾任职于日亚化学公司（一家小型阴极射线管和荧光灯用荧光粉制造商），并于20世纪80年代中期开始研究氮化镓。当他开始研究氮化镓时，一些大型电子公司和几所大学的研究人员已经开始研究硒化锌（ZnSe）基半导体，这些半导体在蓝光LED应用方面似乎存在巨大潜力，且比氮化镓更容易理解。

尽管硒化锌材料在结构上与氮化镓相似，并且被认为更易于生产，但企业实验室和美国大学的研究人员未能基于这些材料生产出持续时间超过几百小

160 时的 LED,导致其无法投入商业使用。这些在硒化锌研发上的失败,使得 20
世纪 90 年代初赤崎勇和中村修二在氮化镓(GaN)方面的成功,重新点燃了几
家公司和大学科学家对氮化镓的兴趣。而且,中村修二的研究具有很大的技
术优势,1994 年,他在自己的实验室里制造出了氮化镓蓝光 LED 的首个现代
原型。[7]

  图 8.1 给出了 1972—1998 年间授予的氮化镓专利的受让人数据,旨在说
明这一时期工业、学术和独立发明人在氮化镓技术发展中的相对重要性。该
图反映的最有趣的一点是,在该技术研发的第一个十年中,作为专利持有人的
产业界而非学术界研究人员发挥了重要作用。在 1972—1982 年间颁发的 14
项氮化镓相关专利中,有 11 项颁发给了公司,2 项颁发给了个人,只有 1 项颁
发给了学术机构。[8]然而,在 20 世纪 80 年代后期和 90 年代,这种情况有所改
变:在 1983—1998 年间授予的 105 项氮化镓专利中,有 29 项颁发给了大学。

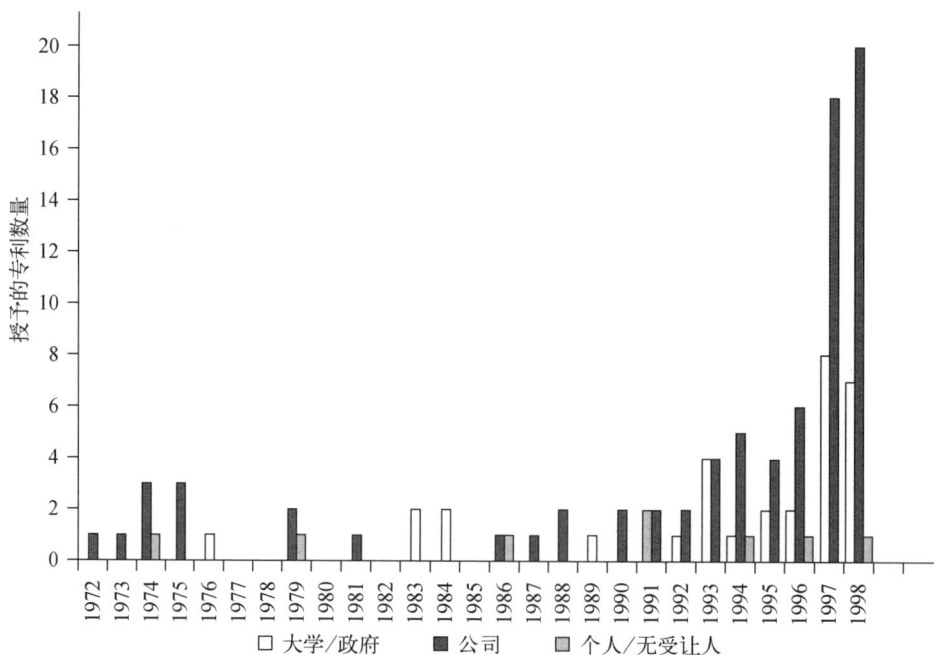

图 8.1　1972—1998 年间美国氮化镓相关专利的受让人

在 1983—1998 年间，产业专利仍然占主导地位，但颁发给学术机构的氮化镓专利占比大约翻了一番，从 14% 增加到了近 28%。在这项技术的整个发展过程中，产业界主导了氮化镓的专利申请，这并不奇怪，但学术专利申请增加的时间却令人惊讶。在氮化镓专利申请的早期阶段，学术界研究人员的专利申请并未占据主导地位，落后于产业研究人员的专利申请。至少在这项技术上，从产业界流向大学的知识和技术与反向流动的知识和技术数量相当。

在 1983—1994 年间颁发给大学的所有氮化镓专利中，只有三项不涉及名古屋大学赤崎勇的发明。[9] 这三项大学专利中，有两项是彭哥芬的发明，他于 1985 年接受了科罗拉多大学的教职。[10] 可以说，赤崎勇和彭哥芬从产业界向学术界的任职变动，促进了 20 世纪 80 年代氮化镓相关可申请专利研究从产业界向大学的流动。[11]

20 世纪 90 年代初曾颁发了几项氮化镓专利，科锐研究公司（Cree Research）是其中一项专利的受让人。该公司成立于 1987 年，获得了北卡罗来纳州立大学授予的专利许可，其中涉及晶圆和电子器件用碳化硅材料。科锐研究公司在加州大学圣巴巴拉分校（UCSB）氮化镓专利的开发利用方面发挥了重要作用，该公司于 20 世纪 90 年代启动一项研究计划，旨在改善可用于氮化镓的晶体生长方法和制造工艺。

中村修二的研究和原型吸引了 UCSB 的斯蒂文·登巴斯和优曼希·米什拉的兴趣。登巴斯和米什拉开始研究被其他研究人员所忽视的一项技术，即氮化镓在激光器和微波晶体管中的应用。米什拉在接受采访时回忆说：

> 赤崎勇和中村修二集中研究的是彩色照明，当然这也是商业上较为重要的一个领域。但当时我们决定开发一些蓝色发射器、激光器和微波晶体管"用于无线应用"……我们第一次去参加会议时，没有带论文。只是旁听了一下。在第二次会议上，我们带去了大量的论文。（Mishra，2001）

20 世纪 90 年代中期,一些知名公司为登巴斯和米什拉的氮化镓新应用研究提供了资金支持。休斯电子公司(Hughes Electronics)在圣巴巴拉拥有一座大型研究机构,长期与 UCSB 工程学院保持着密切的关系。休斯电子公司尽管多年来一直为工程学院提供捐助支持,但从未表示过对 UCSB 教师研究成果的许可感兴趣。休斯电子公司对基础研究的捐助支持,更多是为了保持对 UCSB 教师研究活动的一个"观察窗口",并获得接触有前途的研究生的机会。

当米什拉和登巴斯决定在 UCSB 建立一个致力于氮化镓和其他研究的实验室时,休斯电子公司为实验室提供了"种子基金",但没有就米什拉、登巴斯或其他研究人员所产生知识产权的处置签署任何正式协议。美国国家科学基金会和海军研究办公室以及日本 LED 制造商斯坦利电气(Stanley Electric)公司也为实验室提供了研究资金,并最终获得了对 UCSB 实验室发明的选择权,但都未被授予专利许可。

2. 大学专利申请和许可

事实证明,UCSB 的研究设施很有成效。在 1995—2001 年间,米什拉和登巴斯发表了 223 篇论文,且其披露的关于氮化镓、砷化镓及其他相关实验室项目的 21 项发明中,有 12 项获得了专利。UCSB 研究人员获得的这 12 项专利凸显了其研究成果的巨大商业价值,因为当时加州大学的许可管理人员很少对未显示出巨大商业价值潜力的技术提交专利申请,而产业投资人或被许可人也愿意承担专利审查费。

在米什拉和登巴斯的若干发明中,至少有一部分专利审查费是由一些知名公司资助的。在其他案例中,产业公司(包括 20 世纪 70 年代活跃于氮化镓研究领域的一些公司)与加州大学签署了保密协议,允许他们对加州大学已提交专利申请的发明进行技术评估。但产业界对 UCSB 氮化镓研究的浓厚兴趣并没有转化为许可协议。在一次采访中,登巴斯(DenBaars, 2000)表示,老牌产业公司对 UCSB 的氮化镓专利许可缺乏兴趣,反映了电子行业长期以来的研发惯例,即"大学会申请专利,一开始非常激进……然后再营销这些专利,但我们过去的经验是,大公司通常对大学专利的许可不感兴趣。他们喜欢自己申请专利。"

事实上，尽管西门子、惠普、松下、东芝、流明(安捷伦技术公司和飞利浦公司的合资企业)和其他大型公司在 2000 年之前都启动了大量的研发项目来开发氮化镓的应用，但老牌公司很少来谋求米什拉和登巴斯发明的许可。尽管有 23 家公司审查了 UCSB 的发明，但截至 2002 年 3 月，只签署了一项许可协议，被许可人为科锐研究公司。此外，科锐是在收购了米什拉和登巴斯创办的公司之后，才与 UCSB 进行了许可谈判。

这些专利营销的部分困难在于发明开发的早期阶段。UCSB 专利涉及商业批量生产所需的小规模原型工艺，而生产所用制造工艺的"可扩展性"仍有很大的不确定性。UCSB 的研究人员指出，竞争优势的主要来源是个人技术经验，而不是正式的知识产权。登巴斯(DenBaars, 2000)解释说：

> 尤其是在半导体行业……大公司获取你的技术的基本方式是招聘你的学生。然后，"你的技术"就不受专利权限制了。至少在半导体领域，最重要的是专有技术……以及在博士学习期间积累的所有知识。所以，学生是我们最重要的资源。我想说，他们比专利更有价值。

正如登巴斯所言，产业界对登巴斯-米什拉专利的许可缺乏兴趣(包括发明人方面缺乏兴趣)，根源似乎在于半导体材料产业创新相关"知识库"的特点。与许多生物医学研究领域相比，氮化镓发明的专利和许可文件中所包含的编码技术信息几乎没有透露将发明转化为商业应用所需的关键知识和相关信息。同时，活跃在这一技术领域的许多公司拥有大量的相关技术和知识，除了证明具体技术方法的可行性外，几乎不需要其他信息来证明投资他们自身研发项目以实现商业应用的合理性。最后，正如第二章所指出的，人们普遍认为，在半导体等领域中，单个专利的效力和经济价值低于大多数生物医学专利，因此产业企业可能认为不太需要为从事该领域的技术工作而获得相关的学术专利许可。

163

3. 开发和商业化

由于大型老牌公司对许可的兴趣较低,米什拉和登巴斯成立了一家公司,以进一步开发他们的发明。1997 年,UCSB 的两名研究人员与半导体行业的一名前高管弗雷德·布卢姆创立了宽隙科技公司(Widegap Technologies)[后更名为奈特莱斯(Nitres)],聘请了几名曾在米什拉-登巴斯实验室工作的研究生。在与大学进行初步谈判后,发明人的新公司没有完成基于米什拉和登巴斯研究的氮化镓专利归属协议或许可协议。

宽隙科技公司最初依赖知名公司的资助和政府拨款。休斯电子公司和通用电气公司分别为小企业创新研究(SBIR)项目以及美国国家标准与技术研究院的先进技术计划(ATP)项目提供了配套资金。宽隙科技公司还获得了美国空军、海军研究办公室、美国国防高级研究计划局、弹道导弹防御组织和美国陆军的联邦研究资助。

与新公司的氮化镓技术雏形相关的不确定性似乎限制了风险投资人或股票市场对奈特莱斯的资助。布卢姆(Blum, 2000)表示:

> 我们一开始甚至没有接触任何风投(风险投资人)。我们获得了天使投资,但那靠的是我与洛杉矶地区行业高管的职业关系。我们一开始并不想要风投资金,因为他们想尽快看到原型,而我们当时的技术还太薄弱。如果他们在这个过程中看不到新产品,就会担心,并且可能对公司施加不合理的压力。

UCSB 在最开始几年将大学的"洁净室"租给了奈特莱斯,为奈特莱斯的氮化镓研究提供了宝贵的资产。登巴斯和米什拉表示,公司资金紧缺,建造或购买"洁净室"成本高昂,如果没有 UCSB 提供的研究场所,奈特莱斯将无法开展研究。

科锐研究公司于 2000 年 3 月收购了奈特莱斯,当时奈特莱斯已经开发出了部分技术的商业级原型,并完成了最初由联邦政府拨款资助的开发项目。

到 2002 年初，科锐已经发布了几款基于氮化镓的产品，包括面向商业市场的绿色和蓝色 LED，以及军事和电信应用领域的产品。然而，截至 2002 年年中，加州大学尚未收到科锐关于氮化镓许可的任何专利使用费。

4. 小结

氮化镓案例就像阿克塞尔共转化专利案例一样，专利本身对于产学技术转移来说似乎相对不重要。在这两个案例中，无论关键发明专利存在与否，以大学发明为基础的技术创新都不影响产业发展。然而，与氮化镓专利相比，阿克塞尔专利为哥伦比亚大学带来了可观的收入。这些发明及其许可历史之间的差异反映了它们的背景技术在需求方面的差异，以及生物医学和电子领域专利在法律效力和经济价值方面的根本差异。氮化镓案例与阿克塞尔案例的另一个重要差异在于 UCSB 专利的发明人在此类技术转移中的作用——面对知名产业公司对其专利的有限兴趣，开发这些技术的 UCSB 工程系教师创办了自己的公司。最后，氮化镓案例的历史特点是产业界与学术界之间的知识和人员双向流动，而不是知识和"原型"从大学向产业界的单向流动。

适利达

适利达是一种治疗青光眼的眼药水，青光眼是一种与眼内液体压力升高和视神经损伤有关的眼病，严重可导致视力丧失或失明。适利达使用一类叫作前列腺素（PG）的化合物来增加引流，从而降低眼内压。在适利达问世之前，医生通常用 β-受体阻滞剂来治疗青光眼，它对有心脏病史的患者有严重的副作用。而适利达的副作用较小，目前是青光眼治疗的市场主流药物。

适利达的产业转化和商业开发似乎与《拜杜法案》的假设一致，因为该药物的专利和独占许可对其成功商业化至关重要。与阿克塞尔共转化过程相反（在某种程度上让人想起氮化镓案例），适利达的学术发明人集中参与了它的开发和商业化过程。

165

1. 研究历史

哥伦比亚大学医学院的拉斯洛·拜罗在 20 世纪 70 年代初开始研究前列腺素对眼睛的影响,该研究得到了美国国家卫生研究院国家眼科研究所的一系列资助。20 世纪 70 年代末,他发表了几篇论文,证明了小剂量的前列腺素可以降低猫和兔子的眼压(见 Camras, Bito, and Eakins, 1977),并于 1981 年发表了一篇论文,报告了灵长类动物实验的类似结果(Camras and Bito, 1981)。

2. 大学专利申请和许可

拜罗原本只打算发表他的研究成果,完全没有考虑商业化问题。但他在 1982 年提交经费续期申请过程中了解到,哥伦比亚大学在《拜杜法案》颁布后的专利政策要求他向大学的技术转移办公室报告他的研究进展。拜罗在与哥伦比亚大学科技发展办公室讨论之后,于 1982 年提交了一份关于"使用二十烷类及其衍生物治疗眼压升高和青光眼"的发明报告,公开了他在 1977 年和 1981 年发表的研究。哥伦比亚大学于 1982 年申请了一项关于使用前列腺素治疗眼内高压和青光眼的专利,并于 1986 年获得了此项专利。哥伦比亚大学随后申请并获得了关于该技术的另外两项专利。

在获得第一项专利之前,哥伦比亚大学就开始为该发明寻找被许可人。尽管拜罗和哥伦比亚大学做了大量的营销工作,然而,该发明依旧无人问津,也许是因为业内专家普遍认为前列腺素对眼睛有害。拜罗在近期一次采访中回忆说,产业意向被许可人不愿意考虑在人眼中使用前列腺素,他们认为:"这太不理智了。你们不能在人眼里使用前列腺素。"一位著名的眼科专家称拜罗的想法"近乎荒谬"(摘自 Gerth and Stolberg, 2000)。他们都认为仍需大量的额外研究来确定这项技术是否有用以及有用程度如何,而且几乎没有产业公司认为拜罗的研究进展具有巨大的商业潜力。

然而,在 1983 年,在拜罗一位朋友的说服下,瑞典的法玛西亚公司愿意以独家方式获得该技术的许可,这位朋友曾为该公司开发了一种白内障治疗方法。拜罗的学生兼同事卡尔·卡姆拉斯对发明的发展也起了重要作用,他后来提道:"如果拉斯洛·拜罗的朋友没有为法玛西亚公司创造奇迹……没有人会接受它"("Columbia Innovation Enterprise: A Special Report", 1996, p.1)。拜罗治疗方法的可行性和商业潜力存在不确定性,这意味着适利达的商业化过程中,在与法玛西亚公司谈判时,强有力的专利保护和独占许可至关重要。

3.开发和商业化

拜罗在适利达的开发和商业化过程中发挥了重要作用。因为他是世界上为数不多使用前列腺素治疗青光眼的人之一,因此,法玛西亚公司需要拜罗帮助其开发一种与现有(并非使用前列腺素)治疗青光眼方法一样有效的药物也就不足为奇了。拜罗和法玛西亚公司之间的一些合作发生在该公司位于瑞典乌普萨拉的实验室里,研究人员在这里致力于了解前列腺素在青光眼治疗中的作用。拜罗还利用他所在大学与法玛西亚公司之间研究协议所提供的资金继续他在哥伦比亚大学的研究。

直到 1991 年,哥伦比亚大学和法玛西亚公司的研究人员都对前列腺素青光眼治疗方法的商业前景充满信心。到 1994 年,法玛西亚公司开始考虑将其产品提交给美国食品和药物管理局(FDA)进行临床测试和批准。但法玛西亚公司在 1995 年与一家美国大型制药公司普强合并,延缓了这项技术的发展。新的管理团队并没有优先考虑这个项目,拜罗在后来的采访中提到,这"是一个非常有压力的过程,因为在一个优秀的团队将产品推向成功之后,合并公司新管理人员并不熟悉这个产品"("Columbia Innovation Enterprise: A Special Report", 1996, p.4)。

此时,其他一些制药公司联系了拜罗和哥伦比亚大学,表示有兴趣从法玛西亚公司获得分许可,以开发基于前列腺素的青光眼治疗方法,用于瑞典公司申请以外的使用领域。有证据表明,自从法玛西亚公司与普强合并后,法玛西亚公司已经降低了青光眼治疗药物的开发力度,拜罗敦促哥伦比亚大学要求法玛西亚公司授予该分许可。哥伦比亚大学向法玛西亚公司转达了拜罗的观点,并鼓励该公司重振其商业化努力。也许是因为学术许可方的鼓励,法玛西亚普强开始推进适利达的商业化,该产品于 1996 年获得 FDA 批准。适利达上市后销量迅速增长,到 2001 财年,销售额超过 7.4 亿美元(按 1996 年美元价值计),成为世界上最畅销的青光眼药物。2000 年,哥伦比亚大学从适利达获得了近 2 000 万美元的总专利使用费(按 1996 年美元价值计)。

4. 小结

与阿克塞尔共转化案例以及氮化镓案例不同,在适利达案例中,专利似乎对该技术的转化和商业化非常重要。在某种程度上,专利的重要性反映了这样一个事实,即这项发明类似于 Jensen and Thursby(2001)所讨论的"原型"——将这项发明推向市场需要一段漫长而且费钱的开发时期。与共转化专利相比,发明人的专业知识和参与在该开发过程中不可或缺。但适利达案例说明了大学专利独占许可协议中的另一个问题,在下面将要讨论的可溶性CD4 案例中,也出现了这个问题。尽管公司可能愿意与大学签署独占许可协议(尽管大多数此类协议包括"尽职调查"或"尽最大努力"条款,要求被许可人投资发明的开发),但任何许可人,更不用说学术许可人了,都很难确保其被许可人能够及时开展成本高昂的技术开发过程。

埃姆斯 II 试验

埃姆斯 II 试验是一种基于埃姆斯试验的检测方法,由加州大学伯克利分校的布鲁斯·埃姆斯(Bruce Ames)于 20 世纪 60 年代末和 70 年代初开发。埃姆斯试验最早是基于细菌的检测方法,用于确定某种被测物质是否具有诱变潜力(导致细胞突变的潜力)。诱变特性是被测物质致癌能力的简单替代,最早的埃姆斯试验广泛用于制药、化妆品和食品行业的基本产品安全检测。埃姆斯 II 试验以埃姆斯实验室两位研究人员保利娜·吉和多萝西·马龙的研究为基础,比最早的埃姆斯试验开发晚了 20 年。

埃姆斯 II 试验的商业化与在《拜杜法案》前开发的最早埃姆斯试验的商业化形成了有趣的对比,最早的试验并未申请专利,而是发表在科学期刊上。因此,任何公司和研究实验室可以在没有许可的情况下实施埃姆斯试验。相比之下,埃姆斯 II 试验不仅发表了论文,还申请了两项专利,并且需要许可才能使用。1994 年,《美国国家科学院院刊》发表了埃姆斯 II 试验的研究论文,在一年前的 1993 年 10 月提交了第一项专利申请(Gee, Maron, and Ames, 1994),三年后,加州大学就这项发明提交了第二项专利申请。埃姆斯试验与埃姆斯Ⅱ试验的商业化过程也不同,发明人参与对埃姆斯Ⅱ试验的开发非常重要。埃姆斯Ⅱ试验的一名发明人参与创办了一家致力于试验商业化的公司,在促使其他公司应用该技术方面发挥了积极的引导作用。

1. 研究历史

1975 年,布鲁斯·埃姆斯公开宣布了他最早的埃姆斯试验,并很快认识到他的发明对学术研究和产业研究的重要性。

169

最早的埃姆斯试验未申请专利,且只需支付少量管理费,加州大学沙门氏菌诱变性试验资源中心就可以提供试验检测。[12]根据诱变性中心网站的数据,超过 3 000 个工业和学术实验室使用了埃姆斯试验,多家公司和实验室都培育了自己的菌株。[13]标准版的埃姆斯试验是将一种试验物质,如药物分子、化妆品或食品,暴露在经过化学修饰的鼠伤寒沙门氏菌菌株中,这种菌株不再产生生长所必需的一种氨基酸——组氨酸。在与被测物质混合后,一些菌株会发生突变并生长,就像未经修饰的或野生型细菌一样。由于只有突变菌株才能制造组氨酸并生长,因此对被测材料中细菌菌落生长频率的计数可以提供材料诱变特性的粗略指数。如果试验物质与细菌的相互作用导致细菌发生很大的突变和生长,则该物质可能具有很强的诱变特性,并可能对消费者有害。

最早的埃姆斯试验几乎没有提供有关被测物质诱变特性特征的信息。然而,在 20 世纪 80 年代末,吉和马龙开始研究强化版的埃姆斯测试,利用经过基因修饰的细菌产生特定的突变。到 1992 年,吉和马龙开发了埃姆斯Ⅱ试验,通过使研究人员确定试验细菌中的哪些基因在暴露于新材料或物质后受到影响,提供了关于试验物质诱变特性的额外信息。

2. 大学专利申请和许可

为了遵守加州大学的政策,吉和马龙在 1993 年向加州大学技术转移办公室提交了他们的发明,其中包括基因工程菌株和它们的生产过程。最早埃姆斯试验的广泛采用似乎表明,产业界会有很大兴趣获得吉和马龙的后续发明许可。然而,令人惊讶的是,没有一家知名公司对埃姆斯Ⅱ试验的进一步开发和商业化的许可表示有兴趣。有一家生物技术公司表示了兴趣,但并未签署任何正式协议。

吉在最近一次采访中表示,在她发现时,并没有打算开发和商业化这项发明(Gee, 2001)。然而,在吉和马龙公开发明后不久,哈佛大学教授、埃姆斯实验室前博士后斯宾塞·法尔开始与吉讨论将她的发明商业化的问题。法尔在两家风险投资人的资助下成立了一家公司,开发和商业化自己的基因检测发明。他认为埃姆斯Ⅱ试验具有巨大的商业潜力,可以作为一项补充产品。[14] 1993年,法尔邀请吉加入他刚起步的公司 Xenometrix。于是,吉离开学术界加入了该公司。Xenometrix 从加州大学获得了两项与吉的发明相关的专利许可。

3. 开发和商业化

吉表示,Xenometrix 持有埃姆斯Ⅱ试验专利许可有助于公司筹集资金,但发明人的知识和发明经验对于埃姆斯Ⅱ试验的商业化很有必要。正如 Gee(2001)所述:"我的价值不仅仅在于专利……我的经验是无形的,但知识产权是有形的,我们可以在协议中使用与知识产权相关的法律语言。显然,你想要两者兼得,但知识产权保护很有必要,以防有人要窃取我们的技术。"

Xenometrix 的欧洲分销商 Xenometrix GmbH 为复制埃姆斯Ⅱ试验菌株付出了巨大的努力,强调了吉的知识和经验对埃姆斯Ⅱ试验开发的重要性。到 20 世纪 90 年代中期,Xenometrix GmbH 公司担心不能保持足够的菌株供应,要求 Xenometrix 对分销商的科学家进行培养细菌的技术培训。分销商的实验室科学家们在 Xenometrix 的美国总部接受了为期一周的菌株培养所需技术和设备的强化培训。但经过近一年的努力,分销商的欧洲科学家仍无法生产出符合该公司规范并可以出售给客户的菌株。为了解决这个问题,吉在分销商的欧洲实验室花了几天时间,生产出了大约可以使用两年的细菌供应量。

到 2001 年初,埃姆斯Ⅱ试验取得了有限的商业成功。Xenometrix 继续开展开发工作,但法尔已经离职,创办了另一家公司 Phase One。在 2001 年初,Discovery Partners International 收购了 Xenometrix,以扩大公司两条主要产品线,法尔的分析检测和埃姆斯Ⅱ试验的销量。加州大学已从埃姆斯Ⅱ试验许可中获得了近 13 万美元的专利使用费,但为了确保 Xenometrix 有充足的现金流来维持运营,很大一部分专利使用费(近 5 万美元)已被推迟或免除。

171

4. 小结

与氮化镓和适利达案例相比,埃姆斯Ⅱ试验商业化有一些有趣的相似点和不同点。与氮化镓和适利达案例一样,发明人的参与很重要,反映了发明应用中隐含专业知识的重要性。如果没有发明人的参与,仅依靠许可似乎并不能够实现埃姆斯Ⅱ试验商业化。但与氮化镓不同的是,该发明的专利保护及其商业化中公司协商的独占许可合同也很重要,这一点与适利达一样。事实上,埃姆斯Ⅱ试验专利许可显著提高了 Xenometrix 的风险融资可及性。

可溶性 CD4

可溶性 CD4 是一种抑制病毒进入和感染的艾滋病原型药。由于 CD4 是人体免疫缺陷病毒(HIV,引起艾滋病的病毒)的一种受体,一种人造可溶性 CD4 可以在 HIV 侵入健康细胞之前把它"清除"掉。20 世纪 80 年代中期,可溶性 CD4 的想法出现在了大学和工业实验室里,在这一时期,美国艾滋病病例数量快速增长,对更好的艾滋病治疗方法产生了的强烈需求。可溶性 CD4 被广泛认为是一种具有巨大商业潜力的产品。《波士顿环球报》将可溶性 CD4 称为"自齐多夫定(一种艾滋病药物)以来最受追捧的艾滋病治疗理念,尽管仍处于初级开发阶段"(Foreman,1988,p.41),著名艾滋病专家安东尼·福奇在美国国家卫生研究院的一次会议上提道:"我们都对这种药物很有兴趣。它在实验中的效果非常好,而且似乎具有继续进行研究的充分科学依据"(Perlman,1987,p.A1)。尽管人们对它有很高的热情,但截至 2001 年,尚未有基于可溶性 CD4 的艾滋病治疗方法通过商业用途批准。

1. 研究历史

20 世纪 80 年代中期,哥伦比亚大学的理查德·阿克塞尔在实验室取得了重大研究发现,使基于可溶性 CD4 的治疗成为可能。阿克塞尔对商业化活动并不陌生,他曾发明了前文所述的共转化过程。1985 年,美国、英国和法国的科学家提供了证据证明,CD4 分子是 HIV 的细胞受体,1985 年,阿克塞尔在哥伦比亚大学实验室率先克隆出了产生 CD4 受体的基因(Foreman, 1988)。在几个研究生的协助下,阿克塞尔证明,HIV 可以被"诱骗",从而只附着在插入 CD4 受体的细胞上。

这些实验结果于同年发表,并促使阿克塞尔和他的一名研究生保罗·马登对一种可溶性基因工程 CD4 的治疗效果进行研究。尽管他们的发现激发了科学家和制药公司的热情,但基于 CD4 艾滋病治疗法的可行性仍然存在不确定性。首先,可溶性 CD4 对整个人体免疫系统的影响尚不清楚。其次,身体可能会产生针对 CD4 诱饵的抗体,引发自身免疫反应。第三,一些科学家怀疑 CD4 并非 HIV 的唯一受体,因为 HIV 能够感染大脑中的细胞和骨髓中没有 CD4 受体的未成熟血细胞。到 20 世纪 80 年代中期,可溶性 CD4 疗法尚未在动物身上进行过试验,更不用说在人类身上进行试验了,这项发明只不过是一个具有重大但不确定商业潜力的想法。

2. 大学专利申请和许可

1986 年 3 月,阿克塞尔和马登根据他们的 CD4 研究向哥伦比亚大学科技发展办公室提交了两份发明披露。第一份披露涉及编码 CD4 的基因分离,第二份披露涉及生产可溶性 CD4 的方法。哥伦比亚大学在同年 8 月提交了关于这两项披露的专利申请,并在 1992 年获得了专利。1987 年,科技发展办公室开始与意向被许可人讨论 CD4 发明,至少有六家公司表示有兴趣从哥伦比亚大学获得 CD4 技术许可。

哥伦比亚大学的可溶性 CD4 许可战略演变说明了早期阶段发明独占许可协议的成本和效益。开发基于可溶性 CD4 的治疗方法需要大量的额外研究,因此任何被许可人都面临着与该技术最终商业可行性和财务回报相关的巨大风险和不确定性。这种高风险,以及将基于 CD4 的治疗方法推向市场需要大量的额外投资,意味着 CD4 技术可能需要授予某种形式的独占许可,以吸引产业被许可人。但科技发展办公室也面临着潜在被许可人业绩和商业前景的巨大不确定性。因此,科技发展办公室争取许可多家公司和科学团队,让他们采用不同的方法来开发基于 CD4 的产品。

哥伦比亚大学原本计划向渤健、基因泰克和史克必成三家公司授予共用许可,这三家公司在阿克塞尔成功克隆 CD4 受体后不久就开始研究基于可溶性 CD4 的治疗方法(阿克塞尔参与了史克必成公司在该领域的研究工作)。但在与这三家公司达成最终协议之前,阿克塞尔的研究生保罗·马登成立了一家公司——普罗基尼克斯制药公司,开发一种基于可溶性 CD4 的治疗方法,并要求哥伦比亚大学将他列入共用被许可人名单。哥伦比亚大学说服了这三家被许可人修改许可协议草案, 1989 年,将普罗基尼克斯制药公司加入了被许可人名单中。

3. 商业化和开发

在阿克塞尔及其同事于 1985 年发表论文证实已克隆出 CD4 受体(Maddon et al., 1985)之后,以及在签署哥伦比亚大学的许可协议之前,许多公司已经开始研究基于可溶性 CD4 的 HIV 治疗方法(Foreman, 1988)。1987年 12 月,基因泰克公司的科学家在科学杂志上发表了一篇论文,报告了积极的结果。此外,渤健、史克必成、丹娜法伯癌症研究院和巴塞尔免疫研究所的科学家在当月晚些时候各自在自然杂志上发表了关于可溶性 CD4 研究的论文。一篇当代报刊文章指出:"在这样一个新颖的研究领域,几乎同时出现了五篇主要论文,这不仅表明了艾滋病研究领域的激烈竞争,也表明了艾滋病治疗药物所蕴含的巨大商业前景"(Foreman, 1988, p.41)。到 1988 年夏天,包括碧迪医疗、Genelabs 和奥索制药在内的其他几家公司的研究人员发表了关于可溶性 CD4 治疗方法的研究论文。[15]1988 年 9 月,美国国家卫生研究院的 7 名研究人员在自然杂志上发表文章称,他们开发了一种药物,可以与 CD4 结合,锁定并杀死 HIV 病毒;同年晚些时候,他们宣布计划将这项技术(称为"CD4-PE")独占许可给普强制药("Licensing Plan for AIDS Drug Draws Fire", 1988)。

到 1989 年,也就是哥伦比亚大学的许可协议生效的第一年,开发可溶性 CD4 的竞争已经全面展开,除了哥伦比亚大学的被许可人,还有许多公司和实验室参与其中。一些非许可公司参与竞争表明,要么是哥伦比亚大学的专利范围狭窄,这些公司认为他们没有侵犯阿克塞尔/马登的专利,要么是侵犯专利所产生的商业成功产品的回报非常大,工业开发商认为,即使发生诉讼,也可以与哥伦比亚大学达成双方都同意的有利解决方案。[16]

174   这些非许可公司的开发活动还表明,哥伦比亚大学的阿克塞尔专利并不是支持开发工作的必要条件。从事 CD4 研究的非许可公司显然认为,他们还有其他方式占有研发收益,包括为临床试验开发的任何产品的专利。同样值得注意的是,在开发可溶性 CD4 的竞争中,只有两家公司(史克必成和普罗基尼克斯)在开发工作中直接招募了大学发明人(分别是阿克塞尔和马登)。该案例与共转化案例一样,大学发明人显然没有垄断开发发明所需的隐含知识。非许可公司和其他研究实验室的科学家发表的有关该主题的大量论文进一步证实了这一点。

     1990 年,也就是哥伦比亚大学签署阿克塞尔/马登专利许可协议的第二年,人们对可溶性 CD4 的热情开始消退。渤健公司和基因泰克公司的可溶性 CD4 产品在Ⅰ期临床试验中疗效甚微,高昂的开发成本以及对高制造成本的预估,导致这两家公司和史克必成公司缩减了 CD4 的研究规模。到 1995 年,哥伦比亚大学终止了这些公司的许可,只有哥伦比亚大学初创公司的被许可人普罗基尼克斯在继续努力开发可溶性 CD4 的治疗方法。

     渤健、史克必成和基因泰克在退出商业化竞争之前,已经在可溶性 CD4 的研究方面投入了大量资金,其中有两家公司甚至开始了临床试验。然而,在共同许可下,最终并没有开发出任何商业产品。1995 年,当时公认的可溶性 CD4 疗法领导者普罗基尼克斯公司宣布了其可溶性 CD4 疗法的临床试验计划。[17]1996 年,该公司与哥伦比亚大学重新协商了许可协议,获得了开发可溶性 CD4 产品的专有权。1996 年,普罗基尼克斯公司披露 HIV 病毒存在第二种受体 CC‑CKR‑5,这一科学发现意味着 CD4 是 HIV 病毒与细胞结合的必要条件,但非充分条件。后续普罗基尼克斯公司有几款基于可溶性 CD4 和 CC‑CKR‑5 诱饵受体的候选药物正在进行临床试验。

自宣布 CD4 取得突破性进展以来，一种替代方法，即抗逆转录病毒疗法，已被广泛用于治疗 HIV 感染者。然而，人们对普罗基尼克斯公司的候选药物，以及更普遍"进入抑制剂"的兴趣仍然很高。[18] 然而，截至 1999 年 12 月，哥伦比亚大学从阿克塞尔-马登专利中获得的销售专利使用费不到 1 万美元（按 1996 年美元价值计），因为 CD4 疗法尚未商业化。[19]

175

4. 小结

CD4 的开发历程说明，雏形发明即使看似具有巨大的商业潜力，但要从实验室推向市场，也会涉及很多商业和技术上的不确定性。本案例还提供了一些证据，表明即使是雏形发明，如果潜在盈利能力足够大，而且下游创新本身就可以申请专利，那么可能不需要独占许可。此外，该案例强调了与此类创新的独占许可协议相关的风险，因为许可管理人员通常很难确定若干意向被许可人（在极少数情况下，几家公司都有兴趣获得许可）中，哪一个最有可能将发明成功推向市场。最后，该案例与共转化专利一样，表明，在企业与相关科技界有密切联系的情况下，发明人的参与对商业化可能不那么重要。

第三节　结　论

第五章指出，支持《拜杜法案》的一个重要前提是，认为专利申请和许可是促进政府资助的大学发明开发和商业化的必要条件。尽管该法案并未规定大学在为教师发明申请专利和授予许可时必须遵循任何单一的具体政策，但大学管理层和技术许可管理人员经常认为，不同技术和行业的技术转移过程基本上是相似的。但这些案例分析表明，即使是在很小的技术样本中，也存在很大的异质性。在这些案例中，知识产权在促使企业开发和商业化大学发明方面的作用、发明人在许可后开发和商业化方面的作用，以及不同技术领域的学术和产业研究活动之间的关系，都存在着重大差异。

这五个案例中的适利达案例，专利和独占许可对于商业化的成功至关重要，但在其他至少两个案例——共转化案例和氮化镓案例中，大学发明即使没有获得专利,开发和商业化似乎也会继续进行。在这些案例中,其他可占有性手段,如专业知识或下游发明专利的前景,足以促使公司投资开发和商业化。

176 可溶性 CD4 案例也说明了,当发明的最终商业前景和被许可人的商业化能力高度不确定时,大学许可管理人员在选择意向被许可人时所面临的困难。[20]

这些案例还表明,发明人的参与程度以及发明人在开发和商业化中的作用存在很大的差异。在可溶性 CD4 案例和共转化案例中,一家或多家被许可公司与发明人之间几乎或完全没有互动,因为这些公司在发明领域有足够的经验和专业知识,或者与具有这方面经验的外部科学家有密切的关系。在这些案例中,大学发明人与产业意向商业化公司之间的知识和技术差距相对较小,这反映了产业公司以往在内部能力和外部科学发展监测方面的大力投资。[21]但本章讨论的氮化镓和埃姆斯 II 试验由初创公司开发和商业化,发明人在其中发挥了核心作用。

在这些案例中,工业研究与学术研究之间的反馈性质不同。《拜杜法案》暗含着创新的"线性模型"假设,即大学只进行基础研究,很少关注应用,而私人公司才会投资于应用研究和商业化。在这个观点中,以专利为基础的激励机制是在商业化过程中将大学、发明人与产业界联系起来的关键。然而,正如我们在第二章中提到的一样,这一假设并未准确地描述《拜杜法案》前后许多技术领域的产学互动。的确,在本章讨论的大多数案例中,科学界和工业界的研究活动(包括出版)在性质上有很大的重叠。与萨克及其同事在生物技术方面的工作一致(Zucker, Darby and Armstrong, 1994),在这些案例中,从大学向公司的技术转移通过劳动力流动和研究合作等一系列渠道实现。此外,在氮化镓案例和 CD4 案例中,大学研究本身在一定程度上建立在工业研究的基础之上。同时也没有证据表明,学术研究人员在披露或发表其研究进展方面存在重大延误。所有这些发明都是发表论文的主题,在大多数案例中,这些论文都是在提交专利申请之前发表的。

第二章中讨论的研究强调了各行业在学术研究对产业创新的影响以及这些影响在运作渠道方面的重大差异。本研究还表明,专利作为公司之间或大学与产业之间知识转移的工具,其重要性在不同行业间存在显著差异,并且揭示了专利和许可作为高校与产业界之间的知识和技术转移渠道,其重要性在不同行业之间也存在显著差异。然而,这些案例分析又表明,专利对于初创公司寻求融资可能很重要。与之前的研究一致,我们小的案例样本证据表明,生物医学发明的大学专利申请和许可比我们研究的电子发明专利更重要,且生物医学技术之间在技术转移过程中存在很大的异质性。

　　发明、产业和技术领域之间的这些差异可以通过大学专利申请和许可工作的灵活性加以调节。大学许可办公室可以利用一些合同协议来促进技术转移,包括保密协议、选择权、许可、材料转让协议和股权投资协议。只要大学谨慎选择这些工具,并以促进使用和商业化而不是最大限度提高专利费收入为目标,专利和许可就可以在保持美国公立大学和私立大学其他重要使命的同时,推进产学技术转移的使命。

177

178

第九章

结　论

在结论章节中,我们总结了关于《拜杜法案》和美国大学在经济增长和创新中作用的论点,并在大学专利申请和许可领域向美国政策制定者和大学管理者提出了一些启示和告诫。我们认为,目前关于美国研究型大学的经济作用和美国大学对 20 世纪 90 年代经济繁荣贡献的讨论,大多夸大了《拜杜法案》的作用。事实上,在整个 20 世纪,美国大学一直是工业创新的重要知识来源和其他关键输入来源,这种经济贡献在很大程度上依赖于专利申请和许可以外的渠道。

对大学经济作用的任何评估都必须认识到,大学研究影响产业创新的众多不同渠道,反之亦然。在许多其他国家模仿《拜杜法案》以增强其大学体系对创新和经济增长的贡献的努力过程中,他们缺乏这种认识。美国的政策制定者和大学管理者也必须牢记产学互动和技术转移的这些特点,并应将政策和管理决策建立在对学术研究和商业创新之间关系更细致和更现实的看法之上。大学管理者尤其应该注意他们的前辈在 20 世纪 30 年代和 40 年代提出的担忧,即任何大学从专利申请和许可中牟取暴利的行为都会带来政治风险。

第一节 大学和工业技术变革

美国大学研究与工业创新之间存在长期而密切的关系。事实上,有组织的工业研究和美国研究型大学最早都出现在 19 世纪末,并形成了一种复杂的互动关系。我们在第二章中提到过,美国的高等教育基础设施结构非同寻常:财政自主,有州和地方的公共资金以及联邦研究支持,规模巨大。上述这些特点为大学教师和管理人员提供了强大的激励手段,让他们把精力集中在能带来地方经济和社会效益的研究活动上。在整个 19 世纪末和 20 世纪,美国大学的大部分研究都集中在了解和解决农业、公共卫生和工业问题上,并不只是关注基本的科学原理。

从 20 世纪 40 年代开始,联邦政府对美国大学研究的财政支持大幅增加,削弱了许多大学与当地产业的研究联系,但在战后时期,这类联邦资金主要由国防部门和公共卫生部门这两个有明确使命的机构所支配。因此,战后时期美国大学的许多研究仍然集中在"巴斯德象限"上,即在追求基础研究的同时,专注于将这种研究用于解决特定技术问题或应用任务(Stokes, 1997)。

在过去的一个世纪里,美国大学对工业创新做出了重要贡献,尤其是通过提供先进的研究和教育。教育和研究之间的紧密联系维持了不断发展的科学研究规划与工业或农业问题之间的密切关系,同时(以培养学生的方式)提供了一个强大而有效的渠道,将大部分知识转移和应用到产业和其他经济部门。此外,工程学院和医学院的许多研究人员与其研究使用者,以及在工业、医学和农业领域工作的毕业生之间保持着密切的联系。

大学和工业研究人员之间的合作,加上许多美国大学研究人员重视具有重要工业、农业或其他公共应用领域的科学问题,意味着许多美国大学在整个 20 世纪为教师发明申请了专利。然而,尽管到 20 世纪 50 年代,越来越多的大学采用了正式的专利政策,但其中许多政策,特别是医学院的政策,禁止申请发明专利(见第三章),而且当时大学申请专利的情况不像 1980 年后那么普遍。此外,许多大学选择并非由自己管理专利申请和许可。第四章论述了加州大学教师发明人弗雷德里克·科特雷尔创立的研究公司在管理 1935—1980 年间大学专利和许可方面的作用,他希望利用自己专利的许可收入支持科学研究。但即使在专利申请和许可的最初几十年里,生物医学技术在研究公司和其他早期大学许可人(如威斯康星校友研究基金会)的许可收入中所占的份额也不成比例。

20 世纪 70 年代是美国大学专利申请和许可增长的分水岭,与 20 世纪 80 年代一样多,甚至更多。美国大学扩大了他们的专利申请活动,尤其是生物医学领域的专利申请,并取代了研究公司,在管理其专利申请和许可活动方面发挥了更突出的作用。各政府研究资助机构与大学之间的协议也促进了 20 世纪 70 年代专利申请活动的增长。特别是私立大学,在这十年间开始迅速扩大其专利申请和许可。

20 世纪 70 年代末,美国大学对学术发明专利申请和许可的兴趣日益浓厚,加之整个社会对美国经济竞争力的日益担忧,共同促成了 1980 年《拜杜法案》的通过。该法案也受到了这一时期更广泛联邦层面的努力的影响,合理化和简化了管理联邦资助研究所产生专利权处置的政策。我们在第五章提到过,该法案并没有使联邦法律或法规以前禁止的任何事情合法化,但它消除了大学与个别机构谈判协议或逐案申请专利权的必要性,并降低了政府专利政策方向的不确定性。由于学术专利申请和许可(包括政府资助研究的专利申请)的增长趋势早于《拜杜法案》,可以说,该法案最重要的影响是它规定了国会认可专利和许可(包括独占许可)是大学和公共实验室的适当活动。[1]

人们普遍认为(或指责),《拜杜法案》是 1980 年以来大学专利申请数量增长的原因。我们在前文提到过,美国大学的专利申请在该法案通过之前就已经开始增长,美国大学的"专利申请倾向"(每一美元学术研发产生的专利数量)在 1945 年后稳步增长,在 1980 年后,增长趋势没有急剧中断。20 世纪 70 年代和 80 年代大学专利申请的增长也受到其他发展的影响,包括基础科学,特别是分子生物学的进步。20 世纪 70 年代和 80 年代生物医学研究的进展反过来又利用了学术研发基础设施,这种基础设施受益于 20 世纪 60 年代以来联邦生物医学研究经费的增长。大学专利申请的扩大也受到司法和专利局决定的影响,这些决定澄清并扩大了生物医学科学领域可申请专利的主题范围。对 1980 年以来大学专利申请增长原因及后果的任何评估,都不能忽视更广泛的美国专利政策的影响。

《拜杜法案》对长期活跃在这一领域的大学,如斯坦福大学和加州大学的专利和许可活动并未产生巨大的影响。事实上,20 世纪 80 年代和 90 年代,在这些机构的许可收入中占主导地位的生物医学专利和许可在《拜杜法案》通过之前就已经开始增长了。1980 年之前,哥伦比亚大学在专利申请和许可方面几乎没有经验(在 1975 年之前禁止医学院申请发明专利),也在该法案生效之前申请了首个重磅专利。然而,该法案确实增加了斯坦福大学和加州大学教师的发明专利申请数量,尽管这些专利中许多发明的边际工业价值不高,也没有产生可观的许可使用费。《拜杜法案》吸引了以前在这些领域并不活跃的大学进入专利和许可领域。最初,这股加入浪潮与许多经验不足的大学生产相对低价值的专利有关。然而,随着时间的推移,新加入院校似乎已经"学会了申请专利",并开始获得具有更大技术重要性(以及潜在的经济重要性)的专利。

针对 1980 年前后美国大学专利申请和许可进行的分析也突出表明,这些活动高度集中在相对狭窄的研究领域,主要是生物医学科学领域。正如我们在讨论这个话题时一直强调的一样,生物医学科学与许多工程和科学研究领域的不同之处在于其专利和专利许可具有非同寻常的力量和经济价值。此外,20 世纪 70 年代以后,分子生物学的进步彻底改变了这一领域,产生了在制药和其他行业中具有重要应用的科学发现,这是生物医学研究不同于其他学术领域的另一个方面。专利申请和许可集中在相对狭窄的学术领域,这意味着,在《拜杜法案》通过前后,专利申请的增加对美国大学"研究文化"的影响并不普遍。相反,任何此类影响都集中在大多数大学的少数研究领域和学术部门。当然,学术领域之间这些重要差异的另一层含义是,需要认识到可能适用于生物医学科学的专利和许可政策可能会阻碍大学与产业在其他领域的合作,这一点我们将在下面详细论述。

我们在第七章中讨论了1980年后经验不足的大学专利权人的加入和学习行为,说明了美国大学专利申请和许可长期以来特别有趣的一面——它提供了关于知识产权市场运作的视角,这是经济学家和其他知识经济领域学生非常感兴趣的话题。新加入院校在专利申请和许可领域的经验不一,表明院校在发展知识产权市场管理能力方面存在不同的困难。成功的大学许可管理人员必须对特定技术领域有深入的了解,并且非常熟悉工业应用;此外,这些许可管理人员必须与教师发明人建立并保持密切的工作关系,发明人往往会夸大自己的才能和发明价值估计;同时,他们还要与在某一领域可能拥有更多经验的工业人员谈判复杂的合同。简单来说,许可管理人员需要拥有一系列的才能,这些才能是大多数大学管理部门中的人并不拥有的。因此,毫不奇怪,许多大学很难在《拜杜法案》出台后不久就建立一个成功的专利申请和许可组织。

《拜杜法案》和1970—2000年间大学专利申请的增长特点是否像第五章中引用的许多描述一样,增加了大学研究对20世纪90年代美国"新经济"的贡献? 在20世纪80年代和90年代,美国大学对经济增长和创新的贡献无疑非常重要,但没有证据表明这些贡献比其在20世纪30年代或50年代的贡献更重要,也没有任何证据可以证明《拜杜法案》显著增加了这些贡献,或者如果没有该法案就不会出现此类增长。这些贡献的性质以及在《拜杜法案》前后实现这些贡献的渠道是复杂的,所包括的远不止专利申请和许可。但支撑这些重要经济和创新贡献的因素植根于美国高等教育体系的结构,它在许多方面与其他工业经济体形成鲜明对比。美国大学一直与能够从其研究和培训中受益的外部团体保持着密切联系。他们在农业、医学和工业等感兴趣的领域中,相对迅速地扩展了新的科学与技术。在某些情况下,大学申请专利促进了技术转移。但在许多情况下,转让与否并不取决于大学是否拥有知识产权。

第二节　大学专利申请和许可的收益和风险

美国和其他地方的许多政策制定者和大学管理人员普遍认为,《拜杜法案》取得了绝对的成功,对美国大学的经济贡献功不可没,但这种观点几乎没有证据支持。首先,仅凭美国大学专利申请和许可活动的增长数据,无法得出专利申请和许可对技术转移至关重要的结论,因为大学专利申请的增加可能涵盖以前通过其他渠道转让的技术或发明。其次,早在《拜杜法案》之前,就可能出现了学术专利申请和许可的增长以及其他形式产学合作的增长。最后,正如我们在第五章中论述的一样,关于《拜杜法案》之前商业化率低的证据很薄弱。

要想全面评估《拜杜法案》的影响,或者更全面地评估大学专利申请和许可增长所带来的益处,就必须考虑这些活动对学术研究事业、产业界获得大学研究成果以及其他产学知识和技术转移渠道的潜在负面影响。几乎没有发现证据表明,1980 年以来美国大学专利申请和许可活动的扩大,使学术研究人员的研究方向发生了重大转变,从基础研究转向更容易获得专利和许可、更具应用价值的短期研究活动。此外,我们在前文多次提到过,专利集中在相对狭窄的学科范围内,意味着学术研究人员研究方向的任何这种转变本身就会高度集中在少数几个领域。同样重要的是,许多美国大学和学术研究人员在整个 20 世纪的研究方向都相对功利。而且,1980 年前后美国大学专利特点的少量证据并未表明美国大学的研究方向在《拜杜法案》后发生了变化。

也没有人提出令人信服的论据,证明大学研究的技术产品申请专利保护这件事可能对美国经济的创新产生不利影响。毕竟,专利申请涉及公开和公布某项特定发明的细节,在某些情况下,同公开关于某项发明细节的技术论文一样。184

对于美国大学专利申请增长的影响,有两大方面值得关注。第一个方面涉及 20 世纪 70 年代以来专利申请范围扩大到了以前被视为"科学"的人工制品,即本身属于重要科研输入的想法、材料和技术。我们强调,专利范围的延伸仅在一定程度上归因于《拜杜法案》,它反映了美国整体知识产权政策一系列更广泛的变化。第二个值得关注的方面涉及大学专利持有人对这些专利的许可所采取的政策。这些政策可能会影响公共资源资助的重要科技进步的传播和使用,也可能给大学带来重大的政治风险,就像大学管理人员在 20 世纪 30 年代和 40 年代的辩论中所讨论的风险一样。这些风险我们将在下文逐一讨论。

专利是科学研究的障碍

我们在前文提到过,许多大学专利申请都来自"巴斯德象限"领域的研究。在这些领域,很难区分某项研究成果是增强了对该领域的理解并指向进一步的基础研究,还是指向未来的实际应用。当然,正是这些可能的应用使得这些研究成果可申请专利。尽管如此,在某些情况下,美国专利商标局和法院对研究成果授予了广泛专利,而任何申请都是高度不确定的,而且在很久之后才能取得的,其近期主要用途是作为进一步研究的投入。在这种情况下,可能会对随后的科学研究产生重大的负面影响。

与确立技术发明的产权不同,通过专利申请将以往属于"科学公地"的知识输入"私有化"可能会阻碍研究的进展。学术专利申请的增长也可能会增强教师或大学推迟发表、限制共享研究资料和/或限制教师通过会议报告或非正式交流与科学界分享其研究成果的动机(Dasgupta and David, 1994; Liebeskind, 2001)。Blumenthal et al.(1997)在 1993 年对 2 000 多名生物医学教师进行的一项调查发现,20%的受访者曾将研究成果的发表时间推迟了至少 6 个月。其中近一半的教师报告说,为了保护这些发现的可专利性,他们推迟了研究成果的发表。该调查还发现,9%的受访者曾拒绝其他科学家查阅其研究成果的请求。在该研究团队成员 2000 年进行的后续调查中,73%从事遗传学工作的受访者表示,在获得数据或资料方面的困难延缓了该领域的科学进步(Campbell et al., 2002)。

Campbell et al.(2002)强调了学术专利申请和许可的另一个潜在影响,即加大了对研究人员获得科研输入的限制。如果某项科研需要查阅不同所有人持有的多项专利技术,也就是说,在特定产品开发或研究领域有多名潜在主张人的情况下,获得这些权利的交易成本可能会减缓研究进展(Heller and Eisenberg,1998)。这些交易成本增加的一个标志是,大学和产业界越来越依赖正式的许可合同和资料转让协议来共享研究资料(例如,Eisenberg,2001;Rai and Eisenberg,2003)。[2]

在这些情况下,研究成果是进一步研究的重要输入,对于试图解决实际问题的人而言,更是一项有用输入。因此,如果所有致力于该领域知识和实践的人都能获得这些研究进展所带来的经济效益,那么这些研究进展的经济效益可能会更大。这种自由传播是否会通过降低研究人员控制其研究发现或从其研究发现的使用中获利的能力,削弱研究人员从事此类研究的动机?我们认为不会,因为大多数公共资助学术研究的主要奖励机制依据的是发表论文数和研究发现的优先级(Dasgupta and David,1994)。

美国专利制度的变化,而不是《拜杜法案》的变化,可能会减少大学专利申请增长对科学研究造成的阻碍。首先,美国专利商标局可以对主要涉及自然现象发现的专利采取更加怀疑的政策,例如,要求申请人提出强有力的证据,证明专利申请或专利标的物是人造的。虽然这些区别很难在一般层面上阐明,甚至更难在个案基础上应用,但我们认为,对这类专利采取更严格的限制政策可以减少对"科学公地"的侵蚀。

其次,对实用或有用性含义的更严格解释可能会限制为科研进行的专利申请。这个问题对于声称所讨论的研究结果可以被用来达到明显有用的目标的专利申请尤为重要——这是一个间接证明实用性的案例。但这里的问题是,专利发明的主要用处是作为未来研究的输入,它代表的是通用知识或技术,如果保留在公共领域,则最有用。在这里,更严格的解释将要求比目前所采用的更为有力的证据来证明在特定实际解决方案方面取得了显著进展。

第三,专利申请人经常会在申请中提出广泛性远超实际成果的主张。控

186

制实际取得成果的各种可能替代品,对专利权所有人来说有着明显的好处,但对整个社会而言,限制宽泛权利主张可能导致的技术创新阻碍,是有好处。

工业界和学术界研究人员增加了对科研输入的专利申请,大学也更加积极地对以前通过发表论文传播的至少一些研究发现申请专利和授予许可,这使得科学研究的知识产权环境变得更加复杂。事实上,学术研究人员在基础研究过程中可能有意或无意侵犯专利的风险不容忽视。在历史上,学术研究人员一直受到"研究豁免"的保护,免受侵权诉讼或损害赔偿的伤害。长期以来,法官一直认为,在纯研究中使用专利发明或进展并不构成专利侵权。大学研究人员和管理人员依赖于事实研究豁免以应对专利权持有人的侵权诉讼威胁,同时在历史上,美国产业界在许多领域都向大学研究人员授予了事实上的研究豁免。

研究豁免从未在法律中有所体现,事实上,美国大学的大部分研究都注重实践目标和提高基础研究的目标,长期以来使得大学管理人员对研究豁免的争论复杂化了。但美国大学近期努力为以前属于公共领域的研究发现寻求专利和许可协议,改变了这种情况,而且可能导致行业高管更不愿意坚持这一政策。在某些领域,如研究资料和工具,大学和产业研究人员现在更多的是竞争对手而不是合作伙伴,产业研究人员通常需要获得许可才能使用大学的专利研究成果。面对大学的此类要求,产业研究管理人员认为,他们没有理由不对大学提出类似的要求(Eisenberg, 2001)。因此,研究豁免方面的许多障碍反映了在某些领域将大学从研究合作者转变为商业竞争对手的变化。正如我们在下文中将提到的,对大学角色认知的这种转变反映了他们在专利组合许可和诉讼方面,而不是学术专利本身方面的行为。

对研究豁免的另一个打击来自 2002 年联邦巡回上诉法院在马代诉杜克案(*Madey v. Duke*)中的判决,该判决从根本上否认了专利侵权诉讼中学术"豁免"的存在或有效性。该判决还暗示着,至少联邦司法部门的一些成员对大学研究的认知发生了一些变化,这是对美国大学专利申请和许可活动日益增加的回应。在一名学术研究人员对杜克大学提起的侵权诉讼中,法院辩称,基础研究和应用研究是大学"核心事务"的一部分。法院认为,由于大学从其研究活动中获得了经济和其他方面的利益,根据法律,专利持有人要求大学在研究中使用专利材料之前获得许可是合理的。

马代诉杜克案的判决极有可能阻碍学术研究的进展,因为在这些领域,专利申请越来越频繁,而且越来越多地包含科研输入。[3]如果美国最高法院没有推翻这一裁决,则有必要通过立法来恢复这项豁免。然而,截至 2003 年中期,无论是司法撤销还是立法解决似乎都不太可能。事实上,如果国会将大学视为从公共和私人资助的研究中获利的实体,那么研究豁免的立法前景可能会非常暗淡。Dreyfuss(2003)建议对同意不对依赖专利材料的研究成果申请专利的大学研究人员授予研究豁免。但这个建议需要许多大学修改其对学术研究成果申请专利和授予许可的政策。

Rai and Eisenberg(2001)提出了另一种解决科学研究工具专利申请所带来潜在问题的办法。他们建议修改《拜杜法案》,以加强联邦机构的自由裁量权以及限制对至关重要的科学发现申请专利或授予限制性许可的能力。正如作者提到的一样,美国国家卫生研究院(NIH)曾多次呼吁限制研究人员为人类主要基因组 DNA 大链申请专利,而且国家卫生研究院限制了灵长类胚胎干细胞的限制性许可协议。通过修订《拜杜法案》的修正来创建一个更透明的机制用于机构内部的讨论,包括为每个机构设立一个由杰出的行业和学术界科学研究人员组成的咨询委员会,可以增强这一进程的问责性和可预测性,同时强化目前临时程序的法律基础。但这一建议也可能需要对大学许可政策作出很大的修改。事实上,许多大学很可能会反对任何授予联邦研究资助机构更多权力的提案,因为这将限制他们在许可领域的自由。

正如我们在论述许可政策时提到的一样,如果美国大学不通过行动(而不是口头语言)承认,作为主要由政府资助的公共研究机构,他们有责任鼓励尽可能广泛地使用他们的研究成果,那么他们很可能会遇到更大的政治或司法敌对。"研究自由"、大学的政治地位和许可政策等问题相互交织,任何政治上可行的解决方案都不可能解决所有这些问题。

188

大学许可政策

正如上一段所提到的,大学承担着管理专利申请和许可的大部分责任,既要维持高等教育的完整性,又要维持对自 1940 年以来一直用于美国大学研究活动的大量公共研究预算的政治支持。所以,大学管理者要认识到,技术转移是其教育和研究核心任务的组成部分和附属部分。虽然对这一事实有大量的口头承认,但大学政策必须与这一认识一致。在专利申请和许可活动管理方面采取更复杂、更细致的方法,可能会有利于个别院校以及美国研究型大学的整体院校。

制定院校专利申请和许可政策关键的第一步是认识到任何此类政策的多个目标以及这些目标之间的权衡。大学管理层和许可管理人员经常强调的技术许可目标包括:① 许可收入;② 维持或扩大产业研究支持;③ 区域经济发展;④ 教师留任;⑤ 技术商业化。前面几章列举了许可政策的一些例子(特别是研究公司推行的政策),这些政策力图最大限度地提高许可收入,但对维持与提供研究支持公司被许可人的友好关系构成了风险。同样,利用许可政策留住教师可能涉及与发明人更慷慨地分享收入,或者制定有利于教师创立的新初创公司而不是老牌公司的许可政策。区域经济发展目标也提高了与许可收入之间的潜在权衡。

人们在口头上普遍承认大学许可政策的多重目标,但对这些目标之间复杂权衡的管理往往是不足的。根据最近对 76 家主要技术转移机构的调查,许可收入是技术转移办公室衡量自身成功的最重要标准(Thursby, Jensen, and Thursby, 2001)。许可收入是许可政策的正当目标(虽然它不应该是唯一目标),但对大多数美国大学来说,技术许可的盈利能力有限,这表明只强调专利使用费而牺牲其他目标是不明智的。

院校许可授予和专利申请管理的第二个重要前提是要认识到,学术研究可以通过多种渠道流向产业应用(正如本书中的案例分析记录的一样,产业研究也会流向学术应用),包括教师、学生和研究人员在学术界和产业界之间的流动;研究论文的发表;教师和大学研究人员出席会议;教师咨询。所有这些渠道都很重要,而且往往相互补充。一味地把专利申请和许可作为技术转移的唯一重要或有效渠道是不现实的,而且可能产生一些政策,限制了对知识转让和交流更为重要的其他渠道的有效性(Cohen, Nelson, and Walsh, 2002)。

院校专利申请和许可政策也应认识到不同学科或研究领域在专利许可协议对技术转移的重要性方面的巨大差异,我们在第二章和第八章中讨论过这一点。在生物医学研究中,专利保护具有强大的经济意义,而生物医学发明许可收入的主导地位也反映了这一事实。但在电子等其他领域,一款商业设备可能需要获得数十项或数百项专利,而一项专利的平均价值通常要低得多。在这些领域,专利许可通常不那么重要和宝贵,工业企业经常与学术研究人员合作,但并不期望获得关键专利的权利。事实上,在这些领域,大学管理人员坚持要签订涉及知识产权的广泛协议,这可能会成为分歧的根源,而不是研究合作的润滑剂。大学研究管理人员必须调整大学的知识产权政策,以适应这些领域间差异,而不是将所有的研究合作概念化,使之类似于生物医学研究中的常见合作。同样,这种认识要求通过专利申请和许可政策追求更广泛、更灵活的目标,而不仅仅关注许可收入。

如果学术专利发明的独占许可对商业开发而言并不重要,独占性可能会减少发明相关的社会效益。特别是,限制性许可可能会过度限制进一步实验和开发的多样性,而在这种情况下,多重性、竞争性的开发工作可能更受社会欢迎(Merges and Nelson, 1994)。目前的证据不足以让我们确定这些情况的发生频率,也不足以让我们估计相关社会成本的大小——它们在不同的技术领域有所不同,而且肯定会随着时间的推移而变化。因为它们涉及"反事实"思考("如果没有独占许可,可能会是什么情况?"),所以很难系统地衡量这些成本。

然而,美国和其他地方的大学及大学研究人员肩负着重要的公共使命,而且美国大学里开展的大部分研究都是由公共资金资助的,这表明大学许可政策应该有利于学术研究专利成功相对广泛的传播。我们认为,美国大学应尽可能为公共资助的研究成果寻求非独占许可协议。也就是说,研究成果理应被广泛传播,只有在明确没有独占协议就无法将技术商业化的情况下,才应该使用独占许可协议。而且非独占许可协议不一定会导致大学牺牲大量的经济回报。正如我们所提到的,在 20 世纪 80 年代和 90 年代,大学许可人的一些最重要的许可收入来源以非独占方式许可给了大量公司。

最终,美国大学将与其他国家的大学一样,保住应该得到广泛公共财政支持的特权院校地位,配得上公众眼中服务于广泛利益的院校声望。一味地通过专利许可来追求收入有时并不符合这一崇高地位(事实上,这也是许多美国大学历来不愿直接管理专利申请和许可的原因之一),大学必须注意确保他们的核心使命不会受到威胁。院校间的竞争为许多美国大学带来了非凡活力和卓越表现,但决不能让这种竞争产生"逐底竞争"的现象,即各院校因收入最大化策略而损害了教育和研究。

我们对《拜杜法案》的评估强调了大学以及公共政策制定者的职责和责任。美国大学如果想在新世纪延续过去一个世纪的卓越成就,就必须在知识产权管理方面承担相当大的责任,并具有相当高的政治敏感性。

注　释

第二章

1. 本章的部分内容借鉴了 Rosenberg and Nelson(1994)的观点。

2. "(联邦)公共政策倾向于通过削弱可以用规章和标准代替竞争的中央权威,来加强高等教育的市场竞争。它通过向下和向外推动决策,将更多的资源和自由裁量权交给教育消费者和对他们反应最积极的院校,以实现这一目标。它增加了各州相对于联邦政府的权力,如美国大学的失败和《莫里尔法案》的(通过);各院校相对于州政府的权力,如达特茅斯学院案和《哈奇法案》;以及学生相对于其所在院校的权力,如《退伍军人权利法案》和1972年《高等教育法案》"(Trow, 1991, p.274)。

3. "由于我们(美国)的高等院校缺乏来自国家或既定教会稳定、可靠的支持,它们被迫从其他多种渠道寻求支持,如学生的学杂费、校友和其他朋友的捐款,尤其是富有捐助者和机构。对财政生存及发展和增长资源的不断关注使我们对各种支持团体的需要和利益始终保持敏感,这反映在我们的院校所提供的各种活动和服务中"(Trow, 1991, p.159)。

4. "欧洲的大学经常聘请自己院校的明星毕业生担任教职,很少从其他大学招聘教师,而美国的大学则不同,它们在一个多样化的学术市场上竞争。欧洲大学的特点是机构忠诚度高,专业人员连续性强。然而,美国顶尖大学的教师通常是靠参与全国学术市场竞争而获得职务"(Graham and Diamond, 1997, p.20)。

5. "任何化学过程,无论规模如何,都可以被分解为一系列协调一致的单元操作,如粉碎、混合、加热、焙烧、吸收、冷凝、浸提、沉淀、结晶、过滤、溶解、电解等。这些基本单元操作的数量并不多,而且在任何特定过程中涉及的数量相对较少。化学工程研

193

究……旨在改进、控制和更好地协调这些单元操作,以及选择或开发执行这些操作的设备。显然,它涉及测试和提供建造材料,这些材料应功能安全、抗腐蚀,并能承受指定的温度和压力条件"(Little, 1933, pp.7‒8)。

6. 这些段落借鉴了 Mowery(1999)的观点。

7. "说杜兰德和莱斯利的工作超越了经验数据的收集,并不意味着它应该被归入应用科学……它包括工程中一些特别重要的要素,并且产生了具有特殊工程性质和意图的知识。方法论的一些要素出现在了科学活动中,但方法论并未作为一个整体出现"(Vincenti, 1990, p.166)。

8. Vincenti(1990, p.158)敏锐地认为,"杜兰德和莱斯利在构思推进效率的概念时,正在学习如何在飞机设计中使用螺旋桨数据。这种思维方式的发展在斯坦福大学的整个研究工作中都很明显,例如,改进数据呈现方式,以方便设计师工作以及讨论设计问题的解决方案。虽然不像设计数据那么具体,但是这种对如何思考问题的理解也是一种工程知识。杜兰德-莱斯利的报告明确而又含蓄地传达了这种知识。"

9. 艾肯(Aiken)在开发1944年推出的"马克一号"(Mark Ⅰ)计算机时,得到了IBM的资金和技术支持。艾肯的设备拥有强大的计算能力,但它的基本设计仍然是机电设备,而不是电子设备。

10. 因此,斯托克斯将物理学和医学中具有深刻原理理解和实际应用价值双重目标的研究归类为"巴斯德象限"研究(Stokes, 1997)。

11. 在战争紧急情况下实施的一些大型研究项目,在战后确实产生了巨大的社会效益。一项"紧急"战时计划使得青霉素(也许是20世纪最伟大的医学突破)广泛用于治疗传染病。另一个大规模的计划使得低成本合成橡胶得到广泛使用,并对美国的化学和石化工业产生了持久的影响。二战时微电子学领域的研究以改进雷达系统等军事目标为导向,为二战后世界提供了增强技术能力的丰富遗产。

12. 该计算包括国家科学基金会"国家研发资源模式"表中"高等院校"和"大学联邦资助研究与发展中心"报告的绩效。自1995年以来,美国国家科学基金会的数据(National Science Board, 2002)表明,2000年大学在全国基础研究绩效中所占的份额已经下降到了49%。Mowery(2002)讨论了这些趋势,似乎可以反映20世纪90年代末产业界资助和开展的基础研究的急剧增长。尽管在撰写本文时没有可靠的当前数据,但产业界资助和开展的基础研究的增长很可能无法在2000—2001年的经济衰退中持续下去。

13. 其中最著名的是《退伍军人权利法案》,该法案为所有参加高等教育项目的退伍军人提供了大量财政支持。其他联邦支持还包括由国家科学基金会和AEC基金提供支持的研究生奖学金、国家卫生研究院培训奖学金和《国防教育法》奖学金。

14. 见 National Research Council(1982); Okimoto and Saxonhouse(1987)。Sharp(1989)认为，欧洲大学在科学研究中发挥的作用不大，导致小型生物技术公司的发展较慢："法国国家科学研究中心实验室或德国马克斯-普朗克研究所实验室的研究人员是该机构的全职雇员。因此，其主要责任是公共领域而非私营部门的科学研究。此外，作为全职员工，欧洲研究人员很难像美国教授那样，将学术职位与私营部门的咨询工作结合起来，进行'混合'研究。事实上，美国每年仅为学术职位提供 9 个月的经费，要求想在夏季开展研究的学者自行筹集研究经费以支付剩余 3 个月的工资，这一传统直接鼓励了创业学者。与此形成鲜明对比的是，马克斯-普朗克研究所的德国研究人员的所有研究费用，包括人员和设备费用，均在机构管理费用中列支。研究人员一旦离开这种研究环境转向小公司的不确定性所带来的机会成本更大，因为在德国，一旦从学术阶梯上掉下来，就很难再爬上去了。法国的情况也是如此，而且还有另外一个不利因素，法国的研究人员是公务员，退出该体系既意味着失去了任期/累积福利的保障，也意味着在需要时很难重新进入。在这种情况下，公共部门研究的衍生企业的数量较少就不足为奇了。反之，这种衍生企业大部分位于英国，因为英国的学术科研组织模式与美国最为相似。值得一提的是，除了赛齐(Celltech)公司和农业遗传公司(Agricultural Genetics Company，AGC)，英国生物技术的大部分衍生企业都来自大学"(pp.12 - 13)。

15. 相反，人们可能认为，在二战后很长一段时间里，大学与产业研究联系的减弱才真正背离了历史趋势。Hounshell and Smith(1988)引用了后来成为杜邦公司中央研究实验室主任的埃尔默·博尔顿在 1945 年的一份备忘录，提出了该公司在基础研究中更加自力更生的理由："必须要做三件事：杜邦公司必须加强其研究组织，并将其安置在现代化的研究设施中；公司必须改进现有流程，并开发新的流程和产品；基础研究是应用化学取得新进展的基础，不仅应该在化学系扩大基础研究，而且应该在工业研究实验室和工程系增加基础研究。"博尔顿强调，"现在不可能再像过去那样依靠大学研究来提供这些背景知识，因此在未来几年，公司必须通过自己的努力在更大程度上提供这些知识。"为了"保持其领导地位"，杜邦必须"进行更广泛的基础研究，以提供更多的知识，作为应用研究的基础"(p.355)。Swann(1988, pp.170 - 181)也认为，二战结束后，美国大学与制药行业之间的研究联系明显减弱，部分原因是联邦政府对健康科学学术研究的资助大幅增加。

16. 正如我们提到的，Cohen, Nelson, and Walsh(2002)的调查询问了获得大学和政府实验室研究成果的各种不同渠道的重要性，耶鲁大学的调查并未涉及这些问题。这些调查之间的差异导致受访者对耶鲁大学和卡内基梅隆大学调查的反应有所不同，这个问题值得进一步分析。

195

第三章

1. Mckusick(1948)认为,"在十年大萧条初期……有两个不同的因素把大学的注意力转向了专利问题:首先,产业界合作资助研究的稳步增长要求对因此产生的专利有一个普遍适用的政策;其次,大学里产出的多项'重大发明'要求大学立即关注专利政策"(p.212)。此外,他还认为,这种"重大发明"在 20 世纪 30 年代急剧增加。Sevringhaus(1932)、Gregg(1933)、Henderson(1933)和 Gray(1936)都对这些争论进行了描述。

2. 这份名为《科学发现专利保护》的报告涉及的是一般性的"科学发现"专利,而不仅仅是在大学里取得的发现。但大多数讨论都关注的是大学和其他非营利机构的专利申请,而不是在公司里或独立工作科学家的专利申请。

3. 委员会的谨慎措辞表明,其意识到在某些情况下,即使没有专利保护,商业化开发也能快速推进,但在促使《拜杜法案》通过的辩论中基本上忽略了这种特殊情况。更多讨论,请参阅 Eisenberg(1996)和第五章。

4. 委员会引用了 Hoskins and Wiles(1912)的观点,他们认为"目前有一种叫作'专利海盗'的工程师,他们通过垄断他人抽象发现的实际应用而发展起来。专利海盗是产业界的威胁,学术界的寄生虫。没有什么能比让真正的发现者在每种情况下都获得专利更妨碍他的活动了"(p.691)。

5. 委员会的报告引用了 Sevringhaus(1932, pp.233 - 234)的观点:"因此这样可以保护公众免受某些毁灭性的剥削,确保技术工艺以可靠的方式得以应用,甚至可以在令人满意的程度上对大学进行宣传。"

6. 具体来说,该报告讨论了以下问题:"专利申请使科学家参与商业活动,使他们几乎没有时间进行研究"(p.9),"专利申请导致保密"(p.11),"专利政策导致研究贬值"(p.11),"获取专利的政策导致研究员之间的怨恨和个人嫉妒"(p.13)。

7. 美国科学促进会的报告认为 Zinsser(1927)的以下观点是关于医学专利的典型观点:"改进汽车机械装置的发明,或改进鞋扣的发明,都是为了方便或奢侈,对于没有这些东西的人来说,这些发明很容易被抛弃。通过维护个人和公共健康来减轻病人的痛苦,防止不必要的悲伤是另一类问题。一旦我们掌握了有助于实现这些目的的原则或方法,它们的自由使用就成了一种公共需要。在我们看来,任何阻碍它们最快速、最有效地应用于社会需求的程序都是不合理的,就像垄断小麦市场或为面包制作工艺申请专利一样"(p.154)。鉴于生物医学专利被证明是《拜杜法案》出台前后美国大学许可收入的主要来源之一,人们普遍不愿为生物医学发现申请专利的现象显得尤为矛盾。

8. 斯廷博克举了多伦多大学的弗雷德里克·班廷和查尔斯·贝斯特的例子,他们是胰岛素生产技术的发明人,为自己的发现申请了专利。斯廷博克指出,他们为自己的发明寻求专利保护,以确保"公众得到保护,避免使用低劣制剂,也避免过高收费",而且"避免了滥用他们发现的可能性,这不仅会阻碍该产品的进一步发展和使用,也会给糖尿病患者带来难以估量的痛苦"(Apple,1996,p.36)。Apple(1989)认为,斯廷博克还希望为他的发明申请专利,以防止人造黄油生产商获得该工艺,从而保护该地区的乳制品利益(威斯康星校友研究基金会因拒绝向人造黄油生产商发放许可而在1943年被联邦政府起诉)。Blumenthal, Epstein, and Maxwell(1986)猜测,斯廷博克吸取了同事斯蒂芬·巴布科克博士的教训,巴布科克博士开发了一种测定牛奶中乳脂含量的方法(见第二章),按照当时的标准做法,他并未为这项发明申请专利保护。但是,没有专利保护意味着巴布科克无法阻止低质量的生产将"巴布科克测试仪"大量推入市场,最终导致这种方法完全丧失了信誉。

9. Spencer(1939)报告说,到1936年,斯廷博克的专利已经为威斯康星校友研究基金会赚取了超过670万美元(按1996年美元价值计)。

10. "在过去的十年中,对其员工的发明创造或借助大学设备进行的发明创造采取明确政策的大学数量稳步增加。此外,今天还有其他多所大学正在积极考虑采用'专利政策',而且很可能再过十年,全国提供科学或工程课程的每所学校都会有这样的政策"(Spencer,1939,p.1)。

11. 在这85项政策中,有3项是在1930年之前通过的;6项是在1931—1935年间通过的;12项是在1936—1940年间通过的;19项是在1941—1945年间通过的;25项是在1951—1955年间通过的。

12. 因此,哥伦比亚大学的政策指出"然而,人们认识到,在特殊情况下,为了保护公众,申请专利是合理的。这些情况必须交由(大学管理层)审议和批准"(Palmer,1962,p.175)。

13. 由于收入低于运营成本,研究公司的行为反映了其财务能力的下降。正如我们将在第四章中提到的,公司在该领域的活动似乎促成了它的最终消亡。

14. "加入"的定义是大学技术经理人协会的院校成员报告称其安排至少一名相当于0.5全职工作量的人员从事官方指定的"技术转移"活动(关于该指标的更多讨论,请参见第七章)。

15. 大学受让人包括在凯斯西储大学- NBER美国专利数据库被指定为"大学"的所有受让人联盟(Hall, Jaffe, and Tratjenberg, 2001)以及在卡内基委员会1973年报告中被指定为研究型大学或博士类大学的所有院校。为了收集转让给这些大学的专利,我们在美国专利商标局的年度报告中搜索了1920—1965年转让给这些机构的专利(除了转让给研究公司的专利,1920年没有任何专利),在DIALOG公司的专利／

CLAIMS 数据库中搜索了 1963—1980 年的专利,在凯斯西储大学 - NBER 数据库中搜索了 1975—1980 年的专利。对 1963—1965 年和 1975—1980 年间多个资料来源的搜索也得出了类似的结果。除非另有说明,"大学专利"是指整个专利样本。

16. 值得注意的是,20 世纪 70 年代大学专利申请的增加发生在美国整体专利申请减少的情况下。事实上,在《拜杜法案》出台之前,美国大学在美国国内授予专利中所占的份额从 1963 年的 0.2% 增长到 1979 年的 0.7%。

17. 学术研发总量的数据来自 National Science Board(2000),如附录表 4 - 4 所示。

18. 正如我们上文所讨论的,到 1940 年,有两所常春藤盟校(普林斯顿大学和哥伦比亚大学)与研究公司签署了发明管理协议。这些大学在 1940—1945 年间所获得的一些专利可能被转让给了研究公司。

19. Fishman(1996)的数据表明,麻省理工学院在 1940—1945 年产生的专利比任何其他私立大学都多,然而根据其发明管理协议,这些专利被转让给了研究公司而不是麻省理工学院。

20. 斯坦福大学在 20 世纪 50 年代初与研究公司签署了一份发明管理协议。

21. 这些计算结果不包括研究公司的专利数量。

22. 为了收集这些院校的专利数量数据,我们按照系统中排名最高的校区对多校区大学进行了分类。这一程序很有必要,因为专利通常是在大学级别而非校区级别进行转让。通过这一程序得到了 89 所研究型大学(49 所 RU1 和 40 所 RU2)和 73 所博士类大学的数据。在这些分组中,其中 79 所研究型大学(包括全部 49 所 RU1 和其中 30 所 RU2)和 40 所博士类大学在 1948—1980 年间至少拥有一项专利。

23. 下面讨论的"现有院校"和"新加入院校"大学专利权人的基本趋势不受使用不同的专利数量阈值定义这些分组的影响。

24. 20 世纪 70 年代,在 40 所签署了院校专利协议的大学中,有 23 所仅与卫生、教育和福利部签署了协议,1 所仅与国家科学基金会签署了协议,16 所同时与这两家机构签署了协议。

25. 我们这里使用的技术领域基于 Adam Jaffe 开发的美国专利类别与技术领域的索引,在 Jaffe, Fogarty, and Banks(1998)的文章中有过报道。

第四章

1. 由于科特雷尔是该委员会的委员,因此他与委员会持有相似的观点并不令人惊讶。

2. 在 1911 年美国化学学会的一次演讲中,科特雷尔提到,如果没有一个负责宣传、许可和开发学术发明的实体,这些发明很可能找不到任何商业应用渠道:"目前,在我们全国各地的大学和技术实验室里,有一定数量的知识副产物正在被浪费掉。有大量的工作开发到了实用或半实用的阶段,然后就此中断了,因为人们……不想涉足技术的商业方面,不想进入实用领域,而且这些工作还没有达到人们所期望的经济效益"(Cameron, 1993, p.166)。

3. 1912 年后,科特雷尔不再是除尘领域的活跃发明人。他从 1911 年开始担任美国矿业局的首席物理化学家,并升任为局长。随后,他在 1922—1927 年间担任美国农业部固氮研究实验室主任,监督了哈伯法逆向工程的成功实施,奠定了合成氨工业的基础(Mowery and Rosenberg, 1998)。1935 年,科特雷尔成立了研究协会,在其他领域开展研究,但这一努力在 1938 年宣告失败。科特雷尔将他生命的最后十年奉献给了固氮研究(Cameron, 1993)。

4. 摘自史密森学会档案馆研究公司档案集"信件 A‑Z:1918"。

5. 公司"作为发明人与制造商之间的中间人,可以对所谓的发现和发明进行实际检验,并向制造商提供被认为值得信赖的司法意见"(New Youk Sun, July 24, 1917)。

6. 然而,研究公司 1950 年年报指出,"尽管公司一直期望从这些项目中发展出另一种除尘业务,但都没有实现,而且至少从财务角度来看,这些业务明显不会成功"(p.39)。

7. 1922 年,美国赠地大学协会的一个委员会在一份关于工程实验站专利政策的报告中指出,"教育和研究机构不具备从事商业活动的能力,比如参与持有专利、捍卫所持有的专利,甚至不具备就专利权利的处置进行成功谈判的能力。教育机构在处理专利方面的低效方法会阻碍而非促进发现或发明,这就需要让一些外部组织来处理有关专利处置的具体事宜。纽约研究公司,专门为那些无法发挥好专利价值的机构处理专利事务"(赠地和工程实验室统一专利政策委员会, 1922, p.234)。

8. 1937 年 9 月 3 日,研究公司总裁霍华德·波隆在给麻省理工学院院长卡尔·康普顿的信中提到,"我们重要的除尘专利即将到期,我们正在努力开发这种类型的新活动,从而当我们的除尘业务因为竞争而减少时,我们所有的员工都有用武之地"(麻省理工学院档案,"研究公司"AC125,文件夹 57‑12)。

9. 本节以 Fishman(1996)和 Etzkowitz(1994)的讨论为基础。

10. 麻省理工学院专利委员会专利程序声明。麻省理工学院档案,AC125,文件盒 1。

11. 在卡尔·康普顿的建议下,研究公司选择不处理国防研究委员会(NDRC)和科学研究及发展办公室研究产生的专利。第一个原因是害怕诉讼:由于二战期间联邦政府的大部分研究工作都资助了几个研究组织在特定技术领域的平行研究工作,康普顿预测,"这些特定领域将成为战后一些极其活跃专利诉讼的主题,以解决各种优先权要求。"第二个原因是,麻省理工学院的战时研究大多集中在由世界各地的科学家和工程师组成的大型研究所实验室,到战争结束时,"许多发明人将分散到世界各地,在专利局采取行动或其他需要他们提供服务的情况下,他们无法随时提供建议。"在这种情况下,要求公司雇用该主题的其他可能专家,既昂贵又耗时(麻省理工学院档案,"研究公司"AC125,文件夹 57 - 10)。后一种担忧预示了我们将在下文讨论的专利集中管理的一些问题。

研究公司在战时减少了活动,也有一部分原因是许多工作人员都请假去支援战争了。一个特别重大的损失是波士顿办事处负责人卡罗尔·威尔逊的离职,他调往科学研究与发展办公室,在范内瓦尔·布什手下担任办公室主任。

12. 另一方面,研究公司和麻省理工学院的关系到此时也没有给麻省理工学院带来显著的回报。详见 Fishman(1996)。

13. "它远大的责任是扩展公司在该阶段的活动,进一步发展处理教育机构专利问题的概念,而且工作方式要能够增加公司资助计划的可用资金,也就是,要能够盈利"(Research Corporation, 1951 *Annual Report*, p.40)。

14. 20 世纪 50 年代,类似的担忧导致研究公司的其他几所客户大学内部管理其非生物医学专利,而非交给研究公司管理。

200 15. 从 20 世纪 50 年代中期开始商业化,到 1975 年最后一项专利到期,制霉菌素是研究公司累计许可收入的最大单一来源。

16. 如果从 1970 年的计算结果中扣除杂交玉米种子的收入(在此期间包括因法律和解而支付的专利使用费补偿),那么赠予发明占专利使用费的比例会下降到82%。

17. 福雷斯特的发明源于他参与的旋风计算机项目,该项目最初由美国海军资助,计划生产一种飞行模拟器。

18. 根据研究公司 1968 年年报(p.37),研究公司的政策"要求它在认定转移专利受到侵犯,而又无法通过谈判使其权利得到承认的情况下诉诸诉讼"。将诉讼承诺作为一项政策(而非自由裁量权)反映了大规模专利管理的另一个成本:需要保护所有专利,即使是边际专利,以避免产生"保护不力"的名声,从而招致未来的侵权。

19. 另一个涉及大学管理人员与教师之间冲突的一个例子是,加州大学两名教师发明人(杰罗姆·辛格和劳伦斯·克鲁克斯)与加州大学之间就这些发明人 MRI 专利许可协议条款的诉讼。辛格和克鲁克斯对加州大学提起诉讼,指控该大学与辉瑞医疗系统公司谈判非常低的许可费,以换取该公司对加州大学研究活动的财政支持。在1996 年的陪审团裁决中,发明人获得了 230 万美元的使用费补偿,1997 年的上诉审理对该裁决维持原判(Chiang, 1997)。

20. 从研究公司 1968 年年报(p.6)声明中可以看出在技术领域转移专业知识的困难:"对发明披露的评估越来越复杂。不仅现有的技术和专利文献在迅速增加,而且技术也越来越复杂,需要更加集中的研究才能正确理解和评价。只有大量借助外部顾问和专利律师,我们才能处理这么大体量的评估。即便如此,完成评估所需的平均时间和任何给定时间内正在评估的平均披露数量都在缓慢增加。影响最明显的是机械和电气电子领域。"

21. 这里的法律费用包括评估服务和专利审查的律师费,以及诉讼费用。后一类费用也导致了 20 世纪 60 年代和 70 年代专利管理费用的增加。

22. 扩大访问计划的动机不仅仅是公司希望与学术发明人保持密切联系。在此期间,研究公司也在努力帮助大学适应政府专利政策的变化,我们将在后文讨论这一点。

23. 研究公司在 1966 年指出,"由于访问计划的增加和我们专利协助服务信息的广泛传播,提交评估的发明数量稳步增加……尽管过去两年只增加了一名会员,但由于工作量的增加,我们需要大量增加技术顾问和专利律师。似乎可以肯定的是,得益于这项活动,根据我们与院校的协议提交发明带来的收入将大幅增加"(Research Corporation, 1966 *Annual Report*, p.3)。这些努力还需要更多技术专家,1968—1973 年间,发明管理计划的技术人员增加了近两倍(Research Corporation, 1978 *Annual Report*, p.25)。

24. 另见 Jensen and Thursby(2001)关于发明人的隐性知识对技术转移的重要性。正如 Lowe(2002)所指出的,这种对发明人参与的需求也是大学发明人成立公司将其发明商业化的一个重要原因。

25. Lamoreaux and Sokoloff(2002)强调了地理邻近性对发明中介发展的重要性,在 19 世纪末和 20 世纪初,发明中介集中在美国独立发明人比例相对较高的地区。Mowery and Ziedonis(2001)对 20 世纪 70 年代和 80 年代数据的分析发现,地理邻近性在大学专利许可中发挥的作用比在以大学专利引用量为代表的"知识溢出"中发挥的作用更为突出。

26. 研究公司指出,"执行程序的责任必须明确分配给院校行政部门的个人或办公室"(Marcy, 1978, p.5)。

27. 研究公司 1968 年年报(p.3)指出,"研究公司从院校发明中获得的专利使用费仅相当于这些院校服务开支的三分之一。"

28. 遗憾的是,我们无法论述客户大学的教职员工(而非大学本身)开展的择优选择,除非我们收集到大量数据以便通过在美国专利商标局的记录中搜索这些教职员工的名字,确定其持有的所有专利的特征。

29. 尽管 20 世纪 50 年代和 60 年代的公司年报多次讨论了院校专利计划缺乏盈利能力的问题,但从未提及客户扣留有价值的发明是导致该问题的可能原因。然而,这一原因在 20 世纪 70 年代的年报中多次提及并讨论。

30. 为了进一步核对客户择优选择专利的程度,我们将研究公司的专利质量与客户大学的独立专利质量进行了比较,使用专利随后被引次数代表专利质量。在上述六年中,我们每一年都将专利发布后收到的被引次数回归到技术领域虚拟变量以及一个表明

201

该专利是转让给研究公司还是其客户大学的虚拟变量上。任何年份的"受让人"虚拟变量系数在传统水平上都不具有统计学显著性。事实上,即使在 15% 的水平上,该系数也只有在 1975 年是显著的。在这一年,符号为负号,表明客户保留的专利比转让给研究公司的专利质量"更高"。该分析结果表明,在 20 世纪 70 年代中期之前,几乎没有证据表明存在系统性的择优选择行为,这与上面的讨论一致。

202 31. 在 1979 年考虑但未被采纳的其他替代方案中,包括将发明管理计划限制在有限的技术领域。该建议反映了人们对通过技术多样化的专利许可计划降低成本的可行性失去信心,它未被采纳的原因是"这将意味着与其他学科失去联系,会减少我们在科学界的联系"(Research Corporation, 1979, p.83)。

32. 研究公司的 1964 年年报(p.46)指出,"研究公司自 1963 年开始的更频繁访问与其签有专利协议的院校的计划继续在 1964 年全年开展,并在年底几个月加快了访问速度,因为院校接受了基金会在政府新专利政策方面提供的协助。"

33. "在这一年里,我们的工作人员一直免费向这些管理人员提供服务,并承诺与尽管多的主要研究管理人员建立相互帮助的关系"(Research Corporation, 1967 *Annual Report*, p.9)。

34. 在 20 世纪 70 年代,专利申请新加入院校不是研究公司的活跃客户,或者根本不是其客户。也就是说,这些院校几乎没有申请过专利。新加入院校的这些特征再次表明,在 20 世纪 70 年代,院校间资金愈加分散而非择优资助,公司效率低下,以及对专利申请的热情增加,共同推动了院校加入这一活动。

35. 考虑到这一点,值得注意的是,Jensen and Thursby(2001)对大学许可管理人员的调查报告称,"收入"被近 75% 的受访者评价为"极其重要",并在他们的调查中,被列为大学许可办公室最重要的目标。

第五章

1. 例如,见 Bush(1943)和布什关于《基尔格法案》的证词,其中部分内容转载于美国司法部(1947)。关于这一问题的大部分辩论发生在基尔格战后科学政策提案的国会听证会上。尽管布什极力反对《基尔格法案》中赋予政府权利的条款,但他自己的战后科学政策提案(概述见《科学:无尽的前沿》)却并未提及具体细节,只提到"如果政府获得了免使用费的许可,公众利益通常可以得到适当保护,"也就是说,承包商要保留所有权("Letter of Transmittal" in Bush, 1945)。尽管布什与基尔格辩论的分歧主要集中在政府专利政策对私人承包商的影响上,但布什也支持大学研究人员申请专利,我们在第二章提到过这一点。

2. 美国国家航空航天局(NASA)局长基思·格伦南在说到 NASA 与国防部政策之间的

差异时指出，"对于在密切相关的领域从事研究和开发工作的政府机构，执行两种如此矛盾的专利政策，可能不利于我们必须与产业界开展的合作"（"Glennan Asks Review of NASA Patent Policy"，1959，p.33）。

3. Memorandum and Statement of Government Patent Policy, 28 *Federal Register* 10, 943 - 46（1963）；Memorandum and Statement of Government Patent Policy, 36 *Federal Register* 16, 886(1971)。

203

4. 另见 National Science Board(2002)，表 4 - 3。1953 年，美国国家科学基金会首次公布的数据显示，高等院校(不包括联邦资助的研发中心)承担了 6% 的联邦资助研发。到 2000 年，这一比例已经增长到联邦研发支出的 33%。

5. 肯尼迪总统 1963 年的《政府专利政策备忘录》责成联邦科学技术委员会分析不同专利政策对政府资助研究利用和商业化的影响。

6. 这些公司筛选了这些化合物的潜在生物活性。

7. 卫生、教育和福利部 1953 年制订了院校专利协议计划，到 1958 年，已有 18 所大学与该机构谈判院校专利协议。但在 1958 年之后，卫生、教育和福利部未批准院校专利协议的额外院校专利协议，因为"机构负责官员对这种协议价值的看法不一"（GAO，1968，p.24）。制药公司也抱怨道，这些院校专利协议对被许可人可以保留专有权范围的规定并不明确。

8. 根据总审计长埃尔默·斯塔茨在《拜杜法案》听证会上的证词(美国参议院司法委员会，1979a，p.37)，卫生、教育和福利部审查的目的是"确保向大学和研究机构转让专利权不会扼杀私营部门的竞争，因为竞争可以更快、更经济地将研究成果带给公众"（U.S. Senate Committee on the Judiciary, 1979a, p.37）。

9. 普渡大学前专利律师诺曼·雷克尔也是 1968 年卫生、教育和福利部专利政策改革的总设计师，他在谴责该部门对这些政策的审查后遭到该部门的解雇。1978 年，在公务员审查委员会以程序性理由推翻了对他的解雇后，他回到了卫生、教育和福利部的专利办公室。在《科学》杂志报道了这些事件之后，Broad(1979a, p.476)提道："复职很及时。现在，对《拜杜立法案(草案)》的支持越来越多，雷克尔重回卫生、教育和福利部被许多大学研究人员和专利技术转移支持者视为他们事业的一剂强心针，对他们来说，雷克尔是一位英雄。"

10. 1979 年，众议员彼得·罗迪诺(D - N.J.)在众议院提出了相同的立法(H.R. 2414)。

11. 《拜杜法案》还删除了另一项院校专利协议限制，不再要求受让人和承包商首先尝试提供非独占许可。Henig(1979, p.281)引用了参议员拜的一名匿名助手的话，"这个过程过于困难和低效。大学没有足够的财力去寻找愿意接受非独占许可的被许可人。"

12. 当时的一篇报道提到,将法案限制在大学和小企业范围内是"为确保自由支持而采取的一种战术排除"(Henig, 1979, p.282)。参议员的一名助手提到,"我们想把这项政策推广到所有机构……但如果我们这样做,法案就永远都没有通过的机会"(Board, 1979b, p.474)。最初版本的法案还包括几项条款,旨在化解有关它将以牺牲公共利益为代价产生"暴利"的批评,其中包括一项赔偿条款,要求各院校将部分许可收入或销售额偿还给资助机构。最终版本的《拜杜法案》取消了这一条款,"因为就该资金是偿还给各资助机构还是归入政府总收入,以及如何开展资金收取和审计职能并未达成一致",而且"担心管理该计划的基础设施成本将会超过收取的资金。"请参见 http://www.nih.gov/news/070101wyden.htm。

13. 例如,杜尔在参议院司法委员会关于该法案的听证会上指出,"联邦专利政策对经济产生了巨大的破坏性影响。我们在电子和造船领域输的领导地位已经输给了日本,这并非偶然"(U.S. Senate Committee on the Judiciary, 1979a, p.28)。

14. 请参见哈罗德·布雷默在参议院司法委员会《拜杜法案》听证会上提交的证词"公共专利是否会给公众带来利益?"(U.S. Senate Committee on the Judiciary, 1979a)。

15. 请参见犹他州共和党参议员拜、杜尔和奥林·哈奇的开幕词,以及埃尔默·斯塔茨、沃尔特·塞纽塔和贝茜·安克·约翰逊的证词(U.S. Senate Committee on the Judiciary, 1979a)。

16. 请参见赫克托·德卢卡、弗雷德里克·安德鲁斯和哈罗德·布雷默在参议院司法委员会《拜杜法案》听证会上的证词(U.S. Senate Committee on the Judiciary, 1979a)。

17. 参议院司法委员会关于 S. 414 的报告提道:"一些证人也向委员会指出,如果政府机构保留非营利组织或小企业承包商的发明所有权,发明人绝对没有动力继续参与可申请专利发现的可能开发。几乎所有参与创新过程的专家都大力强调,发明人的这种参与绝对有必要,特别是对于在基础研究中取得的发明,这些发明总是处于开发的雏形阶段"(U.S. Senate Committee on the Judiciary, 1979b, p.22)。

18. 参众两院的辩论主要集中在是否应该允许大型企业保留联邦合同产生的专利权。威斯康星州民主党众议员罗伯特·卡斯滕迈耶支持将权利扩展到大型企业承包商,他指出,"与其将无争议的领域(即允许大学和小企业保留所有权)作为筹码,我认为我们别无选择,只能推进这一(经修订的)法案并将其提交给白宫"(U.S. House of Representatives, 1980, p.30560)。众议院通过的最初版本法案 H. R. 6933 包含了与参议员拜和杜尔提出的参议院法案相同的条款,而且允许大公司获得政府资助发明"应用范围的"独占许可。参议院关于该法案的修正案取消了该条款,众议院随后通过了一项与参议院通过的法案相同的法案。

19. 一位听证会的报道记者提道:"虽然《拜杜法案》得到了前所未有的支持,但一些国会助手指出,它仍然没有解决有关专利的一些基本问题,尤其是大学校园的专利问题"(Henig, 1979, p.284)。

20. 详见 Council on Government Relations(1999)。

21. 行政部门和机构负责人备忘录:政府专利政策,发表论文(1983 年 2 月 18 日);第 12591 条行政命令(1987 年 4 月 10 日);美国联邦法规第 3 卷第 221 条。

22. 1984 年《商标澄清法》,PL 98 - 620。除其他事项外,该修正案还允许承包商经营的国有实验室(GOCO)的承包商保留联邦资助发明的所有权。

23. 根据 Katz and Ordover(1990)的观点,在 20 世纪 80 年代,通过了至少 14 项国会法案,重点是加强国内和国际知识产权保护。1982 年成立的联邦巡回上诉法院在大约 80%的案件中维护了专利权,与 1982 年之前的 30%相比,这是一个非常大的增长。

24. "美国 20 世纪 80 年代初的监管改革,如《拜杜法案》,大大增加了科研机构对创新的贡献。有证据表明,这是促成美国经济增长提速的一个因素"(OECD, 2000, p.77)。

25. 1980 年,《拜杜法案》(Public Law 98 - 620)的出台是多年来努力的成果,其目的是激励实验室发现迅速进入市场,使公共福利和经济增长享受到这些创新带来的所有收益。在《拜杜法案》出台前,联邦政府积累了 3 万项专利,其中只有 5%进行了许可,开发出商业产品的专利就更少了。今天,在《拜杜法案》的约束下,200 多所大学从事技术转移,每年为经济贡献超过 210 亿美元(Hasselmo, 1999, p.3)。

26. 20 世纪 70 年代,政府发现,公共资助所取得的发明并未进入市场,因为没有人愿意投入额外的资金将基础研究转化为可销售的产品。这一发现促使 1980 年通过了《拜杜法案》。它使得大学、小公司和非营利组织能够将联邦资助的研究成果商业化。《拜杜法案》的成效非常显著。在 1981 年之前,每年授予大学的专利不到 250 项。十年后,大学平均每年约取得了 1 000 项专利(Dickinson, 2000, p.2)。

27. "《拜杜法案》成为校园创新的助推剂。以往让自己的知识产权闲置的大学开始以前所未有的速度申请和取得专利。再加上其他法律、经济和政治发展也刺激了专利申请和许可,这对国家经济增长大有裨益"(Zacks, 2000)。

第六章

1. 根据大学技术经理人协会(AUTM)最近对学术机构许可收入的排名,哥伦比亚大学、加州大学体系和斯坦福大学分别位居第一、第二和第五,收入分别为 9 050 万美元、7 640 万美元和 3 790 万美元。佛罗里达州立大学和耶鲁大学分别排名第三和第四,收入分别为 5 410 万美元和 3 850 万美元(AUTM, 2000, p.97;所有金额均按 1996 年美元价值计)。

2. 根据加州大学校长查尔斯·希契在 1975 年 3 月 10 日写给州长埃德蒙·杰拉尔德·

206 布朗的信件(加州大学校长办公室,技术转移办公室档案),"在 20 世纪 30 年代,大学首次考虑制定正式专利政策和计划的可能性。但这一想法直到战争年代才得到充分的推动,当时联邦政府开始大规模资助大学的研究,而研究合同开始产生发明。"

3. "专利委员会"是由加州大学教师和管理人员组成的一个委员会,负责监督专利办公室。1973 年修订的《大学专利政策》规定,"所有员工、学术人员和非学术人员都必须同意将发明和专利转让给加州大学董事会,除非这些发明和专利是在不使用大学设施的情况下在允许的咨询活动中产生的。"政策声明继续强调,"董事会反对申请保护性专利,除非发现人或发明人能够证明保护专利对学校很重要,否则不会申请此类专利。"尽管有后一种观点,但技术转移办公室的历史数据显示,到 20 世纪 70 年代中期,加州大学的管理人员一直在积极为教师发明寻求专利保护。

4. 这些"独立"许可办公室继续向州政府支付一部分收入,负责其成立后发生的发明披露,以及与这些披露相关的任何收入或费用。然而,加州大学技术转移办公室仍继续收集和报告所有加州大学校区的披露、专利和许可数据。

5. 几乎在大学专利政策发生转变的同时,技术许可办公室咨询委员会 1993 年进行的一项内部研究给出的建议是,"技术许可办公室不必受'独占许可优先'原则的限制"(Stanford University Office of Techlogy Licensing,1994b,p.2)。

6. 斯坦福大学技术许可办公室将"书籍、文章、流行非虚构作品、小说、诗歌、音乐作品或其他非院校作品的艺术想象作品"从软件所有权管理政策中豁免(Stanford University Office of Techlogy Licensing,1994b,p.1),这反映了教师对在大学赞助下所取得的所有版权材料的所有权比较敏感。

7. 图 6.7 不包括科恩-博耶专利的许可,科恩-博耶专利由斯坦福大学技术许可办公室代表加州大学和斯坦福大学进行管理。严格来说,既然这些许可收入由加州大学和斯坦福大学平分,那么这些许可也应该在这两个院校之间进行分配。考虑到排除了科恩-博耶这类大量许可的发明,图 6.7 低估了 20 世纪 80 年代斯坦福大学和加州大学生物医学许可协议份额的增长。

8. 技术许可办公室 1988—1989 年的以下数据给出了这些"定点许可"(多年来一直由技术许可办公室软件分发中心管理)获得的许可收入的相对规模,将软件许可收入分为"通过技术许可办公室软件分销中心直接分销软件(从 515 个使用许可中获得453 581美元)和商业分销商支付的使用费(从向软件公司、计算机公司和出版商提供的 40 个分发许可中获得 42 万美元)"两部分(Stanford University Office of Techlogy Licensing,1990,p.4)。可惜,到目前为止,我们还无法在这两个分销渠道之间以一致的标准分离软件许可。

207

9. 本节部分内容基于 Crow et al.(1998)的观点。

10. 生物技术发明占获得专利的生物医学发明的 45%，占许可的生物医学发明的近 70%。

11. 在 20 世纪 80 年代，哥伦比亚大学的软件发明许可数量也出现了增长（这一指标很大程度来源于非独占许可发明）。1988 年后，软件许可占哥伦比亚大学许可协议的 50% 以上；大多数许可（总共 648 个中的 420 个）都与一项软件发明有关。此外，与斯坦福大学的情况类似，该软件发明的 420 个被许可人中有 300 多个是学术机构。

12. 为了处理"截断偏差"的问题，考虑到我们的数据截至 1997 年，我们对发明披露实行了为期六年的"跟踪"。换句话说，该分析仅包括在发明披露之日起六年内产生的已颁发专利或许可。使用这一惯例是为了避免不公平地使"生产率"指标偏向于更早的披露，这些披露有更长的时间来产生专利或许可。

13. 正如我们前面提到的，斯坦福大学很大一部分软件许可涵盖其他学术机构的低使用费"定点许可"，这很可能会提高斯坦福大学产生许可收入的披露份额，但未必对整体许可收入产生重大影响。此外，斯坦福大学的发明披露和许可数据包含大量涉及各种遗传物质"克隆"的协议，在本分析的相关期间，这种协议在哥伦比亚大学或加州大学的数据中不太常见。这些许可在某种程度上比材料转让协议更正式，通常需要支付一定的许可费用。但就像斯坦福大学的软件许可一样，将这些协议包含在我们的数据中，增加了斯坦福大学授予许可或产生许可收入的披露份额，但对总体许可收入没有太大影响。

14. 参见美国国家研究委员会研讨会《分子生物学中的知识产权和研究工具》中科恩-博耶的案例研究（National Research Council, 1997）。

15. 由于无法获取斯坦福大学的专利申请数据，因此我们只能使用加州大学的专利申请数据来计算指标。由于表 6.3 中报告的分析研究了比表 6.2 更早的两个时段，因此我们使用了更长的八年"跟踪窗口"（见本章注释 12；我们只包括发明披露后八年内发布的专利或许可协议），以比较斯坦福大学和加州大学在《拜杜法案》前后专利申请和许可的产量和生产率。

16. 由于加州大学的披露和许可数据基本上不包括软件发明，所以斯坦福大学最具可比性的数据是不包括软件发明和许可的数据。

17. 如前文所述，斯坦福大学的许可数据并不完整。此外，许可收入数据以财政年度为基础进行报告，而许可协议以日历年度为基础进行报告，因此很难协调这些数据。我们试图调整许可收入和协议数据来解决这种不兼容问题，但应谨慎对待表 6.3 最后一行中的斯坦福大学数据。

18. 然而，当将软件发明加入样本中时，这一比例基本上是稳定的，这反映了斯坦福大学软件许可数据中包含许多学术"定点许可"，每一项许可都产生了少量正的许可收入。

19. 例如,尽管斯坦福大学和加州大学技术转移办公室的许可收入分布不均,意味着任何此类变化都可能很小,但每个许可的平均收入可能在第二个时期有所增加。参见 Sampat and Ziedonis(2003)对加州大学和哥伦比亚大学许可收入水平与这些大学许可专利特征之间关系的分析。

20. 我们的第三个数据子集旨在将《拜杜法案》对学术研究内容产生可能的影响之前产生的但商业推广(即通过提交专利申请和寻找被许可人)发生在《拜杜法案》生效日期之后的披露分离出去。遗憾的是,这个专利样本很小,降低了我们对三个专利子集特征之间的差异进行统计显著性检验的能力和显著性。

21. 我们的对照样本结构与 Henderson, Jaffe, and Trajtenberg(1995, 1998a)的不同。他们从大学专利样本所涵盖时段内授予的所有美国专利中随机抽取 1% 作为对照样本。相对之下,我们的对照样本将每个大学专利与申请日期相同或接近的同一专利类别的非大学专利进行匹配。

22. 我们对生物医学专利类别的定义基于美国专利商标局发布的技术评估和预测报告,该报告确定了与医疗和生物医学技术相关的三位数字的专利类别和子类别。有关该分类法的更详细描述,请参见 Ziedonis(2001)。

23. 在另一项由于篇幅限制而没有报道的分析中,我们将 1981 年后的时期细分为三个长度相同的子时期,以检验斯坦福大学和加州大学专利的重要性在 20 世纪 80 年代末是否有较为显著的下降。Henderson, Jaffe, and Trajtenberg(1998a)发现,在他们的学术专利样本中,尤其是那些分配给主要学术专利人的专利,最显著的重要性下降发生在 20 世纪 80 年代后期。然而,我们对大学专利样本和对照样本的检验并未发现任何显著差异。

24. 有趣的是,Trajtenberg, Henderson, and Jaffe(1997)的勘误表附录中报告的修正结果发现,相对于企业发明人的专利,学术专利的重要性(以前向引用量衡量)在 1975—1980 年之间,即《拜杜法案》出台之前有所下降。这一发现与我们的结论大致一致,即《拜杜法案》本身对学术专利和非学术专利的相对重要性几乎没有明显的影响。

25. 正如我们在本章前面所提到的一样,这种影响只在哥伦比亚大学申请专利和许可活动的最初几年比较显著,因为 1986—1990 年间,在哥伦比亚大学、加州大学和斯坦福大学,产生专利授权的披露比例与产生正使用费收入的许可披露比例非常相似。

26. 为了复制 Henderson, Jaffe, and Trajtenberg(1998a)中关于"失败者"的分析,我们分析了加州大学和斯坦福大学在非发布后六年内完全未被引用的所有三个子时期的专利数量。在这方面,我们没有发现一致的趋势。在表 6.5 和表 6.6 所示的 3 个时期中,"零引用专利数量"分别占加州大学和斯坦福大学第 1 时期专利数量的 22% 和 18%,第 2 时期专利数量的 16% 和 0%,第 3 时期专利数量的 11% 和 8%。

27. 我们还使用负二项式规范检验了特定年份对这些学术专利和非学术专利相对重要性的影响,但未报告结果。我们发现,1980 年后,这三所大学的专利相对于非学术专利的重要性没有显著下降。

28. 斯坦福大学"中间时期"生物医学专利的平均通用性得分也低于对照专利,而 1981 年之前申请和颁发的加州大学非生物医学专利的平均"通用性得分"也略低于其各自的对照样本。

29. Sampat, Mowery, and Ziedonis(2003)实证分析了截断偏差对《拜杜法案》出台后大学专利质量变化指标的影响。

第七章

1. 正如我们在第六章注释 21 中指出的,我们在分析中使用的专利对照样本结构与 Henderson, Jaffe, and Trajtenberg(1995, 1998a)的不同。

2. 我们构建的学术专利数据集中 1992 年获颁专利的观测数据较少,因此在表 7.2～表 7.4 报告的结果中省略了该年的数据。

3. 具体来说,我们估计了一个下限为 0,上限为 1 的双 Tobit 模型。

4. 我们还进行了 probit 回归,研究了这三组大学中在发布后前六年内未被引用的专利数量。Henderson, Jaffe, and Trajtenberg (1998a, b)使用这一"零引用"指标作为大学专利特征变化的另一种指标。这些 probit 回归的结果与表 7.2～表 7.4 中报告的结果大致相似。

5. 我们发现,"高强度"现有院校、"低强度"现有院校和新加入院校子样本及其各自对照组在重要性和通用性方面的显著性差异可能受到三个子样本大小不同所导致标准差差异的影响。为了检验结果的稳健性,我们结合所有三个子样本进行了类似回归(但未报告),得到的结果与表 7.2～表 7.4 大致相似。

6. 我们生成对照样本所使用的匹配算法为 307 项大学专利生成了相同的对照专利。因此,我们有 10 574 项不同的对照专利与我们的 10 881 项大学专利相匹配。

7. Lanjouw and Schankerman(1998)认为,五年的引用量窗口足以构建专利"重要性"的重要指标。

8. 我们也进行了泊松回归,但经过测试发现了过度分散的证据,表明负二项回归更合适。

9. 我们还使用同一所大学的样本和对照组样本进行了 probit 回归,比较了学术专利和非学术专利在颁布后五年内被引用的概率,但未报告结果。在本分析中,ENT_{8183} 和 ENT_{8486} 的系数的点估计表明,边际效应约为 −0.05(即新加入院校在 1981—1983 年和 1984—1986 年间所申请专利的被引用概率比现有院校的专利低约 5%)。

10. 未报告的生物医学专利 probit 回归结果表明,新加入院校在 1984—1986 年间所申请专利的被引用率(在 5% 的显著性水平上)明显低于现有院校的专利。然而,对于1981—1983 年间申请的专利,新加入院校与现有院校之间的差异在统计上并不显著。

11. 在未报告的非生物医学专利 probit 回归中,新加入院校在 1981—1983 年间所申请专利的被引用率明显低于现有院校的类似专利(在 5% 的显著性水平上),但这种差异在 1984—1986 年所申请专利中变得更小,在统计上并不显著。

12. 新加入院校专利重要性的提高可能反映了资助方式的变化。例如,如果某院校专利组合中的专利平均重要性与其研究预算的规模相关,在缺乏"学习"的情况下,增加它们的研究预算可能会提高新加入院校的专利重要性。这一假设几乎没有经验支持,我们在这里也不进行检验。尽管如此,Geiger and Feller(1995)发现证据表明,联邦政府对大学研究的资助在 20 世纪 80 年代的院校间离散度有所提高,而更高的离散度很可能使 1980 年前专利经验较少的大学受益。Geiger and Feller(1995)还发现,在20 世纪 80 年代,这种离散度的提高在生物医学领域最为显著。而在该领域,我们几乎没有发现证据表明新加入院校专利的重要性得到了提高。尽管值得进一步分析,但在解释 20 世纪 80 年代末新加入院校专利重要性增加方面,这一证据几乎不支持"离散度假说"。

13. 在单独的回归(未报告)中,我们分析了一所院校在时间 t 内的专利平均重要性,作为整个 1975—1992 年间累积专利经验的函数。这些回归并未揭示累积专利申请与专利重要性之间的关系。

14. 迈克尔·克劳(Michael Crow),个人信件,2000 年 9 月 28 日。

15. 我们还使用具体申请年份和专利技术类别的交互项进行了回归规范,但没有报告回归规范的结果。这些回归的结果与将申请年数汇总为三年间隔的回归结果相似。为了避免完美的多重共线性,省略了第一个申请年份的虚拟变量和第一个专利类别的虚拟变量。

第八章

1. 根据对 1993—1997 年间获得大学发明许可的 112 家公司的调查,Thursby, J., and M. Thursby.(2002)报告了类似结果。

2. Wigler et al.(1977)和 Wigler et al.(1979)的两篇重要论文描述了这一过程。

3. 由于哥伦比亚大学在 1980 年初没有技术转移办公室,总法律顾问办公室负责处理向大学披露的所有可能获得专利的发明。

4. 哥伦比亚大学针对一项重要"研究过程"专利采取低使用费政策,这与斯坦福大学在许可加州大学和斯坦福大学研究人员开发的科恩-博耶专利时遵循的许可政策相似。

5. 斯坦福大学技术转移办公室第一负责人兼科恩-博耶许可经理人尼尔斯·赖默斯随后表示，"无论我们是否授予许可，重组 DNA 的商业化都在向前推进。我以前就说过，非独占许可计划的核心实际上是一种税收……但'技术转移'这个说法一直很好"（Reimers，1998）。

6. 使用铝和铟制成的材料，特性与氮化镓相似，经过下面讨论的研究工作，现在这些材料被用于上述许多相同的应用。虽然我们重点研究氮化镓，但该领域的研究包括对一类相关半导体的研究，即Ⅲ～Ⅴ类相似半导体。

7. 氮化镓蓝色 LED 以前就已经生产出来了，彭哥芬自己早些时候开发了一个原型。但中村修二的原型被广泛认为是第一个具有重大商业潜力的氮化镓 LED。

8. 通过在 1972—1998 年间颁布的所有美国专利标题或摘要中搜索"gallium nitride"或"GaN"，筛选出氮化镓相关专利。

9. 赤崎勇在 1983 年和 1984 年获得的专利主要基于他在松下电器公司的工作，因为这些专利是在他接受大学职位的同一年申请的。

10. 在 1983—1994 年间获得的另一项大学专利转让给了哈佛大学，涉及可用于氮化镓及其他Ⅲ～Ⅴ族化合物的一种薄膜工艺。

11. 2000 年，发生了产业知识流入学术界的另一个重要事件，中村修二在这一年接受了加州大学圣巴巴拉分校的一个职位。

12. 2002 年，Xenometrix 接手了埃姆斯试验的分销工作，这家初创公司将埃姆斯Ⅱ试验商业化。Xenometrix 保留了加州大学原来的埃姆斯试验分销政策，这些政策在许多方面类似于学术和产业研究实验室广泛使用的材料转移协议。

13. http：//ist-socrates.berkeley.edu/mutagen/salmut_facil_core.html.

14. 基因检测是在暴露于另一种生物体、某种化学物质或环境变化后收集基因活动信息的过程。

15. 在奥森多的科学家发表了这篇论文后，《华尔街日报》声称"第六个科研小组已经进入了本已拥挤不堪的领域，竞相开发'CD4'"（Chase，1988）。与氮化镓研究的情况一样，该领域产业科学家发表的大量科学论文说明了知识从产业研究流向学术机构的重要性。

16. 关于普强就竞争性 CD4 疗法（CD4‑PE）从美国国家卫生研究院获得的许可，《抗病毒药物公报》（Antiviral Agents Bulletin）中提到，"有趣的是，尽管哥伦比亚大学获颁了一项主张整个 CD4 基因及活性部分的专利，但普强已经获得该项 CD4 专利申请的许可……如果 CD4‑PE 表现出充分的临床和商业潜力，哥伦比亚大学可以提出侵权索赔或者以其他方式使普强获得其 CD4 专利的许可"（"CD4‑PE40 Exotoxin

Conjugate in Trials; Other CD4 Conjugates in Development," 1992, p.69)。

17. 1995 年的一篇文章指出,"尽管其他更大的公司已经开始开发基于 CD4 的治疗方法,但似乎没有一家公司在这一领域积极开展开发工作,如此少的组织致力于开发基于 CD4 的治疗方法,有点令人惊讶"("Progenics Developing CD4-IgG2 for HIV-Infection," 1995, p.166)。

18. 由于抗逆转录病毒药物具有许多患者无法忍受的副作用,而且越来越多的艾滋病患者对这类药物产生了耐药性,因此学术界和产业界对可溶性 CD4 治疗方法的兴趣仍然很高。

19. 其中两家被许可人将其可溶性 CD4 制剂出售给了其他研究公司,获得了基于销售的使用费。除了基于销售的使用费,哥伦比亚大学还向被许可人收取了至少 200 万美元的预付款、里程碑付款和法律补偿。

20. 尽管如此,对许可管理人员的采访表明,很少有大学发明会遇到被许可人如此强烈的需求,使得管理人员可以从几个"申请人"中进行选择,授予特定使用领域的许可。

21. 前文提到,产业界的艾滋病研究科学家发表了大量的科研论文,这一事实也支持了从事可溶性 CD4 发明商业开发公司的这一特征。

第九章

1. 事实上,威斯康星校友研究基金会(WARF)前专利顾问及 1978—1979 年间大学技术经理人协会(AUTM)会长哈罗德·布雷默在庆祝《拜杜法案》后"技术转移收获"的一份声明中承认,联邦资助学术研究的专利申请增加并非始于《拜杜法案》的出台,而是始于 20 世纪 60 年代和 70 年代美国国家科学基金会和卫生、教育和福利部的院校专利协议(IPA)。他指出,"事实上,法律通常被视为院校专利协议条款的汇编"(Bremer, 2001)。

213 2. 1998 年 6 月,美国国家卫生研究院研究工具工作组的一份报告对科学家和院校在获得联邦资助开发的生物医学研究专利工具方面面临的困难提出了担忧。为了回应这些担忧,国会在《2000 年技术转移商业化法案》中对《拜杜法案》增加了一项"技术修正",指出联邦资助发明的许可"不得过度妨碍未来研究和发展"(Roumel, 2003)。《拜杜法案》用语的这一变化对学术专利和许可工作的影响尚不清楚。

3. Walsh, Arora, and Cohen(2003)认为,针对专利持有人可能对研究材料、工具和类似科研输入主张权利所产生的问题,学术研究人员和研究管理人员依靠事实研究豁免来应对侵权诉讼的做法已成为化解这些问题的重要解决方案。作者的结论是,马代

214 诉杜克案的判决,如果没有在司法或立法上被推翻,则"很可能使一些在大学环境下进行的'违法'生物医学研究受到打击"(p.56)。

参考文献

Agrawal, A., and R. Henderson. 2002. "Putting Patents in Context: Exploring Knowledge Transfer from MIT." *Management Science* 48: 44 – 60.

American Association for the Advancement of Science (AAAS). 1934. *The Protection by Patents of Scientific Discoveries: Report of the Committee on Patents, Copyrights, and Trademarks*. New York: Science Press.

Apple, R. D. 1989. "Patenting University Research." *Isis* 80: 375 – 94.

—— 1996. *Vitamania: Vitamins in American Culture*. New Brunswick, N.J.: Rutgers University Press.

Arrow, K. 1962. "Economic Welfare and the Allocation of Resources for Invention." In R. R. Nelson, ed., *The Rate and Direction of Inventive Activity*. Princeton, N.J.: Princeton University Press.

Association of University Technology Managers (AUTM). 1994. *The AUTM Licensing Survey: Executive Summary and Selected Data, Fiscal Years 1993, 1992, and 1991*. Norwalk, Conn.: AUTM.

—— 1996. *AUTM Licensing Survey 1996, Survey Summary*. Norwalk, Conn.: AUTM.

—— 1998. *AUTM Licensing Survey 1998, Survey Summary*. Norwalk, Conn.: AUTM.

—— 2000. *The AUTM Licensing Survey: FY1999*. Norwalk, Conn.: AUTM.

"Axel Patent Claims Mammalian Cell Transfer." *McGraw Hill's Biotechnology Newswatch* 3 (1983): 5.

Barrett, P. 1980. "Harvard Fears Congress May Not Pass Patent Bill." *Harvard Crimson*, October 7.

Ben-David, J., 1968. *Fundamental Research and the Universities*. Paris: OECD.

Blum, F. 2000. Telephone interview.

Blumenthal, D., E. Campbell, M. Anderson, N. Causino, and K. Louis. 1997. "Withholding Research Results in Academic Life Science: Evidence from a National Survey of Faculty." *Journal of the American Medical Association* 277: 1224 - 29.

Blumenthal, D., S. Epstein, and J. Maxwell. 1986. "Commercializing University Research: Lessons from the History of the Wisconsin Alumni Research Foundation." *New England Journal of Medicine* 314: 1621 - 26.

Bok, D. *Beyond the Ivory Tower*. 1982. Cambridge: Harvard University Press.

Bremer, H. 2001. "The First Two Decades of the Bayh-Dole Act as Public Policy." Presentation to the National Association of State Universities and Land Grant Colleges. Available from World Wide Web: http://www.nasulgc.org/COTT/Bayh-Dohl/Bremer_speech.htm.

Broad, W. 1979a. "Patent Bill Returns Bright Idea to Inventor." *Science* 205: 473 - 76.

—— 1979b. "Whistle Blower Reinstated at HEW." *Science* 205: 476.

Bryson, E. 1984. "Frederick E. Terman: Educator and Mentor." *IEEE Spectrum* (March): 71 - 73.

Burn, B. B., P. G. Altbach, C. Kerr, and J. A. Perkins. 1971. *Higher Education in Nine Countries*. New York: McGraw-Hill.

Bush, V 1943. "The Kilgore Bill." *Science* 98: 571 - 77.

—— 1945. *Science: The Endless Frontier*. Washington, D.C.: U.S. Government Printing Office.

Cameron, F. 1993. *Cottrell: Samaritan of Science*. Tucson, Az.: Research Corporation.

Campbell, E. G., B. R. Clarridge, M. Gokhale, L. Birenbaum, S. Hilgartner, N. A. Holtzman, and D. Blumenthal. 2002. "Data Withholding in Academic Genetics: Evidence from a National Survey." *Journal of the American Medical Association* 287: 473 - 80.

Camras, C. B., and L. Z. Bito. 1981. "Reduction of Intraocular Pressure in Normal and Glaucomatous Primate (Aotus Trivirgatus) Eyes by Topically Applied Prostaglandin F2 Alpha." *Current Eye Research* 1: 205 - 9.

Camras, C. B., L. Z. Bito, and K. E. Eakins. 1977. "Reduction of Intraocular Pressure by Prostaglandins Applied Topically to the Eyes Of Conscious Rabbits." *Investigative Ophthalmology and Visual Science* 16: 1125 - 34.

Carnegie Commission on Higher Education. 1973. *A Classification of Institutions of Higher*

Education: A Technical Report. Berkeley, Calif.: Carnegie Commission on Higher Education.

—— 1993. *A Classification of Institutions of Higher Education*; *A Technical Report*. Berkeley, Calif.: Carnegie Commission on Higher Education.

Caves, R., H. Crookell, and P. Killing. 1983. "The Imperfect Market for Technology Licenses." *Oxford Bulletin of Economics and Statistics* 45: 249–67.

"CD4-PE40 Exotoxin Conjugate in Trials; Other CD4 Conjugates in Development." *Antiviral Agents Bulletin* (March 1992): 69.

Chase, M. 1988. "Group Enters Field Studying CD4 for AIDS." *Wall Street Journal*, June 3.

Chiang, H. 1997. "Court Reinstates Royalty Award to UC Professors." *San Francisco Chronicle*, December 2.

Cohen, W. M., R. Florida, and R. Goe. 1994. "University-Industry Research Centers in the United States." Pittsburgh: Center for Economic Development, Carnegie-Mellon University.

Cohen, W. M., R. Florida, L. Randazzese, and J. Walsh. 1998. "Industry and the Academy: Uneasy Partners in the Cause of Technological Advance." In R. Noll, ed., *Challenges to the Research University*. Washington, D.C.: Brookings Institution.

Cohen, W. M., and D. A. Levinthal. 1990. "Absorptive Capacity: A New Perspective on Learning and Innovation." *Administrative Science Quarterly* 35: 128–52.

Cohen, W. M., R. R. Nelson, and J. P. Walsh. 2002. "Links and Impacts: The Influence of Public Research on Industrial R&D." *Management Science* 48: 1–23.

"Columbia Innovation Enterprise: A Special Report." *Reporter* 7 (1996).

"Columbia University rDNA Patent Licensing." *Blue Sheet* 27 (1984): 3–4.

Colyvas, J., M. Crow, A. Gelijns, R. Mazzoleni, R. R. Nelson, N. Rosenberg, and B. N. Sampat. 2002. "How Do University Inventions Get into Practice?" *Management Science* 48: 61–72.

Committee on Uniform Patent Policies in Land Grant and Engineering Experiment Stations. 1922. "Report of the Committee on Uniform Patent Policies." *Proceedings of the Association of Land Grant Colleges and Universities*: 283–84.

Cottrell, F. 1911. "The Electrical Precipitation of Suspended Particles." *Journal of Industrial and Engineering Chemistry* 3: 542–50.

—— 1912. "The Research Corporation, an Experiment in the Public Administration of

Patent Rights." *Journal of Industrial and Engineering Chemistry* 4: 864 - 67.

—— 1932. "Patent Experience of the Research Corporation." *Transactions of the American Institute of Chemical Engineers* 26: 222 - 25.

—— 1937. "The Social Responsibility of the Engineer." *Journal of the Western Society of Engineers* 42: 65 - 77.

Council on Government Relations. 1999. *The Bayh-Dole Act: A Guide to the Law and Implementing Regulations*. Available from World Wide Web: http: // www. cogr. edu/ bayh-dole.htm.

Crow, M. M., A. C. Gelijns, R. R. Nelson, H. J. Raider, and B. N. Sampat. 1998. "Recent Changes in University-Industry Research Interactions: A Preliminary Analysis of Causes and Effects." Unpublished working paper, School of International and Public Affairs, Columbia University, New York.

Dasgupta, P., and P. David. 1994. "Towards a New Economics of Science." *Research Policy* 23: 487 - 521.

David, P. A., and D. Foray. 1995. "Accessing and Expanding the Science and Technology Knowledge Base." *STI Review* 16: 13 - 68.

David, P. A., D. C. Mowery, and W. E. Steinmueller. 1992. "Analyzing the Economic Payoffs from Basic Research." *Economics of Innovation and New Technology* 2: 73 - 90.

Davis, E. W. 1964. *Pioneering with Taconite*. St. Paul: Minnesota Historical Society.

DenBaars, S. 2000. Personal interview.

Department of Health and Human Services. 2001. *NIH Response to the Conference Report Request for a Plan to Ensure Taxpayers' Interests Are Protected*. Bethesda, Md.: National Institutes of Health. Available from World Wide Web: http: // www. nih. gov / news / 070101wyden.htm.

Dickinson, Q. Todd. 2000. "Reconciling Research and the Patent System." *Issues in Science and Technology* 16: 27 - 31.

"Dr. Cottrell and the Research Corporation." *Scientific Monthly* 22 (1926): 181 - 86.

Dreyfuss, R. 2003. "Varying the Course in Patenting Genetic Material: A Counter-Proposal to Richard Epstein's *Steady Course*." New York University School of Law, Public Law and Legal Theory Research Paper Series, Research Paper No. 59.

Eisenberg, R. S. 1996. "Public Research and Private Development: Patents and Technology Transfer in Government-Sponsored Research." *Virginia Law Review* 82:

1663 – 1727.

——2001. "Bargaining over the Transfer of Proprietary Research Tools: Is This Market Emerging or Failing?" In D. L. Zimmerman, R. C. Dreyfuss, and H. First, eds., *Expanding the Bounds of Intellectual Property: Innovation Policy for the Knowledge Society*. New York: Oxford University Press.

Eskridge, N. 1978. "Dole Blasts HEW for 'Stonewalling' Patent Applications." *Bioscience* 28: 605 – 6.

Etzkowitz, H. 1994. "Knowledge as Property: The Massachusetts Institute of Technology and the Debate of Academic Patent Policy." *Minerva* 32: 383 – 421.

Evenson, R. E. 1982. "Agriculture." In R. R. Nelson, ed., *Government and Technical Progress: A Cross-Industry Analysis*. New York: Pergamon.

Executive Office of the President. 1983. "Memorandum to the Heads of Executive Departments and Agencies: Government Patent Policy, February 18, 1983."

Federal Council on Science and Technology (FCST). 1978. *Report on Government Patent Policy, 1973 – 1976*. Washington, D.C.: U.S. Government Printing Office.

Feldman, M., I. Feller, J. E. L. Bercovitz, and R. Burton. 2002. "Equity and the Technology Transfer Strategies of American Research Universities." *Management Science* 48: 105 – 21.

Fishman, E. A. 1996. "MIT Patent Policy 1932 – 1946: Historical Precedents in University-Industry Technology Transfer." Ph.D. diss., University of Pennsylvania.

Flexner, A. 1968 [1930]. *Universities: American, English, German*. London: Oxford University Press.

Foray, D., and A. Kazancigil. 1999. "Science, Economics and Democracy." Management of Social Transformation (MOST) Discussion Paper 42. Prepared for UNESCO World Conference on Science 1999.

Foreman, J. 1988. "Scientists Race to Create AIDS Virus 'Decoy': Crucial Issues Remain, but Interest Is Intense in Using Fake Receptors." *Boston Globe*, January 11.

Fox, J. 1983. "Columbia Awarded Biotechnology Patent." *Science* 221: 933.

Furter, W. F., ed. 1980. *History of Chemical Engineering*. Washington, D.C.: American Chemical Society.

Gee, P. 2001. Personal interview.

Gee, P., D. M. Maron, and B. N. Ames. 1994. "Detection and Classification of Mutagens: A Set of Base-Specific Salmonella Tester Strains." *Proceedings of the*

National Academy of Sciences 91: 11606 – 10.

Geiger, R. 1986. *To Advance Knowledge: The Growth of American Research Universities*, *1900 – 1940*. New York: Oxford University Press.

—— 1993. *Research and Relevant Knowledge: American Research Universities Since World War II*. New York: Oxford University Press.

Geiger, R., and I. Feller. 1995. "The Dispersion of Academic Research in the 1980s." *Journal of Higher Education* 65: 336 – 60.

Gelijns, A., and N. Rosenberg. 1999. "Diagnostic Devices: An Analysis of Comparative Advantages." In D. C. Mowery and R. R. Nelson, eds., *Sources of Industrial Leadership*. New York: Cambridge University Press.

Gerth, J., and S. Stolberg. 2000. "Drug Companies Profit from Research Funded by Taxpayers." *New York Times*, April 23.

Gilles, J. 1991. "Research Corporation Technologies Offers Universities 'Critical Mass' of Diverse Expertise." *Technology Access Report*, August: 1 + .

"Glennan Asks Review of NASA Patent Policy." 1959. *Aviation Week*, March 30, 33.

Government University Industry Research Roundtable (GUIRR). 1991. *Industrial Perspectives on Innovation and Interactions with Universities*. Washington, D. C.: National Academy Press.

Graham, H. D., and N. Diamond. 1997. *The Rise of American Research Universities*. Baltimore: Johns Hopkins University Press.

Gray, G. 1936. "Science and Profits." *Harpers* 172: 539 – 49.

Grayson, L. 1977. "A Brief History of Engineering Education in the United States." *Engineering Education* (December): 246 – 64.

Gregg, A. 1933. "University Patents." *Science* 77: 257 – 60.

Hall, B. H . 2000. "A Note on the Bias in the Herfindahl Based on Count Data." In A. B. Jaffe and M. Trajtenberg, eds., *Patents, Citations, and Innovations: A Window on the Knowledge Economy*. Cambridge: MIT Press.

Hall, B. H., A. B. Jaffe, and M. Tratjenberg. 2001. "The NBER Patent Citation Data File: Lessons, Insights and Methodological Tools." National Bureau of Economic Research Working Paper 8498.

Harbridge House Inc. 1968a. "Effects of Patent Policy on Government R&D Programs." *Government Patent Policy Study*, *Final Report*. Vol.2. Washington, D.C.: Federal Council for Science and Technology.

—— 1968b. "Effects of Government Policy on Commercial Utilization and Business Competition." *Government Patent Policy Study*, *Final Report*. Vol.4. Washington, D.C.: Federal Council for Science and Technology.

Hasselmo, N. 1999. *Priorities for Federal Innovation Reform*. Washington, D. C.: Association of American Universities.

Heaton, George R., Jr., Christopher T. Hill, and Patrick Windham. 2000. "Policy Innovation: The Initiation and Formation of New Science and Technology Policies in the U.S. During the 1980s." A Report to Japan External Trade Organization New York office and Japan New Energy and Industrial Technology Development Organization, Washington, D.C.

Heilbron, J., and R. Seidel. 1989. *Lawrence and His Laboratory: A History of the Lawrence Berkeley Laboratory*. Berkeley: University of California Press.

Heller, M. A., and R. S. Eisenberg. 1998. "Can Patents Deter Innovation? The Anti-commons in Biomedical Research." *Science* 280: 298.

Henderson, R., A. B. Jaffe, and M. Trajtenberg. 1994. "Numbers Up, Quality Down? Trends in University Patenting, 1965–1992." Presented at the CEPR Conference on University Goals, Institutional Mechanisms, and the "Industrial Transferability" of Research, Stanford University, Stanford, California.

—— 1995. "Universities as a Source of Commercial Technology: A Detailed Analysis of University Patenting, 1965–1988." National Bureau of Economic Research Working Paper 5068.

—— 1998a. "Universities as a Source of Commercial Technology: A Detailed Analysis of University Patenting, 1965–88." *Review of Economics and Statistics* 80: 119–27.

—— 1998b. "University Patenting Amid Changing Incentives for Commercialization." In G. Barba Navaretti, P. Dasgupta, K. G. Maler, and D. Siniscalco, eds., *Creation and Transfer of Knowledge*. New York: Springer.

Henderson, R., L. Orsenigo, and G. Pisano. 1999. "The Pharmaceutical Industry and the Revolution in Molecular Biology: Interactions Among Scientific, Institutional and Organizational Change." In D. C. Mowery and R. R. Nelson, eds., *Sources of Industrial Leadership*. New York: Cambridge University Press.

Henderson, Y. 1933. "Patents Are Ethical." *Science* 77: 324–25.

Henig, R. 1979. "New Patent Policy Bill Gathers Congressional Support." *Bioscience* 29: 281–84.

Hoskins, W., and R. Wiles. 1921. "Promotion of Scientific Research." *Chemical and Metallurgical Engineering* 24: 689 - 91.

Hounshell, D. A., and J. K. Smith. 1988. *Science and Corporate Strategy*. New York: Cambridge University Press.

"Innovation's Golden Goose." 2002. *Economist* 365: T3.

Jaffe, A. B., M. S. Fogarty, and B. A. Banks. 1998. "Evidence from Patents and Patent Citations on the Impact of NASA and Other Federal Labs on Commercial Innovation."*Journal of Industrial Economics* 46: 183 - 205.

Jensen, R., and M. Thursby. 2001. "Proofs and Prototypes for Sale: The Licensing of University Inventions." *American Economic Review* 91: 240 - 58.

Kahaner, D. 1995. "Blue LEDs: Breakthroughs and Implications." Available from World Wide Web: http://www.atip.or.jp/public/atp.reports.95/atip95.59r.html.

Katz, M. L., and J. A. Ordover. 1990. "R&D Competition and Cooperation." *Brookings Papers on Economic Activity: Microeconomics*: 137 - 92.

Kevles, D. J. 1977. "The National Science Foundation and the Debate over Postwar Research Policy, 1942 - 45." *Isis* 68: 5 - 26.

—— 1978. *The Physicists*. New York: Norton.

—— 1990. *Principles and Politics in Federal R&D Policy, 1945 - 1990: An Appreciation of the Bush Report*. Washington, D.C.: National Science Foundation.

Kitch, E. W. 1977. "The Nature and Function of the Patent System." *Journal of Law and Economics* 20: 265 - 90.

Kortum, S., and J. Lerner. 1999. "What Is Behind the Recent Surge in Patenting?" *Research Policy* 28: 1 - 22.

Lamoreaux, N., and K. Sokoloff. 2002. "Intermediaries in the Market for Technology in the United States, 1870 - 1920." National Bureau of Economic Research Working Paper 9017.

Lanjouw, J. O., and M. Schankerman. 1998. "The Quality of Ideas: Measuring Innovation with Multiple Indicators." National Bureau of Economic Research Working Paper 7375.

Levin, R. C., A. Klevorick, R. R. Nelson, and S. Winter. 1987. "Appropriating the Returns from Industrial Research and Development." *Brookings Papers on Economic Activity* 3: 783 - 820.

Levine, D. O. 1986. *The American College and the Culture of Aspiration, 1915 - 1940*.

Ithaca, N.Y.: Cornell University Press.

"Licensing Plan For AIDS Drug Draws Fire." 1988. *Seattle Times*, October 25.

Liebeskind, J. 2001. "Risky Business: Universities and Intellectual Property." *Academe* 87. Available from World Wide Web: http://www.aaup.org/publicat ions/Academe/01SO/so01lie.htm.

Little, A. D. 1933. *Twenty-five Years of Chemical Engineering Progress*. New York: Van Nostrand.

Louis, K., L. Jones, M. Anderson, D. Blumenthal, and E. Campbell. 2001. "Entrepreneurship, Secrecy, and Productivity: A Comparison of Clinical and Non-Clinical Life Sciences Faculty." *Journal of Technology Transfer* 26: 233 – 45.

Lowe, Robert A. 2001. "The Role and Experience of Start-ups in Commercializing University Inventions: Start-up Licensees at the University of California." In G. Libecap, ed., *Entrepreneurial Inputs and Outcomes*. Amsterdam: JAI Press.

—— 2002. "Entrepreneurship and Information Asymmetry: Theory and Evidence from the University of California." Unpublished working paper, Haas School of Business, University of California-Berkeley.

Maddison, A. 1987. "Growth and Slowdown in Advanced Capitalist Economies: Techniques of Quantitative Assessment." *Journal of Economic Literature* 25: 649 – 98.

Maddon, P. J., D. R. Littman, M. Godfrey, D. E. Maddon, L. Chess, and R. Axel. 1985. "The Isolation and Nucleotide Sequence of a cDNA Encoding the T Cell Surface Protein T4: A New Member of the Immunoglobulin Gene Family." *Cell* 42: 93 – 104.

Mansfield, E. 1991. "Academic Research and Industrial Innovations." *Research Policy* 20: 1 – 12.

Marcy, W. 1978. "Patent Policy at Educational and Nonprofit Scientific Institutions." In W. Marcy, ed., *Patent Policy: Government, Academic, and Industry Concepts*. Washington, D.C.: American Chemical Society.

Marx, J. 1980. "Gene Transfer Moves Ahead." *Science* 210: 1334 – 36.

Mazzoleni, R., and R. Nelson. 1998. "The Benefits and Costs of Strong Patent Protection: A Contribution to the Current Debate." *Research Policy* 27: 274 – 84.

McKusick, V. 1948. "A Study of Patent Policies in Educational Institutions, Giving Specific Attention to the Massachusetts Institute of Technology." *Journal of the Franklin Institute* 245: 193 – 225.

Merges, R., and R. Nelson. 1994. "On Limiting or Encouraging Rivalry in Technical

Progress: The Effect of Patent Scope Decisions." *Journal of Economic Behavior and Organization* 25: 1 - 24.

Merton, R. K. 1973. *The Sociology of Science: Theoretical and Empirical Investigations*. Chicago: University of Chicago Press.

Mishra, U. 2001. Personal interview.

Mowery, D. C. 1981. "The Emergence and Growth of Industrial Research in American Manufacturing, 1899 - 1945." Ph.D. diss., Stanford University.

—— 1983. "The Relationship Between Intrafirm and Contractual Forms of Industrial Research in American Manufacturing, 1900 - 1940." *Explorations in Economic History* 20: 351 - 74.

—— 1999. *The Evolving Structure of University-Industry Collaboration in the United States: Three Cases*, in *Research Teams and Partnerships: Trends in the Chemical Sciences*. Washington, D.C.: National Academy Press.

—— 2002. "The Changing Role of Universities in the 21st Century U.S. R&D System." In A. H. Teich, S. D. Nelson, S. J. Lita, eds., *AAAS Science and Technology Policy Handbook*. Washington, D.C.: American Association for the Advancement of Science.

Mowery, D. C., R. R. Nelson, B. N. Sampat, and A. A. Ziedonis. 1999. "The Effects of the Bayh-Dole Act on U.S. University Research and Technology Transfer: An Analysis of Data from Columbia University, the University of California, and Stanford University." In L. Branscomb and R. Florida, eds., *Industrializing Knowledge*. Cambridge: MIT Press.

—— 2001. "The Growth of Patenting and Licensing by U.S. Universities: An Assessment of the Effects of the Bayh-Dole Act of 1980." *Research Policy* 30: 99 - 119.

Mowery, D. C., and N. Rosenberg. 1993. "The U.S. National Innovation System." In R. R. Nelson, ed., *National Innovation Systems: A Comparative Analysis*. New York: Oxford University Press.

—— 1998. *Paths of Innovation: Technological Change in 20th-Century America*. New York: Cambridge University Press.

Mowery, D. C., and B. N. Sampat. 2001a. "Patenting and Licensing University Inventions: Lessons from the History of the Research Corporation." *Industrial and Corporate Change* 10: 317 - 55.

—— 2001b. "University Patents, Patent Policies, and Patent Policy Debates, 19251980." *Industrial and Corporate Change* 10: 781 - 814.

Mowery, D. C., B. N. Sampat, and A. A. Ziedonis. 2002. "Learning to Patent: Institutional Experience and the Quality of University Patents." *Management Science* 48: 73 - 89.

Mowery, D. C., and T. Simcoe. 2002. "The Origins and Evolution of the Internet." In D. Victor, B. Steil, and R. R. Nelson, eds., *Technological Innovation and National Economic Performance*. Princeton, N.J.: Princeton University Press.

Mowery, D. C., and A. A. Ziedonis. 1998. "Market Failure or Market Magic? Structural Change in the U.S. National Innovation System." *STI Review* 22: 101 - 36.

—— 2001. "The Geographic Reach of Market and Nonmarket Channels of Technology Transfer: Comparing Citations and Licenses of University Patents." National Bureau of Economic Research Working Paper 8568.

Mowery, D. C., and R. R. Nelson, eds. 1999. *Sources Of Industrial Leadership: Studies of Seven Industries*. New York: Cambridge University Press.

National Research Council. 1982. "Research in Europe and the United States." In *Outlook for Science and Technology: The Next Five Years*. San Francisco: W. H. Freeman.

—— 1997. *Intellectual Property Rights and Research Tools in Molecular Biology*. Washington, D.C.: National Academy Press.

National Resources Committee. 1938. *Research — A National Resource*. Vol. 1. Washington, D.C.: U.S. Government Printing Office.

National Science Board. 1996. *Science and Engineering Indicators: 1996*. Washington, D.C.: U.S. Government Printing Office.

—— 2000. *Science and Engineering Indicators: 2000*. Washington, D.C.: U.S. Government Printing Office.

—— 2002. *Science and Engineering Indicators: 2002*. Washington, D.C.: U.S. Government Printing Office.

National Science Foundation. 1958. *Funds for Scientific Activities in the Federal Government: Fiscal Years 1953 and 1954*. Washington, D. C.: U. S. Government Printing Office.

—— 1980. *National Patterns of Science and Technology Resources: 1980*. Washington, D.C.: U.S. Government Printing Office.

—— 1994. *National Patterns of R&D Resources: 1994*. Washington, D. C.: U. S. Government Printing Office.

—— 1996. *National Patterns of R&D Resources: 1996*. Washington, D. C.: U. S.

Government Printing Office.

—— 1998. *National Patterns of R&D Resources: 1998*. Washington, D. C.: U. S. Government Printing Office.

—— 2000. *National Patterns of R&D Resources 2000*. Washington, D.C.: U.S. Government Printing Office.

—— 2001. *National Patterns of R&D Resources 2001*. Washington, D.C.: U.S. Government Printing Office.

Nelson, R. R. 1959. "The Simple Economics of Basic Scientific Research." *Journal of Political Economy* 67: 297 – 306.

—— 1984. *High-Technology Policies: A Five-Nation Comparison*. Washington, D. C.: American Enterprise Institute.

—— 1992. "What Is 'Commercial' and What Is 'Public' About Technology, and What Should Be?" In N. Rosenberg, R. Landau, and D. C. Mowery, eds., *Technology and the Wealth of Nations*. Stanford, Calif.: Stanford University Press.

——, ed. 1982. *Government and Technical Progress: A Cross-Industry Analysis*. New York: Pergamon.

—— 1993. *National Innovation Systems: A Comparative Analysis*. New York: Oxford University Press.

Nelson, R. R., and P. Romer. 1997. "Science, Economic Growth, and Public Policy." In B. L. R. Smith and C. Barfield, eds., *Technology, R&D, and the Economy*. Washington, D.C.: Brookings Institution.

Noble, D. F. 1977. *American by Design*. New York: Knopf.

Office of Technology Transfer. 1997. *Annual Report: University of California Technology Transfer Program*. Oakland: University of California Office of the President.

Okimoto, D., and G. Saxonhouse. 1987. "Technology and the Future of the Economy." In K. Yamamura and Y. Yasuba, eds., *The Political Economy of Japan*. Vol.1, *The Domestic Transformation*. Stanford, Calif.: Stanford University Press.

Organization for Economic Cooperation and Development (OECD). 2000. *A New Economy?* Paris: OECD.

—— 2002. *Benchmarking Science-Industry Relationships*. Paris: OECD.

Palmer, A. M. 1934. "University Patent Policies and Procedures." *Journal of the Patent Office Society* 16: 96 – 131.

—— 1947. "Patents and University Research." *Law and Contemporary Problems* 15:

680 - 94.

—— 1948. *Survey of University Patent Policies*. Washington, D.C.: National Research Council.

—— 1949. *University Research and Patent Problems*. Washington, D.C.: National Research Council.

—— 1952. *University Patent Policies and Practices*. Washington, D.C.: National Academy of Sciences-National Research Council.

—— 1955. *Nonprofit Research and Patent Management Organization*. Washington, D.C.: National Academy of Sciences-National Research Council.

—— 1957. *Patents and Nonprofit Research: A Study Prepared for the Subcommittee on Patents, Trademarks, and Copyrights of the U.S. Senate Committee on the Judiciary*. Washington D.C.: U.S. Government Printing Office.

—— 1962. *University Research and Patent Policies, Practices, and Procedures*. Vol. l. Washington, D.C.: National Academy of Sciences-National Research Council.

Perlman, D. 1987. "Biotech 'Decoy' May Fool AIDS Virus." *San Francisco Chronicle*, December 18.

Potter, A. 1940. "Research and Invention in Engineering Colleges." *Science* 91: 1 - 7.

"Progenics Developing CD4-IgG2 for HIV-Infection." 1995. *Antiviral Agents Bulletin* (June): 166.

Pugh, E. W 1984. *Memories That Shaped an Industry: Decisions Leading to IBM Sys-tem/360*. Cambridge: MIT Press.

Pursell, C. 1979. "Science Agencies in World War II: The OSRD and Its Challengers." In N. Reingold, ed., *The Sciences in the American Context: New Perspectives*. Washington, D.C.: Smithsonian Institution Press.

Rai, A. T., and R. S. Eisenberg. 2001. "The Public and the Private in Biopharmaceutical Research." Presented at the Conference on the Public Domain, Duke University.

—— 2003. "Bayh-Dole Reform and the Progress of Biomedicine." *American Scientist* 91: 52 - 59.

Reich, L. S. 1985. *The Making of American Industrial Research*. New York: Cambridge University Press.

Reimers, Niels. 1998. "Stanford's Office of Technology Licensing and the Cohen / Boyer Cloning Patents." An oral history conducted in 1997 by Sally Smith Hughes, Regional Oral History Office, The Bancroft Library, University of California, Berkeley.

Available from the Online Archive of California, http：// ark. cdlib. org / ark： / 1j0j0 / kt4b69n6sc.

Research Corporation. 1947 - 87. *Annual Report*. New York and Tucson, Az.： Research Corporation.

—— 1972. *Science, Invention, and Society: The Story of a Unique American Institution*. New York： Research Corporation.

—— 1979. "Report of the Committee on Goals and Objectives." Unpublished MS, Research Corporation Archives, Tucson, Az.

Research Corporation Technologies. 1996. *Annual Report*. Tucson, Az： Research Corporation Technologies.

Rosenberg, N. 1992. "Scientific Instrumentation and University Research." *Research Policy* 21： 381 - 90.

—— 1998. "Technological Change in Chemicals： The Role of University-Industry Relations." In A. Arora, R. Landau and N. Rosenberg, eds., *Chemicals and Long-Term Economic Growth*. New York： John Wiley.

Rosenberg, N., and R. R. Nelson. 1994. "American Universities and Technical Advance in Industry." *Research Policy* 23： 323 - 48.

Roumel, T. 2003. "Development of a Policy to Ensure the Sharing of Unique Biomedical Research Resources in the Biomedical Community." In OECD, *Turning Science Into Business: Patenting and Licensing by Public Research Organizations*. Paris： OECD.

Roush, W., E. Marshall, and G. Vogel. 1997. "Publishing Sensitive Data： Who's Calling the Shots?" *Science* 276： 523 - 26.

Sampat, B., D. C. Mowery, and A. Ziedonis. 2003. "Changes in University Patent Quality After the Bayh-Dole Act： A Re-Examination." *International Journal of Industrial Organization* 21： 1371 - 90.

Sampat, B. N., and R. R. Nelson. 2002. "The Emergence and Standardization of University Technology Transfer Offices： A Case Study of Institutional Change." *Advances in Strategic Management* 19.

Sampat, B. N., and A. A. Ziedonis. 2003. "Cite-Seeing： Patent Citations and Economic Value." Presented at the Conference on Empirical Economics of Innovation and Patenting, Centre for European Economic Research, Mannheim Germany, March.

Servos, J. W 1980. "The Industrial Relations of Science： Chemical Engineering at MIT, 1900 - 1939." *Isis* 71： 531 - 49.

Sevringhaus, E. L. 1932. "Should Scientific Discoveries Be Patented?" *Science* 75: 233－34.

Shane, S. 2002. "Selling University Technology." *Management Science* 48: 61－72.

Sharp, M. 1989. "European Countries in Science-Based Competition: The Case of Biotechnology." Designated Research Center Discussion Paper 72, Science Policy Research Unit, University of Sussex, Brighton, U.K.

Simon, H. A. 1969. *The Sciences of the Artificial*. Cambridge: MIT Press.

Smith, B. L. R., and J. J. Karlesky. 1977. *The State of Academic Science: The Universities in the Nations Research Effort*. New York: Change Magazine Press.

Spencer, R. 1939. *University Patent Policies*. Chicago: Northwestern University Law School.

Stanford University Office of Technology Licensing. 1983. *Annual Report*. Stanford, Calif.: Stanford University.

—— 1990. *Annual Report*. Stanford, Calif.: Stanford University.

—— 1992. *1991－92 Annual Report: Office of Technology Licensing*. Stanford, Calif.: Stanford University.

—— 1994a. *Copyrightable Works and Licensing at Stanford*. Stanford, Calif.: Stanford University.

—— 1994b. *Office of Technology Licensing Guidelines for Software Distribution*. Stanford, Calif.: Stanford University.

Stata Corporation. 1999. *Stata Statistical Software: Release 6.0*. College Station, Tex.: Stata Corporation.

Stephan, P. E., S. Gurmu, A. J. Sumell, and G. Black. 2002. "Patenting and Publishing: Substitutes or Complements for University Faculty?" Unpublished working paper, Georgia State University, Atlanta.

Stern, N. 1981. *From ENIAC to Univac*. Bedford, Mass.: Digital Press.

Stokes, D. E. 1997. *Pasteur's Quadrant: Basic Science and Technological Innovation*. Washington, D.C.: Brookings Institution.

Swann, J. 1988. *Academic Scientists and the Pharmaceutical Industry: Cooperative Research in Twentieth-Century America*. Baltimore: Johns Hopkins University Press.

Thursby, J., R. Jensen, and M. Thursby. 2001. "Objectives, Characteristics and Outcomes of University Licensing: A Survey of Major U.S. Universities." *Journal of Technology Transfer* 26: 59－72.

Thursby, J., and M. Thursby. 2002. "Who Is Selling the Ivory Tower? Sources of Growth in University Licensing." *Management Science* 48: 90 – 104.

Tocqueville, A. de. 1990. *Democracy in America*, trans. by P. Bradley. New York: Vintage.

Trajtenberg, M., R. Henderson, and A. B. Jaffe. 1997. "University Versus Corporate Patents: A Window on the Basicness of Inventions." *Economics of Innovation and New Technology* 5: 19 – 50.

Trow, M. 1979. "Aspects of Diversity in American Higher Education." In H. Gans, ed., *On the Making of Americans*. Philadelphia: University of Pennsylvania Press.

—— 1991. "American Higher Education: 'Exceptional' or Just Different." In B. E. Shafer, ed., *Is America Different? A New Look at American Exceptionalism*. New York: Oxford University Press.

Trune, D., and L. Goslin. 1998. "University Technology Transfer Programs: A Profit / Loss Analysis." *Technological Forecasting and Social Change* 57: 197 – 204.

Trustees of Columbia University in the City of New York. 1944. "Statement of Research Policy and Patent Procedures." Columbiana Library, "Patents" folder, Columbia University, New York.

U.S. Congress Joint Economic Committee. 1999. *Entrepreneurial Dynamism and the Success of U.S. High-Tech: Joint Economic Committee Staff Report*. Washington, D.C.: U.S. Government Printing Office.

U.S. Department of Health Education and Welfare. 1974. *DHEW Obligations to Institutions of Higher Education and Selected Nonprofit Organizations, FY1965 – 1972*. Washington, D.C.: U.S. Department of Health, Education, and Welfare.

U.S. Department of Justice. 1947. *Investigation of Government Patent Practices and Policies: Report and Recommendations of the Attorney General to the President*. Washington, D.C.: U.S. Government Printing Office.

U.S. General Accounting Office (GAO). 1968. *Problem Areas Affecting Usefulness of Results of Government-Sponsored Research in Medicinal Chemistry: A Report to the Congress*. Washington, D.C.: U.S. Government Printing Office.

—— 1995. *University Research: Effects of Indirect Cost Revisions and Options for Future Changes*. Washington, D.C.: U.S. Government Printing Office.

U.S. House of Representatives. 1980. Floor Debate on H.R. 6933. *Congressional Record*, 96th Congress, Second Session, November 21: 30556 – 60.

U.S. Office of Management and Budget. 1963. "Memorandum and Statement of

Government Patent Policy." *Federal Register* 28: 10943 – 46.

—— 1971. "Memorandum and Statement of Government Patent Policy." *Federal Register* 36: 16886.

—— 1995. *The Budget of the United States Government for Fiscal* 1996. Washington, D.C.: U.S. Government Printing Office.

U.S. Patent and Trademark Office. 1998. *U.S. Colleges and Universities — Utility Patent Grants, 1969 – 1998*. Washington, D.C.: U.S. Government Printing Office.

U.S. Senate Committee on the Judiciary. 1979a. *S. Rpt. 96 – 480 Accompanying S. 414, the University and Small Business Patent Procedures Act*. Washington, D.C.: U.S. Government Printing Office.

—— 1979b. *The University and Small Business Patent Procedures Act: Hearings on S. 414, May 16 and June 6*. Washington, D.C.: U.S. Government Printing Office.

U.S. Senate Subcommittee of the Senate Select Committee on Small Business. 1963. *Economic Aspects of Government Patent Policies*. Washington, D.C.: U.S. Government Printing Office.

Veblen, T. 1918. *The Higher Learning in America: A Memorandum on the Conduct of Universities by Business Men*. New York: W. B. Huesch.

Vincenti, W. 1990. *What Engineers Know and How They Know It*. Baltimore: John Hopkins University Press.

Walsh, J. P., A. Arora, and W. M. Cohen. 2003. "Research Tool Patenting and Licensing and Biomedical Innovation." In W. M. Cohen and S. Merrill, eds., *The Patent System in the Knowledge-Based Economy*. Washington, D.C.: National Academies Press.

Weiner, C. 1986. "Universities, Professors, and Patents: A Continuing Controversy." *Technology Review* 83: 33 – 43.

Weissman, R. 1989. "Public Finance, Private Gain: The Emerging University-Business-Government Alliance and the New U.S. Technological Order." Undergraduate thesis, Harvard University.

White, H. 1963. *Industrial Electrostatic Precipitation*. Reading, Mass.: Addison-Wesley.

Wigler, M., S. Silverstein, L. S. Lee, A. Pellicer, Y. Cheng, and R. Axel. 1977. "Transfer of Purified Herpes Virus Thymidine Kinase Gene to Cultured Mouse Cells." *Cell* 11: 223 – 32.

Wigler, M., R. Sweet, G. K. Sim, B. Wold, A. Pellicer, E. Lacy, T. Maniatis, S. Silverstein, and R. Axel. 1979. "Transformation of Mammalian Cells with Genes from

Procaryotes and Eucaryotes." *Cell* 16: 777 – 85.

Wildes, K. L., and N. A. Lindgren. 1985. *A Century of Electrical Engineering and Computer Science at MIT*, *1882 – 1982*. Cambridge: MIT Press.

Williamson, O. E. 1979. "Transaction Cost Economics: The Governance of Contractual Relation." *Journal of Law and Economics* 22: 233 – 62.

Zacks, R. 2000. "The TR University Research Scorecard 2000." *Technology Review* (July/August): Available from World Wide Web: http://www.technologyreview.com/articles/scorecard0700.asp.

Ziedonis, A. A. 2001. "The Commercialization of University Research: Implications for Firm Strategy and Public Policy." Ph.D. diss., Haas School of Business, University of California-Berkeley.

Zinsser, A. 1927. "Problems of the Bacteriologist in His Relation to Medicine and the Public Health." *Journal of Bacteriology* 13: 147 – 62.

Zucker, L., M. Darby, and J. Armstrong. 1994. "Inter-Institutional Spillover Effects in the Commercialization of Bioscience." *ISSR Working Papers in Social Science* 6.3.

索 引

注:页码对应原著页码,见正文侧边栏;"n"代表注释。——编者

译后记

　　本书由上海市高校科技发展中心组织翻译。翻译工作组在译委会指导下，以促进国内科技成果转化为主旨，在忠实于原著基础上，力图以符合中文阅读特点的方式，体现《拜杜法案》颁布前后美国大学与产业间技术转移的主要特点。本书共九个章节，系统介绍《拜杜法案》出台前后美国大学与产业之间关系以及技术转移的历史演变，主要内容包括美国大学对专利申请和许可的认识、专利管理和组织对技术转移的影响、法案的政策背景和出台过程、法案对专利申请和许可的影响等。

　　本书通过实证研究方法，总结《拜杜法案》和美国大学在经济增长和创新中的作用，得出如下结论：美国研究型大学经济作用和社会贡献的讨论，大多夸大了《拜杜法案》的作用。美国大学一直是工业创新的重要知识来源和其他关键输入来源，这种经济贡献在很大程度上依赖于专利申请和许可以外的其他渠道。事实上，美国大学主要通过科学研究建立与工业或农业间的密切联系，提供强大有效的人才培养渠道，将大部分知识转移和应用到产业和其他经济部门。

　　工作组在翻译过程中，根据章节顺序，以 AB 角方式，形成"主译＋校对"，采用"头脑风暴法"，统稿协同完成翻译工作。本书各章节翻译工作人员的分工如下：

第一章：陆辰君、刘春艳；

第二章：陆辰君、刘春艳；

第三章：许晨辉、钱江海；

第四章：许晨辉、钱江海；

第五章：冯天宇、孙　凤；

第六章：冯天宇、孙　凤；

第七章：傅　杰、冯天宇；

第八章：傅　杰、许晨辉；

第九章：陆辰君、许晨辉；

全书由刘群彦、潘冬远统稿。

感谢译委会对本书的重视及组织协调。我们对所有参与本书翻译工作的领导、专家、翻译人员及业内同仁表示真挚的谢意。本书在翻译出版过程中，得到了上海交通大学出版社的大力支持，感谢出版社的编辑和校对。本书的翻译过程参考了许多同行专家的成果，并广泛征求了领域内专家的意见，在此一并致谢！

我国大学技术转移工作已取得了较大幅度的进展，积累了丰富的实践经验。在《中华人民共和国促进科技成果转化法》修订 10 年的背景下，回顾《拜杜法案》颁布前后美国大学和产业间技术转移的历史演进，对国内高校技术转移事业的持续探索，仍具有十分重要的现实意义。

本书翻译所存在的不足之处，敬请业界专家及广大读者不吝赐教，提出宝贵意见，以便我们能够不断改进和完善。期待与更多的学者和实践者共同探讨和研究技术转移理论和实践问题，以期对我国高校技术转移和科技创新事业起到进一步推进作用。

翻译工作组

2025.1 上海